최정희와 장아이링의

여성의식 비교 연구

최정희와 장아이링의

여성의식 비교 연구

女性意識 比較 研究

김홍월

도서출판 월인

서문

나의 유학생활의 모든 것을 담고 있는 '학위기'라는 무거운 종이 한 장을 받은 지 어언간 1년이 훌쩍 넘어갔다. 유학기간의 연구결과를 한 권의 책으로 세상에 내놓고자 하는 마음은 강렬했으나 당장의 강의나 해결해야 할 여러 프로젝트들은 좀처럼 작업을 시작할 여지를 주지 않았다. 무엇보다도 한 편의 저서는 독자적인 논리로 무장되어 있는 동시에 질적으로도 완성되어 있어야만 한다는 강박관념으로 인해 두려움부터 앞섰던 것이다. 허나 문학의 길에서 더 많은 두려움들이 나를 기다리고 있다는 생각이 불현듯 들 때 나는 무모한 용기라도 갖게 되었다. 보완해야 할 작업을 남겨 놓고, 박사학위논문을 중간 결산하여 성급하게 내 이름 석 자를 밝히며 책으로 내게 되었다. 부끄러웠다. 그러나 다시, 천천히 돌아보며 행복했다고 말할 수 있었다.

장아이링은 나에게 전설적 존재였다. 그녀의 성격은 모순된 것들의 집합체이다. 그녀는 어딘가 우월의식으로 가득 차 있는 것 같으면서도 열등의식의 여운을 남긴다. 부유한 가문 출신이지만 자신을 평범한 소시민으로 표현한다. 글에서는 독자들과 친밀하게 한담하지만 일상에서는 사람들과 거리를 두고 있고 자신의 내면을 들여다보지 못하게 꽁꽁 숨겨두고 있다. 무엇보다도 글에서는 인간의 심리, 특히 여성의 심리를 깊게 파고드는 데 능수능란하지만 정작 본인은 사랑에 있어서 '바보'였고 늘 속임을 당하였다.

이러한 중국의 여성작가 장아이링의 면면들이 구체적으로 닮은 것은 아니지만, 그녀의 글을 읽을 때면 내게는 문득문득 한국 여성작가 최정희가 데자뷰처럼 떠올랐다. 대체 이들의 여성의식의 구체적 양상은 어떠한 것들이고 한·중 양국 사회의식과 어떠한 관계가 있기에 내가 이 둘에게서 동일성을 느꼈을까? 이러한 의문들이 나를 여기까지 이끌었다.

책에 실린 글들은 여성인물을 중심으로 최정희와 장아이링의 전 생애에 걸쳐 발표된 작품들을 수직적으로 비교 분석한 것들이다. 제 I 장에서는 두 작가를 선정하고 연구한 동기 및 목적과 방법을 밝혔다. 이 책에서는 일차적으로는 두 작가의 작품의 내적 관계를 분석하고, 이차적으로는 내적 관계 분석을 통해 추출한 작가의 의식과 작가가 속한 사회와의 영향관계를 분석한다. 이 때, 이러한 작가의 의식 혹은 작품의 의미와 사회의 관계에 대한 분석을 구체적으로 이루기 위해 작품의 의미가 나타나는 층위를 구분했다.

제II장에서는 두 작가의 작품이 드러내는 논리적 구조의 변화과정과 작품의 의미가 담긴 층위의 이동을 분석했고 그 층위의 시대에 따른 변화를 조명했다. 1945년 이전 시기에서는 이들 작품에 드러나는 여성인물의 히스테리와 폭력의 동일성을 찾았고 폭력의 차이를 분석했다. 최정희의 작품에 드러나는 여성인물의 폭력은 직선적이고 분명한 성격을 띠고 있고, 장아이링의 작품에 드러나는 여성인물의 폭력은 불분명한 성격을 띠고 있다. 저항의 방식이 히스테리하고 폭력적인 것은 이들 작가가 저항하고자 한 가부장제의 억압이 폐쇄적 형태였음을 드러낸다. 1945~1950년에서는 이들의 작품에 등장하는 여성인물이 남성인물과의 관계에 있어 중심을 차지하지 못하는 '비주체성'을 분석했다. 이 같은 비주체성이라는 공통점 안에서 최정희는 본능의 역할에 관한 비주체성을, 장아이링은 사랑의 세계관에 관한 비주체성을 드러낸다. '비주체성'은 이들 두 작가가 이전과 달리 구체적인 여성문제를 찾아가고 있음을 드러낸다. 1950년대에 들어서서 두 작가는 공통적으로 중·단편에서 장편소설로 이행하였다. 이 시기에서는 이들의 작품에 드러나는 '이중적 여성문제'를 분석했다. 이들은 공통적으로 낯선 의미, 즉 기초의식 층위에서의 고정관념을 전복하는 의미를 전달하려는 목적으로 이중구조의 우회적 표현방식을 활용했다. 한편 여성의 박탈에 관한 문제에 있어서 최정희는 경제·사회적 문제에, 장아이링은 사랑·개인의 문제에 집중하고 있음이 드러난다. 이중구조를 통한 기초적 영역에의 접근과정은 동일했지만 문제의식의 바탕을 형성하고 있는 박탈의 핵심 지점이 서로 다른 것이다. 이는 최정희의 사회적 의식, 장아이링의 개인적 의식을 드러낸다. 1945년 이전 시기와 1945~50년에도 이들의 차이는 '사회적 의식', '개인적 의식'으로 압축된다. 이 같은 차이는 1960년대, 1970년대에도 동일하게 나타난다. 1960년대에서는 이들의 작품에 드러나는 '관용적 윤리관'의 박탈 문제를 분석했다. 이들 두 작가는 여성의 권위가 성장하였어도 여전히 여성은 불안정한 선택지 앞에 놓여 있고 관용적 윤리관의 범위에서 제외된 채 불공평한 윤리의 잣대에 의해 희생되고 있는 문제를 그리고 있다. 이 같은 관용적 윤리관의 박탈 문제를 그리기 위해 두 작가는 과거 희생되었던 여성을 복권시키는 작업을 작품 속에서 수행했다. 그런데 이 복권의 과정에서 필요한 과거 여성으로의 회귀의 방식이 두 작가에게 다르게 나타났다. 최정희는 과거 시대에서 여성인물을 끌어왔으며, 장아이링은 과거 자신의 소설 속에서 여성인물을 끌어왔다. 1970년대에서는 이들의 작품 전면에 드러나는 작가 개인의 욕망을 분석했다. 이 시기에는 이들 두 작가가 담담히 자신의 욕망을 드러내며 그것이 더 이상 실현될 수 없음을 아쉬워하는 점이 드러난다. 최정희에게는 사회적 투쟁의 종료에 대한 아쉬움이, 장아이링에게는 사랑의 종료에 대한 아쉬움이 있었다.

제Ⅲ장에서는 이들 작품의 시대별 변화양상의 추이를 총 다섯 개 분야에 걸쳐 정리하고 그것들의 관계를 분석했다. 시대 변화에 따라 이들 작품의 공통적 여성의식과 이 공통성 안에서의 차이는 점차 심층화되는 추이를 보인다. 또한 최정희의 작품에는 극단성의 강화 추이, 장아이링의 작품에는 히스테리의 약화 추이가 보이며 두 작가가 작품에 주제, 의미를 담아내는 지점이 심층화·외부화 되는 추이를 보인다. 이 다섯 가지 추이, 즉 '공통적 여성의식의 심층화', '공통점 내에서의 차이의 심층화', '최정희의 극단성의 강화', '장아이링의 히스테리의 약화', '의미를 담아내는 지점의 심층화·외부화 추이'는 '작가 개인의 사적 경향 강화' 추이와 관계된다. 이를 통해 작품에 나타나는 최정희의 '사회적 의식', 장아이링의 '개인적(인간적) 의식'이 상대적으로 초기에는 사회적 반영의 동기에 의한 것이고, 후기에는 사적 반영의 동기에 의한 것임을 추론할 수 있다. 그러나 이 점은 어디까지나 추론, 추정에 불과하기에 본 저서와 유사한 양국의 여타 작가를 비교한 논문과의 연계를 통한 통계적 분석이 필요하다.

돌이켜 볼수록 부족하다. 그러나 꾸준히 학자와 교육자의 길을 가고 있는 나에게 이 책은 소중한 첫 기억으로 위안과 힘이 되어줄 수 있을 것이다.

유학의 길에서 도움을 주신 여러분들에게 감사를 표하고 싶다. 유학의 길을 열어주시고, 그토록 갈망했던 문학의 꿈을 키우게 해 주신 정덕준 선생님께 고개 숙여 감사드린다. 문학의 기반을 다져주신 한림대 선생님들께 감사의 인사를 드린다. 서툴고 외로운 유학생활에서 따뜻한 정을 주신 한림대 동학 여러분들에게 감사드린다. 나에게 소중한 비판적 지지자 역할을 해 주신 서울시립대 선생님들께 고개 숙여 감사드린다. 언제나 냉혹히 비판하면서도, 배려와 관심을 아끼지 않았던 서울시립대 동학 여러분들에게 감사드린다. 내 인생 최고의 은사님이자 나의 롤모델인 이동하 선생님께 깊이 감사드린다.

어느 틈엔가 문학을 속삭이게 한, 나의 정신적 지지대가 되어주신 아버지. 유학생활에서 물리적으로든 심적으로든 같이 고생하며, 온갖 관심과 사랑을 쏟아 주던 친구 같은 어머니. 내겐 '아빠, 엄마'로 서술되는 그 순간에서부터 지금껏 내 곁에 함께하는 두 분께 형언할 수 없는 마음을 전한다.

끝으로 흔쾌히 출판을 해 주신 도서출판 월인 박성복 사장님과 한병순 이사님, 꼼꼼하게 교정을 봐 주시고 수고를 마다하지 않으시는 편집부 선생님들께 감사드린다.

2017년 2월

한국 서울에서

김홍월

차례

제 I 장

서론

1. 연구의 동기와 목적

한국문학과 중국문학 간의 비교 연구를 진행해 나가는 데에는 여러 가지 방식이 가능하다. 특정 시기, 특정 테마, 특정 장르에 집중해 양국 여러 작가의 작품을 수평적으로 비교 연구하는 방식도 있고, 양국의 두 작가에 집중해 그 두 작가의 여러 작품을 수직적으로 비교 분석하는 방식도 있다. 전자의 방식도 중요하지만 비교문학이 좀 더 실증적으로 이뤄지기 위해서는 후자의 방식도 함께 고려되어야 한다. 후자의 방식도 두 작가의 전 생애에 걸친 작품을 다룬다면 더욱 실증적이게 될 것이다. 작가의 전 생애에 걸친 작품을 분석하지 않고 특정 시기에 제한하면 어떤 층위에서 그 작품의 의미를 추출할지 근거가 빈약해진다. 양국의 소설을 비교할 때 수평 비교를 하게 되면 양국의 특징을 드러내는 작품의 의미가 저마다 다른 층위에서 발견될 수 있기 때문이다. 그러나 수직 비교는 작품의 의미를 추출할 때의 층위에 대한 합당한 근거를 쉽게 마련해 준다. 전 생애에 걸쳐 변하지 않는 작가의 의식과 작품의 특정한 형태를 발견할 수 있기 때문이다. 작가의 전 생애에 걸친 분석은 그 작가의 근원에 있는 의식을 찾아낼 수 있게 한다. 즉 작품을 형성케 한 근원적 의식이나 문제의식의 기본적 초점을 찾아낼 수 있게 하는 것이다. 이 점이 그 실증적 성격의 핵심에 해당할 것이다.

이에 본 저서는 한・중 양국의 두 작가가 전 생애에 걸쳐 창작한 작품을 수직 비교하는 것을 목적으로 한다. 한・중 현대문학사에 상당한 영향력을 끼친 여성작가 최정희(1906~1990)와 장아이링(張愛玲, 1920~1995)을 선정해 실증적으로 두 작가의 여성의식의 동질성을 조명해 나가는 동시에 한・중 양국 사회의 공통점도 찾아보고자 한다. 그 동질성을 드러내는 과정에서 이들의 여성의식의 차이와 양국 사회의 차이도 함께 발견될 것이다. 두 작가의 전 생애에 걸친 비교는 두 작가의 근원적 의식을 찾게 해주며 이 근원적 의식은 양국 사회의 의식에 관한 특징을 가늠하게 하는 하나의 자료가 될 수 있다.

최정희와 장아이링이 작품 활동을 했던 1930~40년대부터 1970~80년대까지 한국과 중국의 사회현실은 유사점이 상당히 많다. 이 두 작가는 변화되어가고 있는 사회현실, 특히 여성의 현실을 작품 속에 담아내려는 시도를 끊임없이 함으로써 더욱 강한 유사성을 지니게 된다.

20세기 전반기는 일본이 한국과 중국을 경제, 정치, 문학 등 다방면으로 침략하고 혹독한 수탈을 감행했던 암흑의 시대였다. 중국은 국민혁명, 국공전쟁 그리고 일본의 침략 등 전쟁이 끊이지 않아, 정치와 사회가 불안정하고 경제가 날로 쇠퇴해갔다. 한국도 정신의 위기와 문화의 위기를 논하게 되던 불안한 시기였으며 일제의 식민지 통치가 더욱 가혹해졌던 시기였다. 일제는 동양척식주식회사를 세워 가장 악랄한 방법으로 경제적인 착취를 감행하여 한반도를 궁핍화시켰다. 식민지배는 1945년 일본의 항복으로 종식되었지만 한국과 중국은 좌·우 이데올로기의 대립 속에 놓이게 되었다. 해방과 동시에 남에는 미국이 북에는 소련이 개입함으로써 한반도는 냉전이데올로기의 영향 하에 놓이게 된 것이다. 이때 중국은 공산당과 국민당의 전쟁이 이어지고 있었다. 1948년 8월 15일 남한에는 대한민국 정부가 수립되었고, 중국은 공산당의 승리로 1949년 10월 1일 중화인민공화국이 성립되었다. 양국은 정부 수립 후에도 정치·경제적으로 모두 불안정한 시기를 겪었다.

20세기 전반기에 한국과 중국의 여성은 전근대적 가부장제에 의한 억압을 받고 있었다. 전근대적 억압에 대한 저항으로 근대적 여성에 대한 인식이 지식인들을 중심으로 하여 일종의 구호처럼 퍼져나갔다. 그러나 그것은 구호에만 머물고 큰 효과를 거두지 못하였다. 예를 들자면, 여성의 자유를 주장하는 '노라' 열풍이 있었지만 실제적으로 여성이 개가를 한다는 것은 불가능했고 자유연애 또한 극히 제한적 범위에서 이루어졌다. 물론 이 시기 여성주의의 구호는 앞으로 다가올 시대의 여성주의의 씨앗이 되었다. 그러나 그 구호에서의 목표만큼 실제적 효과는 없었다. 따라서 이 시기 양국의 여성주의와 현실에는 괴리가 있었던 것으로 볼 수 있다. 현실과의 괴리는 현실의 문제를 해결할 수 없는 일종의 '폐쇄성'을 낳게 된다. 전근대적 가부장제의 폐쇄적 억압은 이 시기 양국 여성문제의 공통점이라 할 수 있다. 가부장제와 폐쇄성에서 출발한 양국의 여성주의는 계속해서 발달하고 상승하는 과정을 보여준다. 한국의 광복 후와 중국의 신중국 건립 후부터 여성의 경제력이 꾸준히 상승하고 있었기 때문이다. 여성의 사회경제적 지위 변화는 우선 여성의 경제활동 참가율이 지속적으로 증가하고 있다는 데서 드러난다. 그리고 취업자 중

여성 비중도 지속적으로 늘고 있으며 남녀 간의 임금 격차도 줄어들고 있다.[1] 실질적인 여성의 문제에 있어서 가장 큰 영향을 끼치는 것은 경제문제이다. 또한 해방 후 양국의 여성에게는 참정권이 주어졌고 60년대 들어서서 양국의 사회에는 각각 민주화, 자유주의의 바람이 불기 시작했다. 이 같은 사회의식의 발달은 자유의 확충을 의미하며 동시에 여성의 자유, 지위의 상승에 영향을 끼쳤다.

이 같은 변화되어가고 있는 사회에 대한 반영, 특히 여성문제에 대한 반영 의지가 강한 것은 최정희와 장아이링의 유사성을 더욱 높인다. 사회현실의 간접적 영향을 넘어 사회현실문제가 직접적으로 작품에 반영되기 때문이다. 이 점은 제Ⅱ장에서의 세부적인 작품 분석을 통해 증명할 것이다.

최정희와 장아이링의 생애를 살펴보면 두 작가는 모두 비슷한 생활경력을 가지고 있었다는 것을 알 수 있다.

최정희는 함경북도 성진군에서 4남매 중 맏딸로 태어났다. 최정희는 다섯 살 때 개방적인 아버지에 의해 소년과 소녀가 함께 다니는 서당에서 공부할 수 있었다. 최정희가 14세 되던 해 단천으로 이사를 가면서 아버지는 첩을 얻었고 집안을 돌보지 않기 시작했다. 이때부터 최정희는 생활고를 겪게 되었는데,[2] 당시의 상황을 아래와 같이 회고하고 있다.

> 아버지가 딴 여자하고 살림을 차렸어. 성진에다가. 그때부터 집에서 아버지를 볼 수가 없었지. 어머니는 날 학교에 보낼 생각은 안 하구 허

1 황유정, 「한국의 여성고용정책 변화에 관한 연구」, 이화여자대학교 박사학위논문, 2014, 103쪽.
『中国妇女报』, 1998.8.27.

2 서영은, 『강물의 끝』, 문학사상사, 1984, 8~10쪽.

구한 날 일만 시켰어. 아버지에 대해 화가 나서 그랬는지도 몰라. 사실 학교에 보낼 형편도 못 되었지. 4남매를 먹여 살리느라 굉장히 고생하였어.[3]

최정희의 아버지는 첩을 얻어 외지로 나간 후 끝내 본처에게 돌아오지 않고 삶을 마감한다. 4남매를 혼자 부양해야 하는 어머니에 대한 안쓰러움은 아버지에 대한 미움을 더욱 가중시켰다.

최정희는 숙명여자고등보통학교와 중앙보육학교를 졸업한 후 경남 함안 유치원에 보모로 취직했다. 1930년 중앙보육학교 교장 박희도의 주선으로 일본에 가서 동경 삼하(三河) 유치원에 근무하면서 '학생극예술좌(學生劇藝術座)'에도 참가했다. 1931년 귀국해서 연출가 김유영과 의식없는 결혼을 하였다.[4] 김유영이 출간하고 있던 『문화공론』의 사업이 망하게 되자 생활고에 허덕이던 최정희는 박희도 선생의 소개로 『삼천리』의 주간인 김동환을 찾아간다.[5] 1939년 김유영이 신장염으로 사망한 후 최정희는 김동환과 결혼하고 딸 둘을 가졌다. 당시 김동환은 『삼천리』지에 지원병에 대한 시들을 발표했다. 또한 임전대책협의회를 여는 데 일조했다. 최정희는 「군국의 어머니」란 강연을 했는데 이는 김동환의 권유에 의한 것으로 판단된다.[6] 김동환의 아내로서 최정희는 남편의 친일활동에 관계될 수밖에 없었다. 6.25 전쟁 이후 김동환이 납북되면서 그와의 결혼 생활도 끝이 났다.

---

3 여성신문사, 「가난과 눈물의 시대를 이겨내고」, 『이야기 여성사』 2, 여성신문사, 2000, 274쪽.

4 서영은, 앞의 책, 24~27쪽 참조.

5 위의 책, 36~39쪽 참조.

6 위의 책, 83쪽.

장아이링은 상하이 조계지(租界地)에 지은 서구식 호화 주택에서 일남일녀 중 장녀로 태어났다. 그녀의 집안은 전형적인 중국의 귀족 집안이며 조부는 청조 말기 고위관직에 있었고 조모는 청조 말기의 세력가 리훙장(李鴻章, 1823~1901)[7]의 딸이다. 아버지 때부터 가세가 기울기는 하였지만 장아이링의 집안은 여전히 그 명망을 유지하고 있었다. 아버지는 청조의 과거시험을 준비하였으나 신문화운동의 영향으로 결국 도태되어버린 전근대적 지식인이었다. 반면 어머니는 서구식 교육을 받았으며 서양예술에도 조예가 깊었다.[8] 장아이링의 아버지와 어머니는 결혼 직후부터 갈등을 겪었다. 어머니는 장아이링이 4세 되던 해 유학을 떠났고 장아이링이 10세 되던 해 부모는 애정 없는 정략결혼을 끝내고 이혼을 하게 되었다. 이후 1934년 장아이링의 아버지는 재혼하였다. 장아이링은 1937년 계모와의 다툼을 일으켰다. 이로 인해 장아이링은 아버지에게 심한 구타를 당했고 반년 가까이 감금되기까지 하였다. 장아이링은 그 당시 상황을 이렇게 말하고 있다.

---

7 리훙장은 청조 말기 자희태후(慈禧太后, 1835~1908)가 가장 총애하고 신임하는 신하로서 청나라를 대표해서 시모노세키조약, 청·러밀약, 베이징조약 등 청말 30여 개의 조약을 체결하였으며, 양무운동(洋务运动, 1860년대부터 1890년대까지 청나라에서 일어난 근대화 운동)의 지도자였으며 조선의 외교와 내정에도 관여했다.

8 余斌은 『张爱玲传』에서 장아이링의 아버지와 어머니를 다음과 같이 서술하고 있다.
"장아이링의 아버지는 전형적인 청조의 신봉자였고 어머니는 개방을 일찍 받아들인 '신여성'이었다. (…중략…) 아버지는 전형적인 봉건가장이었으며, 심지어는 전제주의 폭군이라고도 말할 수 있을 정도였다."
"她父亲是个遗少, 母亲则属开风气之先的一代'新女性'; …… 前者是个地地道道的封建家长, 甚至可以说是个专制暴君."
余斌, 『张爱玲传』, 海南国际新闻出版中心, 1994, 25쪽.

아버지는 끌신을 털털 끌고 계단을 뛰어내려오더니 나의 목덜미를 잡고 마구 때리고 짓이기고 고래고래 소리 질렀다. "네가 감히 때려! 네가 계모를 때리면 내가 너를 때려주마! 아주 죽여 버릴 거야." 머리가 수십 차례 이쪽저쪽 갔다 왔다 하더니 내 귀가 멍하더니 아무것도 들리지 않았다. 나는 땅에 주저앉았다가 나중에는 방바닥에 쓰러졌다. 아버지는 나의 머리칼을 움켜잡고 한바탕 발질을 더 했다. (…중략…)

아버지는 나를 피스톨로 사살해 버리겠다고 떠들었다. 나는 잠시 빈 방에 감금되었다. 내가 태어난 이 집은 돌연 쌀쌀한 것으로 바뀌어 버려, 마치 달빛 아래의 검은 그림자 속에 나타난 서슬 푸른 담벼락처럼 일방적이고, 광기를 느끼게 하였다.

(…중략…)

수 주간 만에 나는 이미 몇 살 더 늙어 버렸다. 머리 위에는 파아란 하늘이 보였다. 하늘에서는 항상 굉음이 났다. 온통 비행기가 날아다녔기 때문이다. 나는 집에 폭탄이 떨어져서 그들과 함께 죽었으면 좋겠다고 생각했다.

(…중략…)

나는 무거운 설사(이질)에 걸려, 조금 더 하면 죽을 지경이었다. 아버지는 의사를 불러 주지 않았고, 약도 없었다. 병으로 반년쯤 침대에 누운 채 그대로 있었다.[9]

---

9 "我父亲趿着拖鞋, 拍达拍达冲下楼来, 揪住我, 拳足交加, 吼道: '你还打人! 你打人我就打你! 今天非打死你不可!' 我觉得我的头偏到这一边, 又偏到那一边, 无数次, 耳朵也震聋了. 我坐在地下, 躺在地下了, 他还揪住我的头发一阵踢. …… 我父亲扬言说要手枪打死我. 我暂时被监禁在空房里, 我生在里面的这座房屋忽然变成生疏的了, 像月光底下的, 黑影中现出青白的粉墙, 片面的, 疯狂的. …… 数星期内我已经老了许多年. 我把手紧紧捏着阳台上的木阑干, 仿佛木头上可以榨出水来. 头上是赫赫的蓝天, 那时候的天是有声音的, 因为满天的飞机. 我希望有个炸弹在我们家, 就同他们死在一起我也愿意. …… 我生了沉重的痢疾, 差一点死了. 我父亲不替我请医生, 也没有药. 病了半年, 躺在床上看着秋冬的淡

노복(奴僕)의 도움으로 아버지의 집에서 겨우 탈출하였지만, 아버지의 구타와 감금이라는 극단적인 조치가 장아이링에게 심각한 트라우마로 남았을 것이다. 아버지의 집을 떠난 장아이링은 어머니와 고모의 아파트에 살면서 공부에 매진하였다. 하지만 생활에서는 바로 경제적인 어려움에 봉착하였다. 당시 장아이링 어머니의 경제상황이 악화되어 있었다. 장아이링의 외할머니가 사망한 후 장아이링의 어머니는 장신구와 골동품 등을 유산으로 받았다. 이를 팔아 장아이링은 1924년 유학길에 오를 수 있었다. 10여 년이 지난 후 유산도 얼마 모아두지 못해 어머니와 장아이링의 경제상황은 더욱 악화되었다.

장아이링은 그녀의 창작활동이 가장 왕성할 때에 사랑에 빠지게 되었는데 상대가 바로 왕징웨이(汪精衛, 1883~1944) 괴뢰정부의 요원 후란청(胡蘭成, 1906~1981)이었다. 상하이 문단에서 가장 유명한 여성 작가와 일본 정부를 위해 일하고 있는 매국노의 만남은 당시 파격적인 연애사건이었다. 1944년에 만난 그들은 급속도로 가까워지고 같은 해 결혼을 하나 그들의 결혼생활은 3년밖에 지속되지 못하였다.[10] 1952년 장아이링은 장학금을 받고 홍콩대학에 복학하였고 1955년 미국 이민을 택했다. 미국에서 정착하기 위해 어렵게 지내던 중에 1956년 미국 극작가 페르디난드 레이허(Ferdinand Rehyer, 1891~1967)와 두 번째 결혼을 하게 되었다. 그 후 남편의 죽음으로 홀로

青的天,"
张爱玲, 「私语」, 『流言』, 北京十月文艺出版社, 2009, 122~124쪽.

10 후란청은 장아이링의 소설 「봉쇄(封鎖)」(1943)를 읽고 그녀의 천재성에 감탄해 그녀를 찾아간다. 그들은 1944년 2월 처음 만난 이후 급속도로 가까워지며 그해 8월에 결혼한다. 이후 1946년 2월 장아이링이 도피하고 있던 후란청을 만나러 온주로 갔다가 그곳에서 이미 그가 다른 여인과 함께 살고 있음을 알게 된다. 결국 1947년 6월 10일 장아이링은 후란청에게 편지를 쓰고 정식으로 헤어진다. 万燕, 『海上花开又花落 - 读解张爱玲』, 百花洲文艺出版社, 1996, 162쪽.

미국에서 지내다가 1995년 임대한 아파트에서 아무도 모르게 작고하였다.

이렇게 최정희와 장아이링은 모두 어려서 아버지와 어머니의 불화로 심리적으로 매우 불안한 유년시절을 보냈고 모두 아버지에 대한 원한과 분노의 감정을 품고 있었으며, 아버지의 원조를 받지 못했다는 공통점을 갖고 있다. 또한 두 번의 혼인 생활을 하였으며 모두 남편에 의해 간접적으로 친일에 연루되어 있었다.[11] 이와 같은 작가 개인의 유사한 경력은 작품 속에 반영되어 그 비교 가능성을 마련해 주었다.

문학사상의 형성과정을 볼 때, 최정희와 장아이링은 모두 근대교육을 받은 수혜자이며 문학에 대한 열정을 가졌으며 또한 독특한 기질적 공통점을 지녔다는 점을 발견할 수 있다.

최정희는 여학교를 다녔지만 중학교 시절에 독서보다는 영화나 무용, 노래에 더 관심이 많았으며 1930년 동경으로 가서야 본격적으로 서구문화를 접하기 시작하였다.

> 여학교시절부터 책읽는 습관을 부쳤더라면 운동 유희 노래보다 책읽는 일을 더 재미있어 했을지 모를 일이고 혹시 문학소녀 노릇을 했을지 모르겠는데 우리들 여학교 땐 소설책 같은 것을 읽으면 연애쟁이로 몰아세우는 바람에 책을 읽지 못했던 것이었다. (…중략…) 일본 동경에 얼마동안 가 있으면서 책을 읽었다. 로자-룩셈부르크니 붉은연애니 같은

11 최정희의 경우: 「환영 속의 병사」(『國民總力』, 1941.2), 「여명」(『野談』, 1942.5), 「장미의 집」(『人東亞』, 1942.7), 「야국초」(『國民文學』, 1942.11), 「징용열차」(『半島之光』, 1945.2)라는 작품을 통해 알 수 있듯이 자의든 타의든 친일협력 소설을 썼다는 것이 증명된다.
장아이링의 경우: 「색, 계」(『中國時報』, 1978)를 통해서도 친일에 얼마나 예민했는지를 증명할 수 있다.

것을 읽으려고 애썼다. 재미가 없으면서도 이런 것을 읽어야만 되겠다는 생각이 있었던 것이다. 이 무렵의 청소년들은 대개가 이런 책을 읽던가 끼고 다니기를 좋아한 것 같다. 이외에 令女界, 婦人公論, 苦草, 婦人形 등 일문으로 된 월간잡지를 읽었다. 우리말로 된 책은 동경에서 돌아온 뒤에 고향에서 읽었다. 조선문단을 위시하여 그밖에 여러 잡지를 읽었다.[12]

1931년 귀국 후 최정희는 『삼천리』의 기자로 일하게 되면서 본격적으로 문학창작을 시작하였다. 1934년 카프 해체를 위해 일제가 조작한 신건설사 사건으로 전주 형무소에 투옥되기도 하였다. 출옥 후 「지맥」(1939), 「인맥」(1940), 「천맥」(1941)을 잇달아 발표하였는데, 일명 '맥 시리즈'라고 불리는 이 세 작품은 당대 문단의 화제가 되었다. 또한 최정희는 '제1회 한국여류문학상' 수상자이다. 그만큼 그녀는 여성문제에 대해 매우 밀접한 연관을 가지고 있다는 것을 보여준다.

장아이링은 어렸을 때 가정교사와 아버지를 통해 중국의 고전문학을 교육 받았고 어머니에게는 그림과 피아노 등 서양식 예술교육을 받았다. 10세 때 장아이링은 미국 교회가 운영하는 황씨 초등학교(黃氏小學)에 입학하였고, 11세 되던 1931년에 상하이의 성마리아여학교에 입학하였다. 장아이링은 성마리아여학교에서 본격적으로 서구식 교육을 받게 되었다. 장아이링은 교내 잡지에 소설과 에세이 등을 발표하였다. 이들 글에는 신문예적 성격이 강하게 드러났다.[13] 또한 1938년 영자지 *Evening Post*에 영문으로 된 에세이 「인생이란!

12 최정희, 「나의 소녀시절」, 『동아일보』, 1958.7.2.

13 성마리아여학교의 교내지에 발표한 작품으로는 「불행한 그녀(不幸的她)」(1932), 「소(牛)」(1937), 「패왕별희(霸王別姬)」(1937) 등이 있다.

소녀의 인생이란!(What a Life! What a girl's life!)」을 발표[14]함으로써 세상에 포문을 연 셈이다. 이 제목에서 알 수 있듯이, 장아이링은 일찍부터 여성의 삶과 운명에 골몰해 있었다는 것이 드러난다. 1939년 런던대학 입학시험에 1등의 성적으로 합격했지만 제2차 세계대전의 발발로 부득이 런던대학을 포기하고 홍콩대학에 입학하였다. 1941년 태평양 전쟁으로 홍콩이 함락되자 학업을 마치지 못한 채 1942년 다시 상하이로 돌아오면서 생계를 유지하기 위해 집필을 시작하는데 이때부터 그녀는 본격적인 창작활동을 시작하였다. 장아이링의 대다수 출세작은 바로 이 시기에 완성되었으며 상하이 문단에 강렬한 반향을 일으켰다.

이상을 통해 또 한 가지의 사실을 확인할 수 있는데, 두 작가에게는 모두 자유롭다는 독특한 기질적 공통점이 있다는 것이다. 장아이링은 어릴 적부터 어머니의 영향 아래 회화와 피아노, 영어 등 서구 근대교육을 매우 자유로운 환경 아래에서 받았다. 결혼할 나이가 되었을 때도 장아이링은 결혼 대신 공부를 계속하였고, 독립해 나온 장아이링의 어머니는 생활형편이 어려워지는 가운데서도 유태계 미국인 선생님에게 과외를 받게 할 만큼 적극적으로 공부 환경을 마련해 주었다.[15] 결국 장아이링은 런던대학에 수석으로 합격하였다. 이런 성장 환경은 장아이링에게 자유로운 기질을 형성케 하는 근간을 마련해 주었다. 그녀가 한 수필에서 동거는 오히려 착실한 남녀관계를 유지할 수 있으며 결혼제도보다 합리적[16]이라는 주장을 하였다는 사실을 그 단적인 증거로 들 수 있다. 최정희는 여학교시절부터 무

---

14 西岭雪, 『西望张爱玲』, 东方出版社, 2007, 52쪽.

15 张爱玲, 「童言无忌」, 『流言』, 北京十月文艺出版社, 2009, 99쪽.

16 ______, 「自己的文章」, 위의 책, 95~96쪽.

용, 노래를 하는 등 꽤 자유로운 활동을 했다. 그녀는 24살이 되어서야 일종의 유학으로 일본으로 건너갔다. 그러나 그녀는 혼자서 독서를 하였지 딱히 대학을 다니거나 누군가에게 사사를 받은 적은 없었다. 일본에서도 최정희는 '학생극예술좌'에 참가하면서 연극운동에 관심이 많았다. 최정희는 상대적으로 제도 속에 완전히 흡수되지 않고 자유로운 기질을 형성할 만한 이력을 남기고 있는 것이다. 이렇듯 두 작가는 그 과정은 다르나 모두 자유롭다는 유사한 기질적 특성을 지니고 있다. 이 같은 기질은 사회의 영향을 받을 때 남다른 층위에 초점을 두고 영향관계를 형성했을 가능성을 시사한다. 이들은 사회의 말초적, 본능적 층위에의 관심이 컸다. 엄밀히 말하면 이들은 즉흥적, 충동적 자유에 관심이 컸다고 볼 수 있다. 두 작가의 1945년 이전 시기 소설에서 탈출구가 폐쇄된 억압적 상황에서 여성 인물들이 히스테리, 폭력의 반응을 보인 것은 이들 두 작가의 자유가 그 억압에 얼마나 민감한지를 드러낸다.

최정희와 장아이링의 작품 활동을 보면, 그 기간과 호흡이 비슷하며, 출발점이 유사하다는 점에서 또 하나의 비교연구의 가능성을 성립시킬 수 있다고 볼 수 있다.

최정희는 1931년 10월 『삼천리』에 소설 「정당한 스파이」로 문단에 데뷔한 이래 1934년까지 14편의 동반자적 성격을 띤 작품을 발표했다.[17] 1935년 최정희는 '신건설사 사건'으로 여성 문인으로는 유일

17 「正當한 스파이」, 『삼천리』, 1931.10; 「니나의 세토막 기록」, 『신여성』, 1931.12; 「明日의 食代」, 『시대공론』, 1932.1; 「룸펜의 神經線」, 『영화시대』, 1932.3; 「푸른 지평선의 雙曲」, 『삼천리』, 1932.5; 「비정도시」, 『만국부인』, 1932.10; 「램프등」, 『문학 타임스』, 1933.2; 「젊은 어머니」, 『신가정』, 1933.3; 「토마토 철학」, 『동아일보』, 1933.7.23; 「多難普」, 『매일신보』, 1933.10.10~11.23; 「嫉妬」, 『신여성』, 1934.1; 「星座」, 『형상』, 1934.2; 「가버린 美禮」, 『중앙』, 1934.2; 「女人」, 『중앙』, 1934.12.

하게 전주 형무소에 투옥되었으며 9개월간의 수감생활을 하였다. 출옥 후 최정희의 소설은 이전 소설세계와는 사뭇 다른 차원을 보여준다. 최정희는 수감생활 이전의 작품을 "아무것도 없는 글"[18]이라고 생각했고, "소설을 쓰려고 해서 쓴 것이 아니라 잡지사에서 원고가 없으니 외국작품을 모방해서라도 베껴 쓰라 해서 할 수 없이 시키는 대로 했다"[19]고 고백한다. 그녀가 스스로 작가로서의 데뷔작이라고 인정한 작품은 「흉가」(『조광』, 1937.4)였다.[20] 그래서 본 저서는 작가가 스스로 처녀작이라고 지적한 「흉가」를 최정희 작품 활동의 본격적 시작으로 삼는다. 최정희는 1937년 「흉가」부터 1980년 「화투기」에 이르기까지 40년 넘게 창작활동을 지속하였다.

장아이링은 성마리아여학교 시절 교내지인 『風藻』, 『國光』에 1932년부터 단편소설을 발표하였고, 수필, 영어로 된 영화평 등을 썼다. 홍콩대학에 다닐 무렵 제2차 세계대전으로 홍콩이 함락되자 1942년 다시 상하이로 돌아왔다. 장아이링은 「제1향로(沉香屑第一炉香)」(『紫罗兰』, 1943.5)를 발표함으로써 본격적인 창작 활동을 시작하였다. 1943년 「제1향로」부터 1983년 소설집 『망연기(惘然記)』에 이르기까지 끊임없는 창작활동을 하였다.

최정희와 장아이링의 나이가 14살 차이지만 등단 시기는 6년차밖에 나지 않는다. 최정희는 뒤늦게 근대 교육을 받았고 장아이링은 어머니를 통해 일찍부터 근대 교육을 받았다. 이는 두 작가가 교육받은 시기가 비슷하다는 것을 드러낸다. 이렇게 최정희와 장아이링

---

18 최정희, 「나의 문학생활자서」, 『백민』, 1948.3, 47쪽.

19 _____, 「나의 人生, 나의 文學」, 『월간문학』, 1976.9, 16쪽.

20 "獄에서 나와서 처음 쓴 것이 「凶家」였다. 이것이 勿論 나의 處女作이다. 前에 쓴 것은 崔貞熙의 아무것도 없는 글이라 찾아다니며 없애 버렸다. 그러니까 나의 文學生活이라고 하면 「凶家」에서부터 시작되는 셈이겠다."
최정희, 「나의 문학생활자서」, 『백민』, 1948.3, 47쪽.

은 1930~40년대에 작품 활동을 시작해서 1970~80년대까지 40년에 걸쳐 창작을 하였다. 두 작가에게 있어서 1960년대까지는 당시 사회 현실을 폭로하며 여성의 문제점을 예리하게 포착하였던 시기였으며 1970~80년대는 마무리 단계였다. 무엇보다 특이한 점은 1945년 이전 시기에 발표한 소설에서 여성인물들의 히스테리와 폭력이 공통적으로 두드러지게 나타남으로써 작품 자체 내의 소재도 유사한 것을 확인할 수 있다. 당시 가부장제를 비판하는 여성작가는 많았으나 여성 억압의 폐쇄적 구조와 그 구조로 인한 폭력, 그리고 히스테리까지 초점을 맞춘 작가는 드물었다. 이것은 두 작가의 작가로서의 본격적인 활동의 시작점에서 나타난 유사성이기에 그 의의가 크다.

최정희와 비슷한 시기에 등단한 2세대 여성 작가들의 등단시기와 등단 경로 및 마지막 소설 발표시기와 발표 경로를 정리하면 다음과 같다.

김말봉(1901~1961): 「망명녀」(『중앙일보』 신춘문예, 1932), 「생명」(동인문화사, 1957)

박화성(1903~1988): 「추석전야」(『조선문단』, 1925), 「달리는 아침에」(『소설문학』, 1984)

강경애(1907~1944): 「파금」(『조선일보』 독자투고, 1931)[21], 「검둥이」(『삼천리』, 1938)

백신애(1908~1939): 「나의 어머니」(『조선일보』 신춘문예, 1929), 「혼명(混冥)에서」(『조광』, 1939.5)

송계월(1910~1933): 「가두연락의 첫 날」(『삼천리』, 1933)

21 그 전에 『금성』(1924.5)에 양주동 추천으로 시 「책 한 권」 발표, 『조선문단』(1925.11)에 시 「가을」 발표.

이선희(1911~?): 「불야여인(不夜女人) - 가등(街燈)」(『중앙』, 1934)

지하련(1912~?): 「결별」(『문장』, 1940)

장덕조(1914~2003): 「저회」(『제일선』, 1933), 『고려왕조오백년』(고려서적, 1989)

임옥인(1915~1995): 「봉선화」(『문장』, 1939), 「어둠 속에서」(『한국문학』, 1976)

임순득(1916~?): 「일요일」(『조선문학』, 1937.2)

최정희와 비슷한 시기에 문학 활동을 시작한 여성작가들을 보았을 때, 박화성, 장덕조, 임옥인이 긴 시기에 걸쳐 작품을 창작한 것으로 보인다. 이선희, 임순득, 지하련은 월북 이후 정확한 행적이 불분명하다. 그러나 박화성은 작품 활동 시작시기가 20~30년대여서 40년대 초부터 활동한 장아이링의 활동시기와 맞지 않다. 장덕조는 80년대까지 역사소설을 쓰는 등 왕성한 활동을 함으로써 약 60년에 걸쳐 창작활동을 하였다. 이는 장아이링과의 활동기간과 그 호흡이 맞지 않다. 임옥인은 70년대까지 다수의 단편소설과 수필, 평론 등을 씀으로써 역시 마무리 단계에 처했던 장아이링의 활동호흡과 맞지 않다. 무엇보다 이 세 작가가 1945년 이전 시기에 발표한 소설에서 여성인물들이 가부장제도의 억압에 의해 히스테리, 폭력으로 분출하는 현상이 두드러지게 나타나지 않았다.

중국에서 여성작가 천헝저(陳衡哲, 1897~1976), 빙신(氷心, 1900~1999), 루인(盧隱, 1893~1934), 스핑메이(石評梅, 1902~1928), 링수화(淩叔華, 1900~1990), 린후이인(林徽因, 1904~1955) 등을 이어 장아이링과 함께 활동했던 여성작가들을 정리하면 다음과 같다.

딩링(丁玲, 1904~1986)

셰빙잉(謝氷瑩, 1906~2000)

관루(關露, 1907~1982)

러이옌(雷妍, 1910~1952)

차오밍(草明, 1913~2002)

위안징(袁靜, 1914~1999)

쑤칭(蘇靑, 1914~1982)

판류따이(潘柳黛, 1920~2001)

메이냥(梅娘, 1920~2013)

이들은 러이옌을 제외하고 모두 장아이링처럼 장수하였다. 그러나 20세기 50년대, 일제가 점령했던 지역, 즉 윤함구(淪陷區)에서 생활했던 대부분 작가들은 '한간문인(漢奸文人)'으로 명명되었다. 그들은 1952년 사상개조운동(思想改造運動), 1955년 숙청반혁명운동(肅淸反革命運動)의 대상이 되었고, 1957년 '우파' 및 혐의간첩(嫌疑間諜)으로 취급되었다. 그들은 계속 심사, 비판받았고 감시 아래에서 자유로운 활동을 하지 못하였다. 1978년 평반(平反) 후 딩링, 관루, 쑤칭, 메이냥 등은 다시 명예 회복되었다. 그러니까 근 30년 동안 창작이 중단되었던 셈이다. 해방구(解放區)에 있었던 차오밍과 위안징은 문화대혁명시기, 즉 10년 동안 펜을 놓을 수밖에 없었고 차오밍은 일생동안 주로 공인을 주제로 창작활동을 하였다. 판류따이는 1940년대 당시 관루, 쑤칭, 장아이링과 함께 상하이 문단의 4대 재녀(四大才女)로 불렸다. 그녀는 1950년 홍콩으로 가서 기자로 활동하였고, 1988년 호주로 이민하였다. 대륙을 떠난 후에는 창작활동이 별로 없었다. 셰빙잉은 1947년 타이완으로 건너갔고, 1971년 미국으로 이민하였다. 중국대륙을 떠난 후 창작활동을 별로 하지 않았다.

이렇게 봤을 때, 이들 중 중국대륙에 계속 남은 작가들은 작품 창작이 중단되었고 대륙을 떠난 작가들도 예전처럼 왕성하게 창작활동을 하지 않았다. 장아이링처럼 40년에 걸쳐 한시대도 빠트리지 않고 당대의 사회현실을 철저히 작품에 반영한 작가는 드물다. 그러나 장아이링은 1952년 홍콩을 거쳐 1955년에 미국으로 건너갔다. 이 점을 감안하면 중국의 문화에 대한 장아이링의 상징성, 대표성이 약해진다고 볼 수도 있을 것이다. 그러나 1949년 중화인민공화국 성립 이후 사회주의의 강화와 사회주의의 감시 강화로 인한 부자유한 창작 환경을 감안하면 장아이링의 상징성, 대표성은 유지된다. 또한 장아이링의 대부분의 창작 활동은 중국에서 이루어졌거나 중국을 배경으로 한 이야기로 이루어졌다는 점도 그가 중국을 대표할 수 있다는 논리의 근거가 된다. 장아이링은 23세의 어린 나이에 데뷔했다. 장아이링의 대부분 작품이 중국에서 썼거나 중국을 떠나는 과정에서 중국에 대한 이야기[22]를 직접적으로 주요하게 썼거나 중국에서 쓴 작품을 개작[23]한 것으로 이뤄져 있다. 70년대에도 기억에 의존하며 그리움을 강하게 내포한 채 중국장에 대한 이야기를 중심으로 썼다.[24] 작품 수를 확인해 보면 장아이링의 대부분의 작품은 망명 직후까지의 것들이 대부분을 차지한다.

최정희도 이 같은 구조적 상황에 놓여 있었다. 최정희도 해방 후 장아이링처럼 사회주의 진영에 속하지 않고 자유 진영에 속해 있었기 때문에 창작의 자유를 부여받은 것이다. 이 점이 이들의 또 하나의 공통점이다. 이 공통점은 최정희에게는 특별한 것이 아닐 수도 있겠으나 장아이링에게는 특별하다고 할 수 있다. 본 저서에서 최정

22 제Ⅱ장 제5절 '모국을 떠난 장아이링의 망명의식'에 관한 작품 참고.

23 제Ⅱ장 제4절 1960년대 작품 참고.

24 제Ⅱ장 제5절 '인간적 쓸쓸함과 개인의 욕망'에 관한 부분 참조.

희와의 비교 대상으로 장아이링을 선택한 것은 이 같은 장아이링의 특색을 고려한 것이 그 이유 중의 하나이다. 현재 장아이링은 중국에서 루쉰보다도 더 주목받고 있다. 이는 중국인들에게 장아이링이 어떤 공감대를 형성하는지를 드러낸다.

최정희와 장아이링이 작품 활동을 했던 시기의 양국 사회의 유사한 일면들은 이들 소설의 동질성을 드러내는 동시에 그것을 바탕으로 한 차이도 명확히 할 것이다. 두 작가가 속한 사회의 유사한 일면들 앞에서 서로 다른 형태의 소설이 탄생하는 과정을 추적, 분석하는 것은 적극적인 의의를 가질 수 있다. 본 저서에서는 이것을 바탕으로 두 작가의 작품을 비교 분석함으로써 두 작가의 작품을 개별적으로 해석했을 때에는 미처 알지 못했던 작품의 의미를 찾아가고 더욱 심도 있고 구체적으로 해석하고자 한다. 나아가 작품을 통해서 최정희와 장아이링의 여성의식의 공통점과 차이점을 정리해 나가고자 한다. 두 작가의 근원적 의식의 차이가 소설에 어떻게 형상화되는지 그 과정을 추적하고 분석해 보면서 양국의 상이한 사회의 구조적 특징도 함께 가늠해 보고자 한다. 이들 작가의 의식은 이들이 속한 양국 사회의 한 요소로써 그 사회를 추정할 수 있게 하는 자료가 될 수 있다.

2. 기존 연구 검토와 연구 방법

최정희는 1930년대부터 활동하기 시작하였다. 1930년대에는 여성문학과 여성문인이 조명받기 시작했다. 이에 따라 최정희의 문학도 '여성'이라는 주제를 중심으로 평가되었다. 식민지시기부터 그녀의 작품은 '여성적', '여성다움'이라는 범주에 그의 작품이 합치하는지의 여부에 의해 주로 평가되었다. 가령 최정희의 작품에 대해 "咸鏡道의 억센 가슴에 항상 南쪽 哀愁가 깃들이고 있으나 아직도 말이 咸鏡道적이어서 表現에 窮하다"[25]고 하는 평은 이런 공통적인 관심에 바탕하고 있다.

해방 후부터 최정희의 작품은 여성성이 전제되어 있는 것으로 주로 평가되었다.[26] 김윤식의 경우에는 최정희의 고백체가 당대 작가들에 비해 가장 여성다운 것을 보여준다고 평가했다.[27] 정창범은 최정희의 문학을 '결백의 정신'으로 조명했다. 그는 최정희의 "결백성은 윤리적인 면에서는 正義感과 통하지만 문학을 통해서는 여성적인 순수성과 섬세한 심리, 인간의 深層에 대한 예리한 분석으로 나타나는 것"이라고 했다. 그는 최정희가 "남성 때문에 빚어지는 여성의 哀歡을 줄기차게 추구한다"고 평가하며, 이 여성의 애환은 "남성의 내면세계와의 생명적인 交互 관계에서 일어나는 여성의 內的인 몸부림 같은 것"[28]이라고 했다. 조병무는 "최정희 여사만큼 완벽한 여류의 전통을 이어온 작가는 드물"고, "최정희 여사만큼 여성을 작품의 소

25 김광섭, 「人間 崔貞熙 女史」, 『조광』, 1939.3, 141쪽.

26 김동리, 「女性作家의 回顧와 展望」, 『문화』, 1947.7, 47쪽.
백철, 『신문학사조사』, 백양당, 1947, 338~339쪽.
곽종원, 「崔貞熙論」, 『문예』, 1949.8, 164쪽.
조연현, 「感銘의 所在 「風流잡히는 마을」을 읽고」, 『문예』, 1949.10.
조연현, 『현대한국작가론』, 문예사, 1953.
정창범, 「결백의 정신」, 『한국단편문학대계』 5, 삼성출판사, 1969.
홍기삼, 「최정희와 그 문학」, 『신한국문학전집』 12, 어문각, 1970, 520~525쪽.
김우종, 『한국현대소설사』, 선명문화사, 1974.
김윤식, 「인형의식의 파멸」, 『한국문학사논고』, 법문사, 1974.
조병무, 「최정희론」, 『탑돌이』, 범우사, 1976.
천이두, 「원숙과 패기」, 『문학과 지성』, 1976.6, 509~515쪽.
이재선, 『한국현대소설사』, 홍성사, 1979.

27 김윤식, 앞의 글, 244~246쪽.

28 정창범, 앞의 글, 412~413쪽.

재로 선택하여 그들의 세계를 완벽하게 추적한 작가는 없다"[29]고 극찬했다. 이는 얼마만큼 최정희가 여성에 집중했는지를 드러낸다.

1980년대 이후 최정희 문학에 대한 연구는 다양한 시각에서 이루어졌다. 첫째, 기존의 대부부분의 연구와 달리 사상이나 사회문제에도 초점을 맞추었다.[30] 서정자는 "최정희의 여성의식이 사회의식과 접점을 이루고 있다"고 해석하고, "우리 문학사에서 문학과 사회의 측면이 지나치게 정치와의 연계성만을 문제삼는 풍토는 비판되어야 한다"[31]고 했다. 박금주는 최정희의 '삼맥'은 "여성이 주체적인 삶을 모색하는 과정에서 겪게 되는 당시 사회의 구조적 모순과 여성의 법적 지위 문제, 사생아 문제, 여성의 노동문제 등 다양한 여성문제와 사회문제를 제기하였다"고 했다. "이것은 작가 최정희의 여성의식이 사회의식에 뿌리를 두고 있었다는 것"[32]이라고 하였다. 박죽심은 해방 직후와 6.25 전쟁 시기의 작품을 검토하면서 여성의식과 사회의식이 결합되는 과정을 살펴보았다.[33]

본 저서는 작가의 근원적, 심층적 의식을 찾아내는 데 초점을 맞추고 있기 때문에 작가의 여성의식과 사회의식을 연결시킬 때에도 심층적 사회의 의식을 찾아내 연결시키고자 한다. 또한 이렇게 찾아낸 최정희의 여성의식, 사회의식과 당시 실제 사회의 의식과의 연관성도 분석, 추정해 본다. 본 저서는 '사회주의'라는 이념적 층위보다

---

29 조병무, 앞의 글, 11쪽.

30 신동욱, 「崔貞熙의 作品에 나타난 女性과 人間意識」, 『청파문학』 13집, 1980.2.
서정자, 「일제강점기 한국 여류소설연구」, 숙명여자대학교 박사학위논문, 1987.
박금주, 「한국 근대 여성소설의 타자적 여성성 연구」, 한남대학교 박사학위논문, 2002.
박죽심, 「최정희 문학연구」, 중앙대학교 박사학위논문, 2010.

31 서정자, 앞의 글, 100~101쪽.

32 박금주, 앞의 글, 136쪽.

33 박죽심, 앞의 글, 215쪽.

더 기초적 층위에 해당하는 최정희의 의식을 찾고자 한다.

둘째, 일제 말기 친일 협력 작품을 검토한 논문들이 있다.[34] 친일 협력 소설을 두고 대부분 외부적 강압에 의해 쓴 것이냐, 자발적으로 쓴 것이냐 하는 문제로 의견이 나뉜다. 또 최정희의 친일적 성향이 계획적으로 이루어진 것이냐 우연적으로 이루어진 것이냐 하는 문제에 대해서도 견해가 나뉜다. 이 중 비계획적 우연성에 의한 친일이라는 주장이 눈에 띈다. 김복순은 '젠더 우선성'의 시각을 도입하여 최정희의 친일 작품을 분석한다. 이것은 기존의 친일 문학을 바라보는 시각에 대한 새로운 입장인 셈이다. 의견이 다양하게 나뉘는 과정에서도 작품의 친일적 색채에 대한 규정은 공통적으로 인정하고 있다.

셋째, 1950년대의 '반공소설'과 관련된 시각이 있다.[35] 엄미옥은 최

---

34 이선옥, 「평등에 대한 유혹 - 여성 지식인과 친일의 내적 논리」, 『실천문학』, 2002, 가을호.
심신경, 「여성작가 친일소설 연구」, 『배달말』, 배달말학회, 2003.
이상경, 「식민지에서의 여성과 민족의 문제 - 일제 파시즘하의 최정희와 임순득」, 『실천문학』, 2003, 봄호.
김재용, 「여성성과 국민주의의 결합으로서의 친일문학」, 『실천문학』, 2004, 봄호.
신영희, 「태평양전쟁기 최정희의 '군국모성'에 대한 고찰」, 경성대학교 석사학위논문, 2004.
홍순애, 「국민문학에 나타난 파시즘 양상연구; 최정희와 野菊抄」, 『한민족 문화학회』, 2004, 봄호.
서영인, 「순응적 여성성과 국가주의」, 『현대소설연구』, 2005.3.
김양선, 「일제 말기 여성작가들의 친일담론 연구」, 『어문연구』, 2005, 가을호.
최경희, 「친일 문학의 또 다른 층위 - 젠더와 〈야국초〉」, 『해방전후사의 재인식』 1, 책세상, 2006.
신영희, 「식민지 조선에서의 징병제와 군국모성; 최정희의 1940~1945 작품을 매개로」, 『성균관대 대동문화연구원』, 2007.
김복순, 「범주 우선성의 문제와 최정희의 식민지 시기 소설」, 『상허학회』, 2008.
김현주, 「최정희 친일과 불안의식의 대응 양상 연구」, 공주대학교 석사학위논문, 2013.

정희가 전장을 취재하면서 작품을 썼기에 최정희의 작품을 반공소설로 분류하고 있다.[36] 김복순은 최정희 초기 소설부터 1960년대 중반까지 소설의 내적 연속성을 '젠더 범주 우선성'으로 파악했다. 김복순은 『녹색의 문』에 대해 "이념(사상성)과 여성성의 부정적 결합으로 규정되는 낭만적 사랑의 애정규범이 낭만적 사랑과 반공주의의 속화된 결합을 보여준다"[37]고 평가했다. 그리고 "반공주의 서사로서의 부정성만 있는 것이 아니고, 여성의 일의 발견, 자매애의 발견을 통해 반공주의 서사 형성의 균열을 확보"[38]했다고 언급했다.

1950년대 소설에 대해 기존 연구자들은 '반공소설'로 대체적으로 규정하고 있다. 본 저서는 1950년대에 쓰여진 『녹색의 문』, 『끝없는 낭만』을 중심으로 '반공' 이념적 성향이 있는지 여부에 대해 재검토하고자 한다.

넷째, 최정희에 관한 대부분의 논문은 최정희의 작품을 페미니즘의 시각으로 분석하고 있다.[39] 황수진은 최정희 문학이 "남성 지배

---

35 김정숙, 「최정희의 해방기 소설과 『녹색의 문』에 나타난 현실 인식의 변화」, 『비평문학』 제34호, 2009.
이병순, 「최정희 소설에 나타난 전쟁의 의미」, 『한국사상과 문화』 제50집, 2009.
엄미옥, 「한국 전쟁기 여성 종군작가 소설 연구」, 『한국근대문학연구』 21집, 한국근대문학회, 2010.
김복순, 『나는 여자다: 방법으로서의 젠더』, 소명출판, 2012.

36 엄미옥, 앞의 글, 262쪽.

37 김복순, 『나는 여자다: 방법으로서의 젠더』, 소명출판, 2012, 162쪽.

38 위의 책, 166쪽.

39 구인환, 「한국여류작가의 기법」, 『아세아 여성 연구』 9집, 1970.12.
______, 「한국 여류 작가의 문체」, 『아세아 여성 연구』 11집, 1972.12.
김형자, 「최정희 소설의 바람 공간적 의미」, 『한국 여성 소설 연구』, 민지사, 1991.
김혜정, 「최정희의 '天脈'에 나타난 여성성」, 『개신어문학』, 1992.8.
이상신, 「최정희의 '풍류 잡히는 마을'에 나타난 족제비와 닭의 표상」, 『장안논총』 13, 1993.2.
전혜자, 「母權에의 유토피아 지향 - 해방기 최정희 소설 연구」, 『어문논집』,

이데올로기의 부당함과 가정과 사회활동을 병행해야 하는 데서 오는 어려움 등을 솔직 담백하게 그려낸 것 등은 현대 여성들에게서도 되풀이되어지는 이야기로서 문학 연구가들의 관심"[40]을 받고 있는 원인이라고 했다. 박정애는 최정희 소설에 나타나는 여성의 억압문제가 담론적 문제에서 비롯되어 있다고 보고 있다.[41] 본 저서에서는 이 문제를 의제 선택, 심층의 구조 문제, 작품의 형식 문제의 범위로 확대해 나간다. 이 같은 심층적 문제는 본 저서의 제Ⅱ장 제3절에서부터 본격적으로 다뤄진다. 반면 심진경은 "최정희 문학에서 '여성성'은 여성에게 자연스럽게 부착되어 있는 본질적인 어떤 것이라기보다는, 자기를 고통스러운 존재로 표박하고 자신의 무기력함, 수동성, 나약성을 강조함으로써만 겨우 성립될 수 있는 자기 위장의 산물에 불과한 것"[42]이라 했다. 김주리는 "남성 중심 사회의 다양한 담론과 대립

1994.8.

김동식, 「여성과 모성을 넘어서」, 『한국소설문학대계』, 동아출판사, 1995.

유님옥, 「최정희 노년기소설 연구」, 『어문논집』 제7집, 1997.

황수진, 「최정희론 - '녹색의 문'과 '끝없는 낭만'을 중심으로」, 『겨레어문학』 제21집, 1997.

이호숙, 「페미니스트 시각에서 본 '여성다움' - 모계 사회적 자궁 이미지」, 『문학사상』, 1998.5, 96쪽.

황수남, 「최정희 소설 연구」, 충남대학교 박사학위논문, 2001.

이병순, 「최정희 소설에 나타난 모성 연구」, 『여성문학연구』 13, 2005.

방민호, 「1930년대 후반 최정희 소설에 나타난 여성의 의미」, 『현대소설연구』 30, 2006.

심진경, 「최정희 문학의 여성성 - 여성작가로 산다는 것」, 『한국근대문학연구』 제7집, 2006.

김주리, 「비체화한 모성의 우울증과 육친애」, 『인문연구』 55, 2008.

박정애, 「최정희 소설에 나타난 여성적 글쓰기의 특성 연구」, 『여성문학의 타협과 저항』, 강원대학교 출판부, 2008.

서여진, 「해방 후 최정희 소설 연구: 여성 목소리의 재현양상을 중심으로」, 서울대학교 석사학위논문, 2010.

40 황수진, 앞의 글, 635~636쪽.

41 박정애, 앞의 글, 117쪽.

충돌하는 지점에서 비체(abiect)로서 그 존재를 박탈당한 여성이 새로운 방식으로 자아를 정립하려는 노력"[43]을 하는 것이 보인다고 최정희의 작품을 평했다.

기존의 페미니즘 연구에서는 여성 인물의 억압과 저항이 구체적으로 어떻게 나타나는지에 대한 논의가 미비하다. 여성 인물의 억압과 저항에 대한 구체적 연구의 결여는 소설이 말하고자 한 여성주의가 구체적으로 무엇이었는지 분석하지 않고 '여성주의', '여성성'이라는 너무 큰 범위에 최정희의 작품과 개성을 가두어 버렸기 때문이다. 본 저서는 억압과 저항의 요소들을 구체적으로 분석하고자 한다. 물론 큰 범위에서의 규정은 필요하지만 본 저서에서는 그 큰 규정을 발판 삼아 세부적 규정을 시도한다.

장아이링은 1943년에 「제1향로(第一爐香)」를 발표하면서 데뷔했다. 그녀는 이후 2년 동안 소설과 수필 27편을 썼다. 이 기간이 장아이링의 가장 활발한 창작시기라 할 수 있다. 당시 장아이링의 작품을 최초로 평가한 연구자는 푸레이(傅雷)이다. 그는 루쉰(魯迅)의 「광인일기(狂人日記)」와 「황금족쇄(金鎖記)」가 스토리상 유사한 면이 있다고 비교했고 「황금족쇄」를 두고 "우리 문단에서 가장 아름다운 수확 중 하나"[44]라고 평하며 이전과는 다른 장아이링의 탁월한 기교를 높이 샀다. 탄정비(譚正璧)는 기교와 개인성에 초점을 맞춰 장아이링의 작품을 분석했다.[45]

1950년대 장아이링은 정치적 문제로 망명하게 되었다. 이로 인해 중국 내에서 그녀의 작품은 주목받지 못했고 그에 따라 연구도 잘

---

42 심진경, 앞의 글, 111쪽.

43 김주리, 앞의 글, 258쪽.

44 傅雷, 「论张爱玲的小说」, 『张爱玲文集』 第4卷, 安徽文艺出版社, 1996, 410쪽.

45 谭正壁, 「论苏青与张爱玲」, 苏青, 『歧途佳人』, 中国三峡出版社, 2010.

이뤄지지 않았다. 1960년에 이르러서 그나마 해외에서 장아이링에 대한 관심은 미국 콜롬비아대학 교수 샤즈칭(夏志淸)에 의해 증가됐다. 그는 1961년 영문본 『중국현대소설사』에서 장아이링을 다뤘다. 여기에서 장아이링은 최초로 중국소설사에 등장하게 되었다. 그는 장아이링을 "현재 중국의 제일 우수하고 제일 중요한 작가"[46]라고 극찬했다. 또한 그는 「황금족쇄」를 "중국 고대 이래 가장 위대한 중편소설"이라고 평가하였다. 그는 "장아이링이 프로이트와 서구 소설의 영향을 많이 받았는데, 이는 섬세한 심리묘사와 은유를 통해 스토리의 함의를 충실히 한 것을 통해 드러난다"[47]고도 하였다. 샤즈칭을 시발점으로 해서 미국에서는 장아이링에 대한 연구가 계속해서 이어져 나갔다.[48] 대만에서도 장아이링에 대한 연구가 진행되었다.[49] 쉐이징(水晶)은 『장아이링의 소설 예술(張愛玲的小說藝術)』에서 장아이링이 심리묘사, 상징, 형상 등에 능하고 서구적 문화, 정신에 가까운

---

46 夏志清 著, 刘绍铭等 译, 『中国现代小说史』, 复旦大学出版社, 2005, 254쪽. (원본 영문 본은 *A History of Modern Chinese Fiction*(1961))

47 위의 책, 260~261쪽.

48 Jeannie Bohlmeyer, Eileen Chang's Bridges to China, *Tamkang Review* 5:1, April, 1974.
Stephen, Cheng, Themes and Techniques in Eileen Chang's Stories, *Tamkang Review* 8:2, Oct, 1977.
Edward M. Gunn, Jr, *Unwelcome Muse: Chinese Literature in Shanghai and Peking 1937-1945*, New York: Columbia University Press, 1980.
李欧梵, 「香港, 作为上海的"她者"」, 『读书』, 1998.12.

49 唐文标, 『张爱玲杂碎』, 联经出版社, 民国 65年 5月.
______, 『张爱玲研究』, 联经出版社, 民国 65年 5月.
______, 『张爱玲卷』, 远景出版社, 1982.
______, 『张爱玲资料大全集』, 时报文化出版事业有限公司, 1984.
水晶, 『张爱玲的小说艺术』, 中国大地出版社, 1984.
张健 主编, 『张爱玲的小说世界』, 台湾 学生书局, 1984.
周芬伶, 『艳异: 张爱玲与中国文学』, 中国华侨出版社, 2003.
______, 『哀与伤: 张爱玲评传』, 上海远东出版社, 2007.

일면을 보인다고 평가하였다.[50]

중국 대륙에서는 1980년대부터 장아이링에 관한 연구 논문이 증가하기 시작하였으며 그 연구방향은 다각도로 이루어졌다. 첫째, 장아이링 문학의 현대성을 논한 비평들이 있다.[51] 천스허(陳思和)는 "장아이링이 허구적 도시 민간의 광경, 즉 쇠퇴해가는 구식 가정, 몰락하는 귀족 여성, 교활하고 못된 소시민의 일상생활과 전통적인 현대문학 속에서 작가가 인성(人性)에 대한 깊은 관심과 시대 변화 속에서 도덕정신에 대한 정확한 파악을 성공적으로 결합하여 도시 민간문화 정신을 잘 구현했다"[52]고 평가하며 장아이링의 문학적 공헌을 높이 샀다. 리메이(李梅)는 장아이링으로 대표되는 '일상 현대성'은 '현대성' 개인의 내부모순에 대한 비판일 뿐, 거대한 이념이나 투쟁적인 시각과는 동떨어진 것이라고 했다. 이러한 일상생활에 대한 서사 속에서 해학 혹은 고상함이 드러나고, 나아가 인생의 무한한 황량함까지 발견된다. 그래서 그는 장아이링 소설의 현대성은 '황량' 그 자체라고 하였다.[53]

둘째, 여성주의적 시각에서 장아이링의 작품을 평가한 논의들이 있다.[54] 멍웨이(孟悅), 다이진화(戴錦華)는 장아이링 소설의 여성인물

---

50 水晶, 앞의 책, 218쪽.

51 胡凌芝, 「张爱玲的小说世界」, 『抗战文艺研究』, 1987年 1期.
严家炎, 『中国现代小说流派史』, 人民文学出版社, 1989.
陈思和, 「民间和现代都市文化 - 兼论张爱玲现象」, 『上海文学』, 1995年 10期.
梁云, 「论鲁迅与张爱玲的文化关系」, 『中国现代, 当代文学研究』, 1998.2.
彭秀贞, 杨泽 编, 「殖民都会与现代叙述 - 张爱玲的细节描写艺术」, 『阅读张爱玲』, 广西师范大学出版社, 2003.
李梅, 「张爱玲的小说传统与文学中的日常叙事」, 暨南学报(哲学社会科学版), 2007.

52 陈思和, 앞의 글, 69쪽.

53 李梅, 앞의 글, 204쪽.

54 严家炎, 『中国现代小说流派史』, 人民文学出版社, 1989.

이 부권사회의 억압 속에서 결국 파멸되는 양상을 보여준다고 했다. 그러나 멍웨이, 다이진화는 이런 병태적이고 극단적인 여성인물한테서 '지혜'가 보이는데 이 지혜는 표면 위에 드러난 후 '처량함'으로 끝을 맺는다고 했다. 또한 그들은 "그의 언어는 기존의 남성적 시각의 영향을 넘어서서 특유의 스토리, 시점, 서술방식으로 여성주의를 표출하였으며, 전형적인 여성의 언어를 생산하였다"[55]고 평가했다. 탄꾸이린(譚桂林)은 바진(巴金) 등과 같은 "현대 작가들이 그린 봉건 대가족의 구조와 권력은 거의 남성을 중심으로 배치"되어 있는 반면, 장아이링이 계획한 구식 대가족은 "음양이 전도되고, 여성이 절대적인 중심을 점유하고 남성들은 가정 권력구조의 가장자리로 물러나 있는 구조를 하고 있다"[56]고 평가했다.

장아이링에 대한 기존의 연구는 역시 최정희의 경우와 마찬가지로 여성 인물들이 어떻게 구체적으로 억압받고 저항하는지에 대한 분석이 결여되어 있다. 본 저서는 억압과 저항의 요소들을 세부적으로 규정하고자 한다. 특히 장아이링 소설의 여성인물들의 복수 혹은 폭력이 남성에게만 향하는 것만은 아닌 점은 작품 내적 관계를 검토하고 분석해야 한다.

셋째, 장아이링 소설 속 여성 인물들의 주체성 문제를 연구한 논문들이 있다.[57] 린싱첸(林幸謙)은 장아이링 소설 속 여성의 주체성은

孟悦·戴锦华,『浮出历史地表 - 现代妇女文学研究』, 中国人民大学出版社, 2004.
乔向东, 杨泽 编,「反驳与偏离 - 张爱玲小说对于新文学的反抗」,『中国现代文学研究』, 1996年 1期.
谭桂林, 「写出人性深处的原始悲怆 - 谈张爱玲的家庭题材小说「金锁记」和「创世纪」」,『中国现代文学研究丛刊』, 1997.

55 孟悦·戴锦华, 앞의 책, 213쪽.

56 谭桂林, 앞의 글, 228쪽.

57 林幸谦,「张爱玲少作论」,『当代』, 民国84年 5月.
______,「张爱玲的临界点:闺阁话语与女性主体的边缘化」,『中外文学』第24卷

주로 두 부류의 인물로 형성되었다고 했다. 하나는 남자 가장을 대신하는 여가장이고, 다른 하나는 종속여성이다. 그는 전자는 물론 후자도 종속적 위치에서 주체성을 점유하고 있다고 했다.[58]

본 저서는 위의 논의에 동의하면서 주체성보다는 주체성을 형성하기 이전 단계인 불만 혹은 박탈에 초점을 두고 더욱 근본적인 장아이링의 여성의식을 찾아갈 것이다.

넷째, 장아이링 소설 속 인물들에 대한 심리분석 등을 중심으로 평가가 이루어졌다.[59]

기존의 연구에서 장아이링은 여성의 심리를 잘 다룬 것으로 평가되어 왔다. 혹은, 인간의 심리를 잘 다룬다고 평가되어 왔다. 즉 장아이링은 여성문제 이외에도 인간심리문제라는 분야에 있어서도 깊은 관심을 가지고 있었던 것이다. 그러나 기존의 연구는 장아이링

第5期, 民国 84年 10月.
林幸谦, 「张爱玲:压抑处境与歇斯底里话语的文体」, 『中国现代文学研究丛刊』, 1996年 1期.
______, 「双重意义的女性文本: 张爱玲的女性主体论述」, 『中国现代文学研究丛刊』, 1998年 2期.
______, 「反父权体制的祭典 - 张爱玲小说论」, 『中国现代当代文学研究』, 1998年 9期.
______, 『张爱玲论述 - 女性主体与去势模拟书写』, 洪业文化事业有限公司, 2000年 1月.
______, 『历史・女性与性别政治 - 重读张爱玲』, 麦田出版社, 2000年 7月.
张晓平, 「焦虑中的女性关怀 - 张爱玲小说创作侧论」, 『华文文学』, 2007年 2期.
汪维维, 「艰难的女性启蒙 - 重读张爱玲「倾城之恋」」, 『华文文学』, 2009年 4期.

58 林幸谦, 「双重意义的女性文本: 张爱玲的女性主体论述」, 『中国现代文学研究丛刊』, 1998年 2期, 171쪽.

59 水晶, 앞의 책.
王剑业, 「雅俗结合的宁馨儿」, 『社会科学战线』, 1991年 1期.
黄静, 「消解"五四"爱情神话:「伤逝」与「五四遗事」比较」, 『安庆师范学院学报(社会科学版)』 第22卷 第5期, 2003.9.
李祥伟, 「通俗小说中的自我意识与读者意识 - 以张爱玲小说「多少恨」为例」, 『广州大学学报(社会科学版)』, 2008.

이 인간, 여성의 심리를 어떻게 파헤치고 있는지 구체적으로 분석하지 않았다. 본 저서에서는 장아이링 특유의 인간심리를 이해하는 구조를 찾아낼 것이다. 장아이링은 심리에 관해 접근할 때 자아의 이중성(다층성)을 전제하고 접근하는 특징을 대부분의 작품에서 드러낸다.

다섯째, 장아이링 소설에 특징적으로 나타나는 상징에 대한 연구들이 있다.[60] 이 연구들은 장아이링 소설에 나타나는 특정한 상징들이 작품을 관통하는 의미적 구조를 형성하고 있는 것으로 보는 것이다.

이렇게 봤을 때, 기존의 최정희와 장아이링에 대한 연구 중에는 여성주의에 초점을 둔 것들이 상당수 된다. 그러나 그 여성주의의 변화양상에 주목한 것은 많지 않다. 특히 작품의 내적 관계에 집중하고, 그 내적 구조의 변화양상에 집중함으로써 이들 작품에 드러난 여성주의의 실체를 분석해 나간 것은 더욱 적다. 본 저서는 이들 두 작가의 작품 속 내적 관계를 분석해 이들 작품의 여성주의의 변화양

60 毛建勇, 「论张爱玲小说的悲剧意识与月亮意象」, 『中国文化研究』, 1998.
刘锋杰, 「物理・人情・原型 - 张爱玲小说的"镜象"描写」, 『中国现代文学研究丛刊』, 1999年 4期.
许子东, 「物化苍凉 - 张爱玲意象技巧初探」, 『华东师范大学学报』 第33卷 第5期, 2001.9.
庄超颖, 「真幼虚实交融叠化 - 解读张爱玲小说的镜子意象」, 『泉州师范学院学报(社会科学)』 第23卷 第1期, 2005.1.
______, 「穿行于女性生存困境之中 - 论张爱玲小说的鞋意象」, 『福建论坛・人文社会科学版』, 2009年 第7期.
______, 「论张爱玲小说的雨意象」, 『福建师范大学学报(哲学社会科学版)』, 2010年 第6期.
______, 「论张爱玲小说的植物意象」, 『江西科技师范学院学报』, 2010.12.
倪立秋・林金枝, 「张爱玲笔下的阳台意象透析」, 『华文文学』, 2013年 1期.
黄德志・郁颖, 「张爱玲小说中的公馆意象分析」, 『中国现代文学研究丛刊』, 2013年 8期.

상을 분석함으로써 그 여성주의의 구체적 범위와 층위의 변화 추이를 찾아 낼 것이고, 이를 토대로 두 작가의 근본적 의식을 밝힐 것이다.

최정희와 장아이링을 비교한 논문으로는 석사학위논문 2편[61]과 학술지논문 1편[62]이 있다. 그러나 모두 특정 시기, 특정 테마에 한정하여 비교한 연구이다. 본 저서는 두 작가의 전체 창작기간에 발표한 작품을 비교 분석함으로써 두 작가의 근원적 의식을 살펴볼 수 있을 것이다. 또한 비교를 통해 기존의 한 작가의 작품만 다루었을 때 미처 알지 못했던 작가의 특징과 작품의 의미를 찾아낼 것이다. 비교는 그 작가와 작품의 성향이 그 작가와 작품의 것만이 아니었음을 증명하는 장치이고 그 작가와 작품의 특징을 더욱 세부적으로 분명히 하는 장치이다. 비교는 해체의 필요성을 부각시킨다. 두 작가에게 동일하게 나타난 주제와 대상이 비교를 통해 어떠한 차이를 드러낸다는 것은 그 주제와 대상이 서로 다른 요소를 내포하고 있음을 드러내기 때문이다. 이 다른 요소는 해체될 때 구체적으로 어떻게 다른 것인지 그 차이를 분명히 드러낸다. 즉 공통성과 공통성 내에서의 차이를 분명히 찾아내기 위해서는 해체가 반드시 필요하게 된다.

본 저서는 기존의 연구보다 더 심층화된 작품의 내적 관계를 분석하기 위해서는 '해체'의 방법을 활용한다. 여기서의 '해체'는 소설 속 사건의 구성요소를 '해체'하는 것을 말한다. 예를 들면 작품에 폭력이 등장하면 그것을 폭력으로 규정하는 것을 넘어 그 폭력을 구성하

61 정은아, 「張愛玲과 최정희 소설의 비교연구: 1930~40년대 소설의 여성 형상을 중심으로」, 고려대학교 석사학위논문, 2006.
김금란, 「장애령과 최정희의 소설에서의 여성비극의식 비교연구」, 서울여자대학교 연변대학교, 석사학위논문, 2011.

62 졸고, 「최정희와 장아이링의 여성의식 비교 연구」, 『중국인문과학』 57집, 2014.

고 있는 대상, 방향 등으로 그것을 해체하는 것이다. 이렇게 해체된 요소들은 작품의 내적 관계를 좀 더 심층적으로 분석하는 데 기초적인 기제가 된다. 요소를 해체하면 작품에 대한 해석의 경우의 수가 많아지게 되고 이에 따라 더욱 정합적이고 세세한 해석이 가능해진다. 정합적이고 세세한 해석은 그 작품의 근원을 밝혀내는 데 반드시 필요한 것이다. 본 저서는 매 장마다 기존의 연구보다 심화된 해체를 시도한다. 이 같은 해체를 할 때에는 해체의 범위가 제한될 필요가 있다. 소설 속 모든 사건을 해체할 수 없기 때문이다.[63]

본 저서는 첫째 두 작가 '모두'의 소설이 여성 억압에 관련한 비판적 색채를 띤다는 점에서, 둘째 두 작가가 '평생에 걸쳐' 여성 억압의 문제를 다루고 있다는 점에서, 셋째 두 작가의 작품에 주로 여성 억압의 문제가 '핵심'으로 작용하고 있다는 점에서 여성의 자유에 대한 '박탈'로 그 해체의 범위를 제한한다.

최정희와 장아이링은 시대에 따라 여성의 형상, 소설의 형상을 달리하는데 이들의 여성 형상 변화양상을 분석할 때에는 그 여성 형상에 대한 판단 기준이 필요하다. 따라서 본 저서는 여성 형상에 접근하는 데 있어서 '박탈'이라는 분야로 범위의 제한을 하며 이를 통해

63 본 저서는 기초의식 층위에로의 추구를 그 종착점으로 설정하고 있다. 즉 좀 더 작은 단위의 개념이나 문제들로 대상을 해체시킨 후 그 모순점을 드러내는 방식을 취한다. 하나의 사상, 문화, 관념은 더 작은 단위의 기초의식들로 형성되어 있기 때문이다. 본 저서가 추구하는 방법은 포스트모던 페미니즘, 데리다의 해체적 비판방식과 유사할 수 있다. 그러나 본 저서에서 추구하는 이 유사한 방법은 '더 작은 단위의 기초적 층위'라는 기준을 통한 두 작가 작품의 구조, 추이를 비교분석하는 도구로써만 활용될 뿐이다. 본 저서가 주로 분석하는 것은 두 작가의 작품에서의 내적 관계에 있다. 결론적으로 본 저서의 여성 형상에 대한 접근의 방법으로 일반적인 분석 방식인 요소의 분해를 활용하고 있다는 것이다. 여성 형상에 초점을 맞춰 작품의 구조를 분석함으로써 작품의 근원을 찾아내는데 초점을 두는 것이다.

그 기준을 마련한다. 소설 속 여성인물에게 '박탈'된 것이 무엇인지를 분석함으로써 자유의 박탈에 관한, 혹은 부자유에 관한 여성 형상을 도출한다. '박탈'의 분야를 세밀하게 나눔으로써 이들 작가의 작품 속 요소들의 내적 관계를 분석하기도 하며 시대별로 이 박탈의 층위가 어떻게 이동하는지 그 추이를 찾아낼 것이다. 심층적 박탈에는 주로 관념적 박탈이 있고, 표층적 박탈에는 주로 행위적 박탈이 있을 것이다. 박탈의 층위가 심화됨에 따라 박탈의 형태도 점차 관념적인 것으로 변화하기 때문이다. 본 저서는 이 같은 과정으로 작품의 내적 관계를 분석하고 이를 통해 두 작가의 차이를 조명하고 나아가 양국의 차이를 살펴볼 것이다.

비교분석은 작품의 내적 관계에 대한 분석과 영향관계에 대한 분석으로 그 분석의 내, 외의 성향을 달리하는 요소들로 구성될 수 있다. 최정희와 장아이링은 사회, 인간의 범위에서의 문제를 반영하는 동시에 여성문제의 범위에서의 문제를 반영했을 수 있다. 즉 작품이 이념적 문제로 해석될 수도, 여성문제로 해석될 수도 있는 것이다. 작품에의 그 '반영'이 구체적으로 어떻게 이뤄져 있는지를 알기 위해서는 심층적 영역에 이르는 범위에까지 작품의 내적 구조, 관계가 분석되어야 한다. 본 저서는 심층적 비교를 위해 범위의 제한이라는 '주제의 제한'을 먼저 한 후, 공통점 내에서의 차이점을 찾는 방식을 반드시 거치는 '방법의 제한'을 할 것이다. 최정희와 장아이링은 다방면에서 공통점을 지니고 있다. 이 공통점 내에서의 차이를 비교하는 것은 작품의 내적 분석을 심층화하는 데 좋은 도구가 된다. 비교를 통해 찾아낸 세부적 특징들은 두 작가의 작품의 요소들을 재조합해 심층적이고 새로운 해석을 가능케 한다. 이렇게 추출된 작품의 내적 문제에 관한 새로운 해석을 통해 좁게는 작가의 개인적 의식을, 넓게는 양국의 사회적 특징을 분석하려 한다.

두 작가의 작품에 드러난 공통점, 특히 박탈의 층위와 그 층위 변화의 양상에 관한 공통점은 특정한 의미를 내포한다. 그것은 두 작가가 직면했던 사회가 여성의 박탈문제와 특히 그 변화양상에 관한 '동일한 양상'을 띠고 있었으며 그것이 그들 작품에 반영되고 있었던 것을 의미한다. 평생에 걸쳐 그려내는 여성의 형상이 동일한 층위의 박탈에 관련하고 있으며 이 층위의 변화양상마저 두 작가에게 동일한 것은 단순한 우연으로 볼 수 없고, 양국 사회의 여성 박탈 문제에 관한 동질성이라는 원인에 의한 필연으로 보아야 하기 때문이다.

한편 이 동일성 내에서의 차이는 이들 두 작가의 개인적 차이일 수도 있고 이들 두 작가가 놓였던 각 사회의 차이일 수도 있다. 이 같은 문제의 결론이 내려지기 위해서는 본 저서와 그 방법의 궤를 같이 하는 여러 편의 논문이 제시되고 그 논문들의 통계가 있어야 한다. 즉 이 저서는 실증적 통계를 위한 하나의 자료로 제시할 수 있다는 것이다. 하지만 위의 통계가 아니더라도 매 시대마다 두 작가의 공통점 내에서의 차이점이 각 사회의 차이와 묘하게 일치하다는 사실은 그들 두 작가가 각 사회의 시대의식에 얼마나 예민했는지를 증명한다.

본 저서는 일차적으로는 작품의 내적 관계를 분석하고, 이차적으로는 내적 관계 분석을 통해 추출한 작가의 의식과 작가가 속한 사회와의 영향관계를 분석한다. 이차에 해당하는 '영향관계분석'은 일차에서 분석을 통해 내린 결론의 특질에 의해 그 분석의 방향, 방식이 결정된다. 작가의 심층의식에 대한 결론이 내려지면 그 결론 내려진 작가의 심층의식의 성질에 따라 작가(작가의 심층의식)와 사회를 연결해보는 이차해석의 방식은 달라지게 마련이다. 즉 일차해석의 결과를 활용한 이차해석은 일차해석 결과의 성격에 크게 영향 받는다는 것이다.

본 저서는 내적 관계 분석을 심화함으로써 심층에 있는 작가의 의식을 추출한다. 심층의 작가의식은 그 작가가 속한 사회에서도 사회의 심층과 영향관계를 맺는다. 그런데 작가의 심층과 사회의 심층의 관계는 직접적으로 연결되지 않는다. 그러기 때문에 작가의 심층과 사회의 심층의 영향관계는 추정적일 수밖에 없다. 작가의 표층적 의식은 소재적인 성질이 강하고 심층적 의식은 주제적인 성질이 강하다. 소재적인 성질은 작가가 속한 사회의 소재적인 면, 즉 표층적인 면과 직접적으로 연결되므로 그 연결은 직접적이다. 이에 반해 주제적인 성질은 작가가 속한 사회의 사상적인 면(주제적인 면), 즉 심층적인 면과 연결되므로 그 연결은 추정적이게 된다. 본 저서는 작가의 의식의 층위를 논하는 만큼 사회의 (의식)층위도 함께 고려해 영향관계를 분석하는 것이다. 다시 말해, 내적 관계 분석을 심화해 작가의 심층적 의식을 찾아내고 그것을 통해 외적 영향관계를 확인하는 이차 분석을 하면 그 심층적 성질로 인해 작가의 의식과 사회의 영향관계는 추정적일 수밖에 없다는 것이다. 본 저서에서 찾아내는 것과 같은 '작가의 의식과 사회의 성향의 동질성'이라는 추정적 결과는 그 결과의 반복적 발견, 즉 통계, 평균에 의해 진위 여부가 가려진다. 본 저서는 두 '작가의 의식과 사회의 성향의 동질성'이라는 시대별 추정적 결과의 통계를 낼 수 있고 본 저서와 같은 여러 편의 논문이 만들어내는 통계의 부분적 자료가 될 수 있다. 이것은 작품의 내적 관계 분석 심화에 이은 본 저서의 두 번째 목표이자 방법에 해당한다.

본 저서의 외적 관계 분석의 방법은 '추정적 방법'을 사용하기 때문에 외적 관계 분석에 대한 구체적 연구계획은 따로 제시하지 않는다. 반면 내적 관계 심층적 분석에 대한 구체적 연구계획은 제시될 필요가 있다. 내적 관계 분석의 심층화는 사건, 상징, 개념 등의 작품 요소에 대한 세분화, 즉 해체를 통해 이뤄진다. 본 저서는 기존

연구가 발견한 사건, 상징, 개념 등의 작품 요소를 다시 세분화된 요소로 나누고 그 의미를 찾는 것이다.

두 작가의 작품이 드러내는 논리적 구조의 변화과정과 그 층위의 이동에 따라 본 저서는 시대별로 비교 분석하려고 한다. 제Ⅱ장 제1절에서는 1945년 이전 시기 한국과 중국에서 여성의 자유를 속박하는 결혼풍속을 조명하였다. 자신의 자유의사가 박탈당한 강제결혼에 대해 여성인물들이 어떻게 반응하며 작가가 각기 비판한 지점이 어디에 있는지 살펴보고자 한다. 또한 가부장제의 억압적 상황에서 여성인물들의 폭력과 히스테리 현상이 공통적으로 나타나는데, 그 이유가 무엇이며 폭력이라는 현상, 특히 폭력의 대상·방향이 각기 어떤 차이를 보이는지 분석하고자 한다.

폭력의 방향이나 대상에 대한 세분화 및 그 의미는 기존 연구에서는 제시되지 않았다. 폭력의 행위자와 대상, 방향의 내적 관계까지는 연구되지 않았으며, 또한 비교 기제를 사용하지 않았기 때문이다.

제Ⅱ장 제2절에서는 1945～50년의 소설에서 여성의 비주체성 문제가 공통적으로 드러나는데, 그 분야가 어떻게 다른지를 찾을 것이다. 또한 기성세대에 대해 거부함으로써 어떻게 각기 다른 분야의 주체성을 찾아가는지를 살펴볼 것이다.

기존의 연구는 두 작가의 1945년 이전 시기의 작품에 대한 연구에서와 마찬가지로 여성의 억압이 구체적으로 어떻게 이루어지는지에 대한 분석을 하지 않았다. 본 저서는 최정희의 작품 속 여성의 불만족, 장아이링의 작품 속 여성의 슬픔이 구성하는 요소들을 해체한다. 이를 통해 본 저서에서는 여성의 억압이 구체적으로 어느 분야에서 이뤄지고 있는지를 분석한다. 또한 최정희의 경우, 전반기에서 후반기에 이르기까지의 억압이 변화하는 양상을 분석한다. 또한 여성이 어떤 역할을 부여받고 있는지, 최종적으로 여성이 '비주체가 되는 구체적 분야'를 분석한다. 장아이링의 소설의 경우에는 '통속적 사랑이야기'로 주로 평가되었다. 본 저서는 이 사랑이 작품 내의 작중인물들에게 구체적으로 어떤 관계를 형성케 하는지 분석함으로써 여성이 사랑에 있어서 비주체가 되는 구조를 분석할 것이다.

제Ⅱ장 제3절에서는 두 작가가 1950년대에 어떤 이유로 공통적으로 중·단편에서 장편소설로 이행하였는지를 살펴본 후 이 시기 소설의 심층적 특징을 찾아낼 것이다. 이 시기의 소설에서 여성문제에 접근하는 데 있어서 우회적 표현, 즉 이중구조가 공통적으로 발견된다. 본 저서는 그 이중구조의 구체적 양상이 어떻게 같고 다른지 살펴볼 것이다. 또한 두 작가가 사랑과 경제의 관계에 있어서 어느 문제에 더 주목하는지를 분석함으로써 그 문제의 핵심지점의 차이를 찾아낼 것이다. 이로써 두 작가가 각기 최종적으로 주목하는 바가 무엇이며 그것은 또한 근원적 의식과 어떤 관련이 있는지 살펴볼 것이다.

1950년대의 최정희 작품에 대해 기존 연구는 주로 '여성의 정체성, 종속성을 두고 비판'하고 있는 것으로 평가하거나 '반공'소설로 평가하였다. 본 저서는 작중인물의 자아를 해체해 그 자아가 다층적으로 형성되어 있음을 분석한다. 또한 표현의 방식(의미를 전달하는 큰 범위의 서술 방식, 우회적 표현)과 그 표현의 구조(이중적 구조) 또한 분석한다. 이를 통해, 본 저서에서는 기존연구의 표층적 해석을 벗어나 심층적 의미를 찾는다. 또한 다층적 구조 속에서 심층에 자리한 여성인물의 자아를 찾아내 여성인물이 '잃어버린 정체성'(혹은 쉽게 드러나지 않는 박탈)[64]이 무엇이었는지 밝혀낸다. 장아이링의 경우도 마찬가지의 표현 방식과 '심층의 잃어버린 정체성'을 드러낸다.[65] 그러나 기

64 '잃어버린 정체성'(혹은, 쉽게 드러나지 않는 박탈, 심층에서의 박탈, 관념적 박탈)은 성별에 대한 기초적인 규정, 관념과 관련한 박탈에 의해 형성되는 것이다. 이 시기 두 작가는 깊이 숨어있는 것, 심층에 대한 작품을 썼다.

존의 연구는 장아이링 소설에 관해 정치와 지나치게 기계적인 연결에 머물렀다. 본 저서는 장아이링의 표현구조와 여성인물의 다층적 자아를 분석한다. 또한 정치적 억압의 시선을 피해 숨겨둔 의미를 이중구조 속에서 찾아낸다.

제Ⅱ장 제4절에서는 1960년대 소설에서 여성의 비정상성 규정에 대한 비판을 살펴볼 것이다. 두 작가의 작품에는 정상적 범주에 포함되지 못하는 여성에게는 '관용적 윤리관이 부여되지 않는다'는 전제가 깔려 있다. 본 저서는 두 작가가 '비정상성'을 각기 어떤 방식으로 '정상성'으로 복권시키는지를 분석할 것이다. 한편 이 복권의 과정은 여성이 남성과 동등한 도덕적, 윤리적 기준을 적용받지 못하고 있는 '관용적 윤리관'의 박탈을 드러낸다.

1960년대 두 작가의 소설에 대한 연구는 소설의 부분적 의미들을 파편적으로만 해석하는데 그치고 이 부분들의 의미나, 구조를 통합시켜 해석하지 못했다. 최정희의 경우에는 소설에 너무 많은 이야기와 사건들이 등장했기 때문이다. 『인간사』, 『강물은 또 몇 천리』라는 제목에서부터 드러나듯이 그 내용이 많은 사건들을 다루고 있다. 본 저서는 그 파편들을 한데 모아 최정희의 작품에 드러나는 박탈의 구조적 틀을 분석한다. 본 저서는 여성 인물들의 '선택 대상'과 '선택 과정'을 해체한다. 여성 인물들이 무엇을 선택할 때마다 그 선택의 대상이 어떤 요소들로 구성되어 있는지, 어떤 목적에 의한 선택이었는지 분석하는 것이다. 이를 통해 작품의 파편적 요소들의 구조를

65 이 시기 두 작가의 소설에 나타나는 '잃어버린 정체성'은 곧 '정체성의 박탈'을 의미한다. 정체성은 억압에 의해 직접적으로 박탈된 것일 수도 있고 억압에 의해 간접적으로 박탈된 것일 수도 있다. 후자의 '박탈'은 스스로에 의한 자의적 박탈이라 할 수 있다. 그러나 그 후자의 '자의적 박탈'은 사회의 억압에 의해 형성된 것이기도 하기 때문에 박탈의 범위에 포함될 수 있다.

분석하고 그 흐름을 찾아낸다.

기존 연구의 파편성은 장아이링의 경우에도 해당된다. 당시 장아이링은 개작만을 했는데 개작된 부분들의 의미가 통합되어 그 방향성이 분석되지는 않았다. 기존연구는 서술방식 변화의 의미와, 작품성을 비교하는 것이 대부분이다. 본 저서는 개작 후 여주인공의 '자기표현'을 분석했다. 이를 통해 여주인공의 고민과 스스로의 행위가 어떻게 독자에게 설득되는지 그 방향과 의미를 찾는다. 본 저서는 서술방식과 인물의 변화가 개작에만 그치는 것이 아니라 개작된 작품이 개작 전 작품과 일종의 긴장관계를 맺음으로써 '복권'의 의미를 내포하고 있음을 찾아간다. 또한 개작의 의미를 세부적으로 분석한다.

제Ⅱ장 제5절에서는 1970년대에 이르러 두 작가의 종료에 대한 의식이 공통적으로 드러나는데, 그 종료를 맞이하는 근본적 대상이 어떤 차이를 보이는지 살펴볼 것이다. 이 근본적 대상은 두 작가의 근본적 욕망을 드러내기 때문이다.

이렇게 해서 두 작가의 작품에 드러나는 여성 형상과 여성문제는 매 시대마다 그 형태가 달라지며 심층화되는 것을 확인할 수 있을 것이다. 즉 '결혼자유의 박탈', '주체성[66]의 박탈', '정체성의 박탈', '관용적 윤리관의 박탈'('작가 개인욕망의 실현 가능성 박탈') 등 공통성을 발견할 수 있다. 이런 공통성 안에서의 차이로 '대상의 차이', '분야의 차이', '핵심의 차이', '방식의 차이', '욕망의 차이'가 드러나고 있음을 살펴볼 수 있을 것이다.[67] 또한 차이의 층위가 점차 심층으로 이동하

66 남녀관계에 관련한 장에서 여성이 남성과 동등한 주체가 되는 것.

67 '대상의 차이', '분야의 차이', '핵심의 차이'는 작품 속 사건에 관련된 것이고, '방식의 차이'는 서술방식과 관련된 것이며, '욕망의 차이'는 작품 속 사건과 작가 모두에게 관련된 것이다. 이 변화는 점차 작가의 욕망이라는 심층으로 다가가는 추이를 보이고 있다.

는 추이와 그 원인을 살펴볼 수 있을 것이다.

시대별 비교 연구의 바탕 위에 제Ⅲ장에서는 종합적으로 두 작가의 작품세계를 비교 분석할 것이다. 다방면에서의 두 작가의 변화양상을 분석하고, 전체 창작기간에 있어서의 작가의 근원적 의식, 작품의 근본적 특징, 나아가 양국의 차이를 살펴봄으로써 본 연구의 문학적 의의를 제시할 것이다.

제II장

최정희와 장아이링의 작품발표 시기별 여성의식 비교

1. 1945년 이전 시기: 폐쇄적 억압과 여성인물의 파괴성

1) 결혼풍속과 충동

한국과 중국 모두 유교에 지배되는 전통적 환경에서의 결혼은 여성 본인의 자유의사와 무관한 것이었다. 여성의 결혼은 모두 집안의 결정에 의해 이루어졌다.

최정희의 「초상(肖像)」[1]에서 혜욱은 결혼 전에 사모하던 시인 정하영을 결혼 후에도 잊지 못하고 그리워한다. "남들이 모두 결혼을 잘했다"고 하지만 정작 본인은 "남편으로 해서 받는 즐거움이란 조금도 없다." 혜욱의 남편은 미국에서 경제학을 전공한 경제학자로서

1 『최정희 선집』(1974)에는 「幻影」으로 수록되어 있지만 『문장』(1939.10)에 발표 당시의 제목은 「肖像」이다.

학식으로나 품격으로나 외모로나 부족할 것이 없다. 게다가 자상하기까지 하여 아내의 뜻을 되도록 들어주는 이상적인 남편감이다. 그럼에도 불구하고 남편에게서 억압을 느끼는 것은 남편과 사랑으로 결혼한 것이 아니라 "이상 더 좋은 혼처가 없다"는 부모의 강권으로 한 것이었기 때문이다. 혜욱에게는 결혼 전 알게 되었던 정하영이란 남자가 있었다. 혜욱은 그에게 사모의 정을 품으면서 마당에 나온 그를 보면서 초상화를 그리기도 하나 하영이 홀연히 떠나기 전 한 번도 자신의 감정을 알리지 않았다. 결혼 후에도 혜욱은 늘 마음속으로 정하영을 생각하면서 사진 뒤에 숨겨놓은 초상화를 보며 억누른 감정을 해소한다. 이후 혜욱 부부의 몽금포 여행에서는 혜욱이 지닌 성적 충동이 보다 구체적인 형태로 가시화된다.

> 그런데 정말 어둠 속에서 그는 하영이라고 생각되는 사나이를 발견했다. 휘파람을 불며 휘적휘적 혜욱의 옆을 지나갔다.
> '분명 하영이다.'
> '휘파람소리가 꼭 그래.'
> 삼년 전에 듣던 바로 그 휘파람소리가 전신을 육박해 왔다. 혜욱은 그의 가는 향방을 바라보았다. 그러는 사이에 어둠 속에 움직이던 그림자가 아주 까맣게 없어지고 휘파람소리도 들리지 않았다. 혜욱은 손가락 하나 까딱할 기력이 없음을 깨달았다. 그만 모래 위에 풀석 주저앉고 말았다. 바다를 다 들여 삼켜도 오히려 남음이 있을 공허감을 느꼈다.
> '내가 왜 쫓아 못 갔던고?'
> '쫓아가긴 어딜 쫓아가.'[2]

2 최정희, 「幻影」, 『최정희 선집』, 어문각, 1974, 188쪽.

혜욱은 남편이 잠든 밤에 정하영을 만날지도 모른다는 기대에 홀로 바닷가로 나갔다. 그런데 정말로 혜욱은 휘파람소리를 듣고 정하영으로 추측되는 남자를 발견한다. 그 휘파람소리가 혜욱의 전신으로 육박해 왔다. 하영의 초상화를 통해서 충동의 만족에 도달하였던 혜욱에게는 억제된 충동이 발현되었고 그것은 혜욱의 심장뿐만이 아니라 온몸을 뒤덮었다. 실제로 정하영이 맞는지 여부는 작품에서 명확히 드러나지 않지만, 성충동은 대상이 존재하지 않아도, 즉 하영이 아니더라도 만족에 도달할 수 있는 것이다. 충동의 목적은 '작전 수행' 과정에서 어떤 사람이 포획한 '노획물'이 아니라 '어떤 방식'으로 작전을 수행하는가 하는 것과 관련되어 있다.[3] 그래서 혜욱은 향유의 감정을 느끼면서 하영이라고 생각되는 사나이가 옆을 지나가는데도 쫓아가지 않았던 것이다. 직접적으로 정하영을 대면하지 않아도 '만족'에 도달한 그녀는 기대와 실제의 차이로 '바다를 나 들여 삼켜도 오히려 남음이 있을 공허감'이 느껴졌던 것이다. 그리고 이튿날 하영이 묵고 있는 집으로 찾으러 가는 도중 "그만 두자"고 '혼자 중얼거리곤 되돌아'서는 것이다. 혜욱은 그녀가 원하는 목표물이 아닌 목표를 향해 나아가는 과정에서 만족에 도달하였기에 하영을 진심으로 찾아갈 생각이 없어졌던 것이다. '노정'에는 두 가지 욕망이 작동해 있다. 첫째는 자유로운 생활에 대한 욕망, 즉 '삶에 관한 실제적 욕망', 둘째는 설렘의 추구 즉 '사랑에 관한 상상적 욕망'이다. 혜욱이 노정을 통해 만족한 것은 후자의 욕망을 해소하였기 때문이다. 그러나 '삶에 관한 실제적 욕망'에 대해서는 여전히 불만족스럽다. 혜욱은 하영과의 실제적 생활이 불가능하기 때문이다.

당대 가부장제 사회의 결혼 윤리에 어긋나는 혜욱의 충동은 하영

---

3 홍준기, 『오이디푸스 콤플렉스, 남자의 성, 여자의 성』, 아난케, 2008, 21~22쪽.

을 그리워하면서 그가 거주할지도 모르는 몽금포까지 찾아가는 노정에서 만족에 도달하고 혜욱은 다시 한 남편의 정숙한 아내로 회귀한다. 아내로의 회귀는 '삶에 관한 실제적 욕망'의 불가능성에 굴복한 것이지 결코 가부장적 결혼제도를 승인하는 것은 아니다. 「환영」의 여주인공이 정하영의 집을 찾으러 가던 도중 발을 멈추고 다시 되돌아왔다면 최정희의 「인맥」(『문장』, 1940.4)에서의 여주인공은 남편을 떠나 허윤을 사랑하겠다고 고백한다.

「인맥」의 주인공 선영은 서울 E전문학교 영문과를 나온 지식인 여성으로, 부산에서 남편과 함께 남들이 보기에는 문제없이 결혼생활을 하고 있었다. 아버지의 권유로 결혼을 한 선영에게 있어서 남편 역시 혜욱의 남편 못지않게 '인물이나 재간이나 남에게 떨어지는 바가 없고' 또 선영에 대한 '애정과 이해도 깊'은 신랑감이다. 그러나 선영의 '마음 밑창에는 대상없이 끝없는 그리움'과 '누군가의 깊고 어두운 정열에 이끌리어 어디론가 훌쩍 가고 싶다는 충동'을 지니고 있다. '대상 없이' 선영의 내면에 잠재되어 있던 그리움이나 충동이 친구 혜봉의 남편이자 시인인 허윤을 만나는 순간 발현된다. 그러나 허윤과 혜봉은 서울로 떠난다. 이후 선영은 상사병으로 몸을 앓게 되는데, 서울에 있는 친정에 가서 병을 고치겠다는 핑계로 허윤이 있는 서울로 향한다. 서울에 도착한 선영은 남편에게 이혼을 요구하고 아버지한테도 일방적으로 이혼을 통보한다. 가부장제도 하에서의 여성이 아버지의 절대적 권위에 도전장을 내민 셈이다. 그리고 허윤을 찾아가서 고백을 한다. 그러나 고백이 거절되자 허윤에 대한 반발심으로 자신을 사랑하는 남자 김동호를 찾아간다. 그리고 그와 여관방에서 동거를 하는 극단적인 행동을 한다. 현모양처, 일부종사는 여성에 대한 당대 가부장제 사회의 윤리이지만 선영은 그것에 반(反)하는 돌발적인 행동을 취한다. 이런 대담한 행위에는 장아이링이 동거에 대해 주장[4]했던 바와 일맥상통한 면이 보인다. 선영이 김동호와 동거하는 사실을 알고 허윤이 선영의 여관방으로 찾아온다.

> "아시겠습니까? 사랑하는 사람의 정숙과 행복을 자기 자신의 것 이상으로 바라고 비는 것을……"
>
> (…중략…)
>
> "인제두 말씀했지만 선영 씨의 정숙과 행복을 바라는 마음에섭니다. 제가 선영씰 생각하기 때문에 혜봉일 더 생각하는 거나 마찬가지루 선영 씨두 그렇게 해주길 바랐던 겁니다…… 다시 말하면 선영 씨가 제 마음에 영원히 새겨질 여성이 되길 바랐던 겁니다. 아름답다는 건 오오래 지키는데 있다구 저는 봐요."[5]

이러한 허윤의 고백을 듣는 순간 '나'는 '눌이는 완전히 한 몸이 된 듯'한 경험을 한다. 즉 허윤의 간접적인 애정 고백은 선영에게 충동의 목적에 도달하는 노정에서 만족하는 계기로서 작용하게 된다. 이 같은 만족 역시 '사랑에 관한 상상적 욕망'의 만족이다. 선영은

---

4 "동거는 부부관계처럼 엄숙하지는 않지만 고등적인 희롱보다는 책임이 있고 매춘보다도 인간적이다. 극단으로 가는 사람은 필경 많지 않다. 그래서 동거는 오늘날 아주 보편적인 현상이 되었다. 동거생활을 하는 남자들의 사회적 지위는 대개 중등이거나 중등 이하로 근검하게 생활해 나간다. 그들은 크게 방탕하지 못하고 또 무료할 만큼 고지식하지도 않다. 그들은 활발하고 착실한 남녀관계를 필요로 한다. 이것은 바로 그들이 다른 방면의 생활에서의 활발함 그리고 착실함과 서로 상응한다."
"姘居不像夫妻关系的郑重，但比高等调情更负责任，比嫖妓又是更人性的．走极端的人究竟不多，所以姘居在今日成了很普遍的现象．营姘居生活的男人的社会地位，大概是中等或中等以下，倒是勤勤俭俭在过日子的．他们不敢大放肆，却也不那么拘谨得无聊．他们需要活泼的，着实的男女关系，这正是和他们其他方面生活的活泼而着实相适应的．"
张爱玲，「自己的文章」，『流言』，北京十月文艺出版社，2009，95~96쪽.

5 최정희, 「인맥」, 『최정희 선집』, 어문각, 1974, 216쪽.

여관 살림을 접고 남편이 있는 부산으로 내려간다. 하지만 허윤에 대한 애정은 아직 완전히 버리지 못한다. 충동은 '부분' 충동으로서 비로소 작동할 수 있고 완전한 만족을 주는 대상이 상실되면서 결여가 도입되고 충동이 파편화되었기 때문이다.[6] 즉 충동은 항상 부분 충동으로 존재하고 '완벽한' 만족을 제공하는 충동의 대상은 상실된 것이며, 따라서 '완전한' 향유도 존재하지 않는다. 그래서 선영은 허윤을 만나는 과정에서 완전한 향유를 느끼지 못하였던 것이다. 하지만 남편 곁으로 돌아와 자신이 지녔던 '덜 좋은 풍속과 버릇을 모조리 버리려고' 애써 다짐한다. 전통적 결혼윤리에 반하는 선영의 혼외연애는 당시 결혼풍속에 대한 작가의 회의적인 시각이 낳은 소산으로 볼 수 있다. 최정희 소설의 여성인물들이 집을 나가는 행위는 결혼에 대한 자유를 원하고 있음을 드러내고, 다시 가정으로의 회귀는 '삶에 관한 실제적 욕망'의 불가능성에 굴복한 것이다. 그러나 이는 굴복한 것이지 가부장적 결혼제도를 승인하거나 혹은 그것에 편입하는 것은 아니다. 가정으로 결국 돌아간 것은 폐쇄적 억압에 대한 비판이기도 하다.

장아이링 소설의 여주인공 가운데 지식 수준이 높은 데 속하는 「봉쇄(封鎖)」(『天地』 第2期, 1943.11)의 우취위앤(吳翠遠)은 부모가 시키는 대로 열심히 공부하여 스무 살이 조금 넘은 나이에 대학에서 강의를 하는 교수이다. 보통 교수는 삶의 윤리, 이법을 가르쳐 주는 인물로서 초자아를 상징한다. 그러나 봉쇄된 전차 안에서 뜻밖에 은행원 뤼쫑전(呂宗楨)을 만나면서 바깥세상과 격리된 사이에 숨겨진, 진실된 자기 자신을 발견하게 된다. 마치 어떤 특수한 환경에 처해 놓고 인간을 실험시키는 것과 비슷한 상황이다. 일상에서는 미처 드

6 홍준기, 앞의 책, 26~27쪽.

러나지 못했던 인간 내면의 또 다른 '낯선' 모습을 발견하는 것이다. 당시 상하이를 점령한 일본은 군사작전이나 수색작전을 위해 수시로 도시의 일부 구역에 봉쇄령을 내렸다. 봉쇄 사이렌이 울리면서 멈춘 전차 안의 두 사람은 군인트럭 소리에 밖을 내다 보다 얼굴이 부딪칠 뻔한 순간 갑자기 사랑에 빠져 버린다. 뤼쭝전은 아내와 자식까지 있지만 우취위앤은 그런 것에 개의치 않는다. 둘의 관계는 결혼까지 생각할 정도로 급진전하지만 "돈이 없다"는 남자 쪽의 이유 때문에 우취위앤은 속으로 "끝났군"하면서 단념한다.

우 씨 집은 종교적인 배경을 지닌 '모범적인' 신식 가정이다. 집에서 딸에게 한 걸음 한 걸음 제일 높은 곳에 오르라고 적극적으로 격려한 결과 우취위앤은 여성의 직업적 한계를 깨뜨리게 되었다. "그러나 가장은 점점 그녀에게 흥미를 잃었다. 차라리 애초에 그녀가 공부는 좀 대강대강 하고 시간을 내 돈 많은 사위를 골랐더라면 하는 마음"이 생겼기 때문이다. 우취위앤은 집안에서 재력도 권력도 없는 평범한 은행원과의 결혼을 허락하지 않을 것임을 잘 알고 있다. 하지만 그녀는 다른 사람에게 시집가더라도, '우연히 만난 이 사람처럼 봉쇄된 전차 안의 사람처럼 사랑스럽지는 않을 것이고', '더 이상 이렇게 자연스럽지 않을 것'이라고 생각한다. 급기야 그녀는 초자아의 지배에서 벗어나 '우아한 숙녀'답지 않은 울음을 터뜨리게 된다. 그리고 봉쇄가 풀리자 모두들 아무 일도 없었다는 듯 다시 일상으로 돌아간다. 애정은 2차적인 문제로 미루고 조건만 우선시하는 당시 결혼에 대한 관습이 사회와 격리된 공간에서만 전복될 수 있다는 것을 장아이링은 전차를 완전히 봉쇄시킴으로써 나타냈다. 우취위앤이 봉쇄된 전차 안에서, 즉 제도권 밖으로 벗어난 공간 속에서 결혼 자유의 욕망을 드러낸 것이다.

최정희의 「초상」, 「인맥」과 장아이링의 「봉쇄」에서의 여주인공은 모두 지식인 여성으로서, 그녀들의 가부장제도의 결혼 윤리에서 어긋나는 충동은 당대 여성들의 고민을 대변한다. '충동'을 통해 여성으로서 결혼에 대한 자유, 선택권을 원하고 있다는 것이 확인된다. 당시 엄격한 가부장제도 하에 처한 그녀들의 태도는 실로 당돌하였고, 또한 작가의 필치도 대담하였다. 그러나 결국에는 선영과 혜욱이 모두 남편이 있는 집으로 돌아갔다. 이는 '여성의 운명론'[7]으로 이어지거나 가부장적 결혼제도를 승인하는 것으로 보일 수 있겠지만, 자세히 들여다보면 그녀들이 충동의 목적, 즉 노정에서 만족에 도달하였기 때문에 돌아간 것이었다. 여기에서의 만족은 '사랑에 관한 상상적 욕망'에 대한 만족일 뿐, '삶에 관한 실제적 욕망'에 대해서는 여전히 불만족하다. 그녀들은 자신이 사랑하는 남자와의 실제적 생활이 불가능하기 때문이다. 가정으로 돌아가는 것은 '삶에 관한 실제적 욕망'의 실현을 불가능하게 하는 현실에 대해 굴복한 것이다. 그러나 이는 굴복한 것이지 결국 가부장적 결혼제도를 승인하거나 찬성한 것은 아니다. 장아이링의 「봉쇄」에서 우취위앤이 봉쇄가 해제되자 다시 일상으로 돌아갈 수 있었던 것도 '노정'에서 '사랑에 관한 상상적 욕망'을 해소하였기 때문이다. 최정희 소설의 여성 인물들의 가정으로의 회귀와 장아이링 소설의 여성 인물의 일상으로의 회귀는 당시 폐쇄적 억압에 대한 비판이기도 하다.

다만 최정희와 장아이링은 결혼제도에 대한 시각이 좀 다르다. 최정희는 결혼한 여성이 한 남편의 정숙한 아내여야 한다는 일부종사의 사상에 초점을 맞추어 당시 결혼풍속을 비판하였다면, 장아이링은 재력과 권력이 우선이 되는 당시 결혼풍속을 문제시하였다. 즉 최정희는 여성의 사회적 종속에 초점을 맞추었고, 장아이링은 여성

---

7 서정자, 앞의 글, 108쪽.

의 경제적 종속에 초점을 두고 당대의 결혼풍속을 비판했다고 볼 수 있다. 그러나 장아이링의 소설에서 문제되는 경제적 종속은 개인의 욕망에 의한 종속의 성질이 강하다. 「봉쇄」에서 우취위앤의 부모들이 남의 눈치나 도덕적 압력을 느끼고 돈 많은 사위를 원하는 것이 아니라 단순한 탐욕에 의해 돈 많은 사위를 원하는 것이기 때문에 경제적 종속이 개인적인 것에 속한다. 장아이링의 종속은 최정희의 그 것보다 개인적 성향이 큰 것이라고 볼 수 있다. 상대적으로 최정희의 사회적 종속은 집단적 성향의 것이기 때문이다.

이 같은 한 주제 내에서의 세부 분야의 차이가 발생하게 된 것은 위에서 말한 두 작가 개인의 성향[8] 때문이기도 하고, 그 시대를 리얼하게 반영하려는 두 작가의 의도에 의한 자연스런 반영의 결과물이기도 할 것이다.

일제강점기의 한국에는 여전히 유교적인 전통 관념이 뿌리내려져 있는 반면, 중국에는 8국 연합군이 청나라를 침략한 이후로 자본주의 사상이 유입되어 유교사상이 상대적으로 완화되었고 재력으로 사람을 평가하는 경향이 강화되었다. 한국에도 일본에 의해 자본주의가 유입되었지만 일본은 한국을 병참기지화 했고, 8국 연합군은 중국을 경제식민지화 했다는 점에서 양국의 자본주의 유입 정도의 차이가 있음을 확인할 수 있다. 양국의 결혼풍속 문제에는 유교로 인한 문제와 자본주의 문제 모두가 포함되어 있지만, 상대적으로 그 정도의 차이 혹은 주목을 받는 정도의 차이가 다를 뿐인 것이다. 두 작가는 모두 양국에서 상대적으로 더 부각되는 결혼풍속 문제에 집중해 비판했다. 실제 양국의 결혼풍속의 핵심적 문제는 두 작가가 비판한 문제와 일치하는 것이다.

---

8 여기서 최정희의 개인의 성향은 집단성, 장아이링의 개인의 성향은 개인성이다.

2) 저항적 폭력과 히스테리

(1) 반(反)모성과 히스테리

최정희와 장아이링 소설의 여성 인물들에게서는 히스테리컬한 양상이 공통적으로 드러난다. 근대 가부장제 사회에서 여성의 히스테리는 남성의 언어로 말하지 못하는 여성이 자신의 욕망을 표현하는 방법이 되기도 한다.[9]

최정희의 「흉가」(『조광』, 1937.4)에서 주인공 '나'는 남편과 헤어져 홀로 신문사의 월급으로 어머니와 동생들과 아들을 부양하고 있다. 그들은 살던 집에서 '집달리와 변호사와 순사'에 의해 쫓겨난 후 아는 이의 친구 집 건넌방을 빌려 임시로 옮기게 된다. 그러나 '나'의 같은 여학교 동창생을 안방 주인네로 둔 상황에서 말썽을 부리는 자식을 참다못하여 '아이 입에 손을 틀어막고 볼따구니를 힘자라는 대로 꼬집어 흔들'고 '아이는 죽는다고 악을 버럭버럭 쓰다가 그만 나중에는 못 견디겠던지 소리도 못 내고 바르르 떨기만'하게 되는 반모성적 상황을 연출하게 된다. 가족부양의 책임과 가난에 짓눌린 여주인공이 그동안 내면화해왔던 헌신적인 모성으로부터 멀어지고 있다는 사실을 보여주는 것이며 어린 아들에 대한 폭력은 히스테리적인 것이다.

---

9 히스테리는 특히 근대 자본주의 사회의 여성 억압이 규율적인 형태로 이루어진 19세기 영국 사회에서 풍토병으로 일컬어질 만큼 등장하는데 이는 딸, 부인, 어머니로서의 지극히 한정된 사회적 역할을 부여받은 여성들이 그에 적응하지 못하면서 여러 가지 신경질환의 문제들을 드러낸 것이라고 볼 수 있다. 그 수효와 강도가 지나치게 크다고 하지 않을 수 없다. 이는 곧, 여성 측에서 히스테리를 하나의 항의 수단으로 활용했을지 모른다는 짐작을 가능케 한다.
신양숙, 「여자의 병: 해체 페미니즘과 히스테리아」, 『외국문학』 43, 1995, 142~146쪽.

「흉가」에서 여주인공의 아이가 남의 집살이 하는 처지에 말썽을 피워 어머니로 하여금 폭력을 휘두르게 하였다면, 「곡상」(『조선일보』, 1938.7.8~22)에서 여주인공 남이의 아들 문수는 아무런 잘못도 없이 단지 남편 인표를 닮았다는 이유로 지독한 매를 맞는다. 장사에 실패한 인표는 3년간 돈을 벌어오겠다며 북만주로 떠난 후 5년 만에 아편 중독자가 되어 나타난다. 남이에게 그간의 시간 동안에는 조금의 희망이라도 있었지만, 폐인이 되어 돌아온 인표를 보고는 그것마저 사라졌다. 인표에 대한 미움과 절망은 고스란히 아들 문수에게 향했다.

> 이런 그의 심리가 인표의 모색을 닮은 문수를 발견하면 문수가 곧 인표와 같이 되는 것같이 무서운 생각과 절망에서 자기도 모르게 악이 치받치는 것이었다. 아니 아 이상의 사람의 속 저 한 밑바다에 잠재해 있는 그 몹쓸 마음까지 죄다 터져 나오는 것이었다.[10]

남이는 광기에 가까운 발작 증세를 보이는데 자기도 모르게 악이 치받치어 아들에게 폭력을 행사한다. 문수는 자신의 어머니가 계모인가보다고 생각하기까지 한다. 결국 남이는 모성을 거스르며 자신을 주체하지 못하는 히스테리 증세를 보여주는 것이다. 히스테리 증세는 억압된 것을 기억하는 것이며, 히스테리 환자가 자신의 증상을 선택하는 것이라면 그는 병자가 아니라 기억의 보유자이며 해석자이고 선택의 대리자가 된다. 히스테리 환자는 곧 자신의 발작을 연출하는 작가이며, 연극과 가장의 서사를 통해 은밀히 거부를 표시한다.[11] 감정적 표출에는 반드시 그 감정이 형성될만한 '억압'이 선행되

---

10 최정희, 「穀象」, 『최정희 선집』, 어문각, 1974, 348쪽.

어야 하는 것이다. 남이가 보여주는 이런 증상은 무능한 남편에 대한 자신의 분노를 표현하는 방법이기도 하다. 자신의 힘을 넘어선 그녀의 놀랄만한 폭력은 그녀에게 가해진 억압에 의한 것이었다.

앞에서 살펴본 최정희의 「인맥」은 「지맥」(『문장』, 1939.9), 「천맥」(『삼천리』, 1941.1~4)과 함께 최정희의 문단 지위를 확실히 하게 한 작품들이다. 이 세 작품은 '맥 삼부작' 혹은 '삼맥 시리즈'로 불리며 기존 연구에서는 그 작품들 상호간의 동질성을 주로 다루어 왔다. 반면에 이 세 작품의 변화양상에 대해서는 주목되지 못했다. 세 작품이 내용상 변화하는 추이를 고려해 작품을 다시 분석해 보고자 한다.

먼저, 여주인공 한 명의 일생을 다룬 것으로 해서 이 세 작품을 하나의 작품이라 놓고 보면 작품의 순서는 「인맥」, 「지맥」, 「천맥」으로 놓이게 된다. 여성인물의 생의 주기에 따라 결정되는 순서가 그러하다. 그러나 이 순서는 단순히 나이에 기준을 두는 것은 아니다. 사랑과 모성이라는 두 개의 주제를 두고 그것들의 관계에 따라 순서를 정해볼 때 그렇게 되는 것이다. 뒤로 갈수록 그 관계의 대립양상이 격렬해지기 때문이다. 또한 초기에는 여성인물에게 사랑이 더 큰 관심의 대상이 되지만 후기로 가면 모성이 더 큰 관심의 대상이 된다. 원래 세 작품은 「지맥」, 「인맥」, 「천맥」의 순서로 발표되었다. 본 저서가 제시한 작품 순서에 따르면 최정희는 사랑과 모성의 대립관계를 두고 「인맥」을 사랑에 더욱 치중한 쪽으로, 「천맥」을 모성에 더욱 치중한 쪽으로 그림으로써 모성과 사랑의 대립관계에 관한 폭넓은 경우들을 리얼하게 제시한 것이다. 기존의 연구에서도 모성과 사랑의 대립에 관한 문제는 거론되어 왔다. 그러나 기존의 연

11 크리스티나 폰 브라운, 엄양선·윤명숙 옮김, 『히스테리』, 여이연, 2003, 31~33쪽.

구에서는 모성적 회귀 혹은 모성과 여성의 대립[12]으로 결론을 내리거나 모성과 여성의 양립[13]으로 결론을 내렸다. 본 저서는 이와는 다른 시점에서 출발한다. 즉 세 작품의 변화양상에 대해 분석하고자 한다. 이를 통해서 모성에 관한 최정희의 의식을 확인해볼 수 있다.

「인맥」에서 선영이 사모하던 허윤을 찾아가나 허윤은 선영을 되돌려 보낸다. 하지만 "사랑하는 사람의 정숙과 행복을 바란다"는 허윤의 고백에서도 알 수 있듯이, 허윤도 선영에 대해 좋은 감정을 가지고 있다. 즉 선영이 허윤과 결혼할 가능성은 있었던 것이다. 한편 이 가능성은 「지맥」 「천맥」에 이르면서 점차 줄어든다.

정숙치 못한 여자라고 꾸짖어도 좋습니다. 윤리와 도덕에 벗어난 일인 줄 나 자신이 더 잘 알면서도 기인 세월을 한 사람의 정숙한 여성이 되고자, 그이의 영원한 여성이 되고지 갈등과 모순 속에서 자신을 학대하며 슬프게 사노라고 더욱 더 정숙치 못했읍니다. 앞으로도 - 오오래오래 묘지에 가는 날까시 그럴 것 같은 예감에 몸을 떨고 있읍니다.

이 죄과의 대가를 무엇으로 받아야 할지 모르겠읍니다. 오직 한 가지 위안이라면, 내가 그이를 생각하기 때문에 그이를 모르던 때보다 온갖 좋지 못한 내 마음, 그리고 내가 지녔던 덜 좋은 풍속과 버릇을 모조리 버리려고 애를 쓰고, 사람에게나 신에게나 순수하고 진실할 수 있고, 또

---

12 이재선, 『한국현대소설사』, 홍성사, 1979.
김우종, 『한국현대소설사』, 성문각, 1982.
김동식, 「여성과 모성을 넘어서」, 『한국소설문학대계』 31, 동아출판사, 1995.
이호숙, 「결백한 도전과 수용: 최정희론」, 『페미니즘과 소설비평』, 한길사, 1995.
서영인, 「순응적 여성성과 국가주의」, 『현대소설연구』, 2005.3.

13 심진경, 「최정희 문학의 여성성 - 여성작가로 산다는 것」, 『한국근대문학연구』 제7집, 2006.

그러므로 해서 내 마음이 신에게까지 미치게 될 수 있다는 신념을 가지게 된 그것입니다.[14]

선영이 남편한테 돌아와서도 허윤에 대한 사랑을 지속시키고 있다는 것은 허윤과 결혼할 가능성이 어느 정도이었는지를 보여준다.

「지맥」의 주인공 은영은 동경에서 문학을 공부하던 꿈 많은 근대 인텔리 여성이다. 여름 방학에 귀국할 때 은영은 우연히 독서회에서 가정이 있는 홍민규를 만나게 된다. '씩씩하고 건장하고 믿음직한' 홍민규를 만나서부터 "정치를 배우고 사회과학을 읽는 일에 정신을 쏟았다." 그러면서 홍민규에 대한 감정이 존경으로부터 사랑으로 변모되어 그와 동거생활을 시작한다. 그리고 두 아이의 어머니가 된다. 사랑하던 남자 홍민규가 죽게 되자, 은영은 혼자 두 아이를 책임져야 하는 신세가 된다. 은영은 취직을 하려고 해도 '남의 등록 없는 아내요, 어머니'라는 이유로 일본 M대학 예과 2학년 중퇴 학력에도 불구하고 번번이 거부당한다. 결국 그녀는 인텔리적인 신분을 버리고 서울 기생 김연화의 집에 침모 겸 그 집 살림을 맡아주는 일을 하게 된다. 행랑어멈의 소개로 은영은 또 전라도 부호의 가정교사 일을 하게 되는데, 그 집에서 은영은 부용을 알게 된다. 부용은 첩으로 본부인의 아이를 키우고 있고, 자신의 아이인 영선은 남편의 첩이 키우고 있다.

그러던 중에 은영은 대구에 두고 온 아이들을 입학시켜야 할 시기가 닥쳐오자 기어이 이상훈을 찾기로 한다. 아이들은 호적이 없어 보통학교에도 들어가지 못하기에 은영은 이상훈에게 도움을 청하고자 한 것이었다. 상훈은 은영이 동경 유학시절에 알게 된, 남편의 동

---

14 최정희, 「인맥」, 『최정희 선집』, 어문각, 1974, 200쪽.

지 중 한 명이었다. 아직 독신으로 있던 상훈은 적극적으로 은영을 도와주려 하면서 은영에게 열렬한 구애를 한다. 동경 유학시절부터 자신을 좋아하던 상훈이 여전히 변하지 않는 마음으로 자신을 기다리고 있다는 것에 은영은 마음이 흔들린다. 하지만 상훈을 선뜻 받아들일 수 없는 데는 아이들 문제가 가로 놓여 있기 때문이다.

"내가 만약 이상훈이란 사람을 몰랐더면, 그를 생각하지 않었더면 이런 걸 못 알었을거야. 부용이, 부용이가 큰 마누라 아인 못 사랑하잖어. 암만 사랑하재도 안되잖아. 그것과 마찬가지루 제 자식이 아닌 아이들, 아니 제 자식이 아니더래두 아무런 관련이 없는 남의 자식은 귀해할 수 있구 사랑해 줄 수 있는 경우가 있지만 사람의 심리란 것이 참으로 기묘한 거야. 가만 보라구. 의붓자식을 미워 않는 사람이 별루 있는가. '의붓애비 묘에 벌초'란 말두 이런 데서 생긴 것일거야. 의붓애비가 미워했으니까 그 묘 벌초에 정성될 수가 있겠어 (…중략…) 사랑하는 사람의 자식인 때문에 더 하다니까. 실례를 들라면 들 수도 있어! 하순이 어머니 말이야. 하와이 가기 전에 바로 우리 이웃에서 살었는데 그 남자가 하순 어머닌 그렇게 사랑하면서도 하순인 어떻게 미워하는지 몰라, 참 하순 어머니가 울기두 많이 했다우. 난 그땐 그걸 통 몰랐지. 그랬는데 차츰 차츰 접때 상훈을 만나고 나서부터 하순 어머니 남편인 그 남자가 하순이 땜에 늘 싸우고 하순 어머니가 울고 하던 일이 어제같이 또렷하구먼. 어쨌든 교양이 있는 사람이나 없는 사람이나 간에 그 표현 방법이 다를 뿐이지 심리상태는 다 일반일 것 같아."[15]

은영은 부용을 통해, 그리고 하순 어머니를 통해, 의붓자식을 제

15 최정희, 「지맥」, 위의 책, 239~240쪽.

자식처럼 사랑하기가 힘들다는 것을 몸소 깨닫고 있었다. 부용이가 딸 영선이를 생각하는 마음에 본부인의 아이에게 잘해주려고 노력하지만 마음대로 되지 않아 괴로워하는 것을 은영이는 보아왔다. 그리고 여학교 다니던 때 옆집에 살던 하순의 어머니가 아메리카 영사관 서기로 있던 사람과 하와이로 떠날 적에 아홉 살 먹은 하순을 은영의 집에 맡아달라고 부탁한 적이 있었다. 하순을 받아들이지 못하는 의붓아버지 때문에 홀로 남아 있는 하순을 은영이는 보아왔기 때문이다. 그래서 상훈의 사랑이 자기의 두 아이마저 포옹할 수 있으리라고는 믿지 않는다. 아이들을 위하여 상훈에 대한 사랑의 감정을 차단해 버려야 하는 고통을 감수하고 있다. 괴로움 끝에 은영은 '미친 증세'를 보이고 있다.

> 가슴이 꽉 조여드는 것이 질식이라도 할 것 같았다. 전혀 마음이 허공에 뜬 것처럼 허둥지둥 방안을 서성거려 보다가 책상 앞에 멍하니 앉아 보다가 입가에 웃음을 띠어 보다가- 갈피를 찾지 못했다. 어쨌든 나는 누가 보면 미친 사람이라 할 만큼 그만큼 했다.[16]

결국 은영은 자신을 8년이나 기다린 이상훈의 프러포즈를 거절하고 아이 둘을 데리고 해주 요양원으로 떠나기로 결심한다.

「천맥」에서 주인공 연이는 간호사로 일을 할 때 그 병원에 입원했던 이상수와 정이 들어 결혼을 한다. 결혼을 하자 이상수는 고향에 내려가 본부인과 정식 이혼하고 연이를 법적인 아내로 만든다. 그리고 아이를 낳는다. 그러나 이상수가 죽자 연이와 아이는 시댁에서 쫓겨난다. 법적으로는 인정을 받았지만, 시댁에서는 냉대를 받는다.

---

16 최정희, 「지맥」, 위의 책, 242쪽.

남편이 죽은 후 연이는 다시 병원으로 출근하나 혼자 힘으로는 아이를 키우기가 버거웠다. 연이는 경제적 안정감을 줄 수 있는 상처한 의사 허진영과 재혼을 한다. 그러나 아이를 사랑하지 않는 허진영을 발견하고 또한 점점 나쁜 길로 접어드는 아이를 발견하자 연이는 심한 고민 끝에 이혼을 한다. 이혼한 후 그는 아이를 데리고 옥수정 보육원으로 간다. 그 곳에서 그는 조선어 선생으로 취직되면서 아이들과 함께 생활하게 된다. 자신을 어머니라 부르는 그 아이들에게 연이는 자신이 낳은 아이 진호에 대한 사랑만큼 똑같이 대하려고 노력하지만 어쩔 수 없이 안 된다는 사실을 발견한다. 하지만 성우 선생은 아이들의 문제점을 모두 포용할 만큼 훌륭하게 모든 아이들의 아버지 역할을 하고 있다.

"연이 잘 알았어. 그걸 걔들을 사랑하지 않아서 그러는 거라구 생각해선 안돼. 그게 아냐. 연이 말대루 연이가 진호 발에서 온갖 것을 느끼면서 걔들 발에선 아무 것도 느낄 수 없은 건 그건 하는 수 없는 일이야. 뭐랄까 해설이나 설명으로 연일 이해시켜낼 수 없을지 모르지만 어쨌든 태고 때부터 모든 여성들이, 아니 인간들이란 편이 낫겠군…… 모든 인간들이 자기의 피를 가진 자식이 아니면, 즉 혈육이 아닌 데선 연이와 똑같이 아무 것두 못느꼈을 거라고 나는 믿어. 한 생애를 가엾은 아이들을 위해서 자기를 완전히 희생한 페스탈로찌까지두 그랬을지 몰라. 그러니까 걔들이 가엾다는 거지, 불쌍하단 거지…… 그러니까 우리가 걔들을 더 사랑하구 더 훌륭히 길러야 하잖아…… (…중략…) 제 아이 귀한 줄 아는 건 보통 있는 누구나 가진 본능이지만 제가 안 낳은 남의 자식을 제 아이와 똑같이 느낄 수 없다구 해서 그처럼 비통해 하는 사람은 연이 외에 몇 사람 있을까 의문이야. 연이 아무 말두 말고 우리 그 가엾은 것들을 더 사랑하구 더 훌륭히 기를 노력을 하자구……걔들이 하루하루 즐겁게 살구 좋아짐 그게 눈물 없는 세상인 거야."[17]

보육원 원장 성우 선생은 연이의 옛 스승으로서 연이의 고민에 대해 상담해 주고 따뜻하게 감싸준다. 연이는 그런 성우 선생에게 남모를 연모의 정을 품게 된다. 그러나 진호를 생각하면서, 이미 가정이 있는 성우 선생을 생각하면서, 그녀는 오뇌와 갈등으로 몸부림치며 끝내는 일종의 히스테리에 가까운 버릇이 생기기 시작한다.

연이는 아침 저녁으로 무릎을 꿇고 머리를 숙이고 한참씩 앉아있는다. 그는 이렇게 앉아있는 때가 가장 신에 가까운 마음을 가지게 된다고 알고 있다. 자기의 신이 하나님인지 부처님인지 모르면서도……

연이 자기도 모르는 사이에 비는 마음이 이처럼 생긴 것이다.[18]

연극적으로 느껴지는 이런 히스테리 증상은 고독하면서 처절하고 또 섬뜩하면서도 진실하다. 자신의 신이 누구인지도 모르면서 비는 이런 버릇은 자신의 욕망(사랑의 자유)을 은밀히 주장하는 것이다.

이렇게 「인맥」, 「지맥」, 「천맥」을 살펴 본 결과, 여주인공들이 모성에 의한 사랑(욕망)의 박탈, 좌절이 커질수록 히스테리가 심해진다는 것을 발견할 수 있다. 「인맥」 – 「지맥」 – 「천맥」의 순서대로 사랑의 실현 가능성은 낮아진다. 사랑의 실현 가능성을 낮추는 핵심적 요인은 '아이'에 있다. 아이에 대한 책임, 사랑, 즉 모성으로 인해 사랑의 욕망은 부차적인 것이 되어버린다. 모성의 책임이 강화될수록 사랑의 박탈이 확실해져 여주인공의 히스테리도 심해져간다. '모성

17 최정희, 「천맥」, 위의 책, 281~282쪽.

18 최정희, 「천맥」, 위의 책, 247쪽.

에 의한 사랑의 박탈'이라는 불만족은 여주인공의 자기 억압에 의해 형성된 것이다. 그리고 이러한 자기 억압은 친자에 대한 집착, 일부종사에 대한 집착을 하는 사회의 의식에 의한 것이라 볼 수 있다. (여주인공의 사랑의 대상인) 남성들은 친자와, 일부종사에 집착하고 있기 때문이다. 즉 여주인공의 자기억압은 가부장제의 부정적 단면에 의해 형성된 것이라 볼 수 있다.

사랑과 모성 둘 다 이룰 수 있는 가능성이 후속 작품으로 갈수록 약화된다. 「인맥」에서 선영이 그토록 사모하던 허윤은 사실 선영을 사랑하고 있었다. 즉 그들은 결혼할 가능성이 컸으며, 만약 결혼하면 선영은 사랑하는 남자와의 아이도 낳을 수 있을 것이다. 사랑과 모성, 양자 획득의 가능성이 제일 높았다. 「지맥」에서 은영은 자신을 오래도록 기다리고 있는 상훈에 대해 좋은 감정을 가지고 있다. 그러나 상훈과 결혼을 하여도 자신의 아이들은 결코 상훈의 친자식이 아니기에 아이들은 행복할 수가 없다고 판단한다. 「천맥」에서 연이가 연모하는 성우 선생은 이미 가정이 있으며, 또한 연이에 대한 감정은 동지애일 뿐이다. 그리고 성우 선생은 연이의 아이만을 사랑하는 것이 아니라 보육원 아이들을 모두 사랑하는 아가페적인 부성을 가지고 있다. 여주인공이 사랑과 모성 둘 다 이룰 수 있는 가능성이 제일 낮다. 이렇게 후속작품으로 갈수록 사랑과 모성 다 이룰 수 있는 가능성이 약화되는 것은 모성에 대한 비판이자 반항이기도 하다. 이 가능성이 낮아질수록 여성인물의 불만족은 커져가며 급기야 「천맥」에서는 히스테리로 분출된다. 사랑과 모성을 분리시켜 실현할 수 있는 가능성을 차단시키는 '가부장제의 모성 개념'에 의해 여성들이 희생자가 되었기 때문이다. 사랑과 일치하지 못하는 모성, 여성 개인의 사랑이 보장되지 않게 하는 모성과 그 사회(가부장적 사회)에 대한 반항인 것이다.

최정희 소설에서 남편에 의해, 사회적 제도에 의해 여성이 히스테리적인 성향을 보인다면 장아이링의 소설에서는 그보다 더 파멸적인 양상이 나타난다. 그녀의 대표적 중편 소설 「황금족쇄」(『雜誌』, 1943)의 주인공 차오치챠오(曹七巧)는 가난한 기름집 딸로 오빠에 의해 부잣집 불구자에게 첩으로 팔려갔다가 정식 부인이 된다. 일어나거나 앉지도 못하는 불구의 남편에게 시집와서 정신적, 육체적으로 한(恨)과 고통으로 산다. 봉건적 대가족을 배경으로 한 계급적, 경제적 멸시 속에서 남편과 같이 할 수 있는 것은 오직 아편을 피우는 일이다. 그녀의 욕구불만은 갈수록 심해지는데 시부모가 모두 세상을 떠나고 자신의 '집'이 마련되자 그것은 결국 두 자녀 창바이(長白), 창안(長安)을 향한 변태적 행태로 나타난다.

> 치챠오가 그를 흘겨보다가 웃으며 "네가 만일 나의 예전의 창바이라면 오늘 나를 위해 밤새 아편을 피워다오."라고 말했다. 창바이가 웃으면서 "그건 어렵지 않아요."라고 하자 치챠오는 "졸면 내가 너를 때려줄 것이다!"[19]

결혼한 아들 창바이를 밤늦도록 곁에 두고 시중들게 하며, 밖으로 나다니지 못하게 하기 위해 첩을 얻어주고 아편을 인이 박히도록 피우게 한다.

---

19 "七巧斜着眼看定了他，笑道: '你若还是我从前的白哥儿，你今儿替我烧一夜的烟!' 长白笑道: '那可难不倒我!' 七巧道: '盹着了，看我捶你!'"
张爱玲, 「金锁记」, 『倾城之恋』, 北京十月文艺出版社, 2009, 246쪽. (장아이링, 김순진 옮김, 「황금족쇄」, 『경성지련』, 문학과지성사, 2005. 본 저서의 「황금족쇄」 번역은 모두 이 책을 인용했다. 문맥상 어울리지 않는 부분은 본 저서에서 직접 번역했다. 앞으로는 「황금족쇄」의 번역에 대한 각주는 생략한다.)

치챠오는 한쪽 다리가 저려와 몸을 숙여 잠깐 다리를 잡았다. 일순간 그녀의 눈에 약간의 부드러운 기억이 꿈틀거렸다. 그녀는 자신의 돈을 노렸던 한 남자를 떠올렸다. 그녀의 발은 전족을 한 적이 있어 뾰족한 비단신 안에 면화를 집어넣어야 하는 반쯤 자란 문명 발이다. 그녀는 두 발을 바라보면서 마음이 꿈틀거리더니 차갑게 웃으며 말했다. “네가 입으로는 알았다고는 하지만 마음 속으로 분명히 알고 있는지 아니면 대충대충 넘어가려는 것인지 내가 어찌 알겠니? …… 그래도 빨리 붕대를 감으면 될 거다.” 창안은 순간적으로 대답을 하지 못했다. 도리어 옆에 있던 늙은 어멈이 웃으며 말했다. “요즘은 작은 발이 유행하지 않아요. 나중에 아가씨가 정혼할 때 곤란할까 걱정되네요.”[20]

또한 딸 창안에게 봉건 시대에 행하던 전족(纏足)을 강요하여 신체를 학대하고, 딸이 다니는 학교에 가서 소란을 피워 학교에 다닐 수 없도록 만들며 정상적인 결혼을 훼방 놓아 혼사를 망가뜨리고 이질에 걸렸는데도 의사를 불러주거나 약을 쓰지 않고 아편을 피우라고 권하고 타락의 길로 빠지게 한다. 결국 창바이는 집에서 어머니와 새로 얻은 첩 곁을 지킬 뿐이고, 창안은 결혼하겠다는 생각을 아예 끊어버리고 아편 피우는 데만 마음을 쏟는다.

치챠오가 두 자녀를 완전히 망가뜨리는 행위는 분명 전통적 모성에 반하는 왜곡된 모성을 보여준다. 치챠오의 히스테리는 그동안 가

20 “七巧的一只脚有点麻, 她探身去捏一捏她的脚. 仅仅是一刹那, 她眼睛里蠢动着一点温柔的回忆. 她记起了想她的钱的一个男人. 她的脚是缠过的, 尖尖的缎鞋里塞了棉花, 装成半大的文明脚. 她瞧着那双脚, 心里一动, 冷笑一声道: ‘你嘴里尽管答应着, 我怎么知道你心里是明白还是糊涂? …… 马上这就替你裹起来, 也还来得及.’ 长安一时答不出话来, 倒是旁边的老妈子们笑道: ‘如今小脚不时兴了, 只怕将来给姐儿定亲时候麻烦.’”
张爱玲, 「金锁记」, 위의 책, 241~242쪽.

부장제의 억압에 대한 반응이며 가부장제가 요구하는 여성 윤리와 모성에 대한 반항이기도 하다. 그녀는 생존하기 위해 모진 히스테리의 병리적 인간이 될 수밖에 없는 것이다. 히스테리야말로 그녀를 강인하게 하며 이에 입각해 그녀는 당당할 수 있는 것이다.

장아이링의 「꽃이 지다(花凋)」(『雜誌』, 1944)에서 정(鄭) 부인은 자신에게 돈이 있다는 것을 숨기기 위해 폐병에 걸린 딸 촨창(川常)의 약값을 정 선생과 서로 미루다가 딸을 숨지게 만든다. 정 부인은 자신이 돈을 내게 되면 비상금이 있다는 사실을 증명하는 것이기에 돈 내기를 원치 않았다. 병세가 점점 악화된 촨창이 외출할 때 리 아줌마의 등에 엎드려 있는 모습이 '차갑고 하얀 큰 거미'에 비유되었다. 반모성적 어머니 아래에서 촨창은 동물의 처지와 별반 다름없는 생활을 한다.

이처럼 최정희와 장아이링 소설의 여성 인물들이 자신의 분노, 욕구불만을 표출할 때, 그것은 정상적인 말이나 합리적인 방법이 아니라 극단적인 처벌이나 폭력, 히스테리로 나타난다. 여성 인물들의 히스테리는 자식들에게 서슴없이 폭력을 가하기도 한다. 헌신적인 모성에 완전히 어긋나는 반모성성을 가진 여성 인물들을 통해 두 작가의 저항적 의식을 보여준다. 한편 삼맥 시리즈에서 후속 작품으로 가면서 '모성에 의한 사랑의 박탈', 좌절이 커질수록 히스테리가 심해진다는 것은 가부장제에 의해 여성이 피해자로 남는 것에 대한 고발을 나타내며 이 또한 일종의 반모성성이라 할 수 있다. 삼맥 시리즈에서 나타나는 반모성은 모성으로 인해 포기해야 할 것들을 강조하는데, 이는 '여성을 희생시키는 것으로서의 가부장제적 모성'에 저항하는 반모성을 의미한다. 삼맥 시리즈의 반모성의 층위가 여타 작품들의 반모성의 층위와 다른 것이다. 최정희와 장아이링 작품의 모든 반모성은 여성에게 모성만을 강조하는 희생적 모성에 대한 저항을 의미한다. 그리고 그 희생의 강요가 가부장제에 의해 이뤄지고 있다는 것 또한 최정희와 장아이링의 반모성에 동일하게 적용된다.

또한 장아이링 소설에서는 히스테리의 양상이 더욱 파멸적이고, 아편을 피우거나 딸이 죽어가는 과정을 보고만 있는 등 자기파괴적 이기까지 한 모성상이 형상화되어 있는 것은, 작가가 히스테리의 원인을 내적인 것에서 찾는 데에도 관심을 기울였다는 것을 짐작게 한다.[21]

(2) 부권의 약화와 폭력

유교적 가치관을 바탕으로 하고 있는 한국과 중국의 전통적 가부장제 사회 질서 속에서 남자인 가장의 권위란 절대 복종할 대상이었다. 이러한 권위에 대해 가부를 언급한다는 것은 거의 불가능한 일이었다. 그러나 최정희와 장아이링의 소설에서는 전통적 가부장제가 붕괴되고 가장의 권위가 무너지는 양상이 두드러지게 나타난다.

최정희의 「산제」(『동아일보』, 1938.4)에서 이주사는 가난 때문에 나락 닷 섬과 보리 열 섬을 받고 한쪽 눈이 먼 병신에게 열다섯 살인 딸 쪼깐이를 시집보낸다. 쪼깐이의 남편이 불구자라는 형상으로 제시됨으로써 무력화된 부권을 상징하고 있다. 쪼깐이는 남편과의 첫날 밤 '급격한 일을 당'해 기절한 채 보내고 그 후로 한 번도 남편 방에 들어가 본 적이 없다. 사실 남편은 마음이 선량하고 쪼깐이를 끔찍이 생각할 뿐만 아니라 시댁 식구들도 언제나 쪼깐이에게 다정했다. 하지만 쪼깐이에게 있어서 애꾸눈 남편은 괴물로 보일 뿐이고 남편의 성행위는 폭력일 뿐이다. 애꾸눈 남편한테 쪼깐이는 '성에 의

21 장아이링의 대부분의 작품이 '다층적 인간심리'를 다루고 있는 점에서 그 원인을 찾을 수 있다. (이 점은 본 저서의 연구사 검토에서도 언급한 바 있다.)

한 지배'라는 종속적인 위치에 갇혀 있으며 이에 괴로워한다. 쪼깐이가 시집와서 나흘째 되던 날, 마을에서는 산제를 지내는데 산제를 지낼 때는 돼지를 잡아다 제물로 바친다. 쪼깐이는 남편이 돼지를 죽이는 모습을 보고 자신도 돼지처럼 남편에 의해 죽을지도 모른다는 공포에 휩싸이고 만다. 그래서 서방을 떠나야겠다는 결심을 하고 무서운 서방의 방에 불을 지른다. 그런데 그의 방만 태우려고 한 것이 불길이 점점 타올라 그만 집 한 채가 다 타고 옆의 집을 세 채나 더 태워버렸다. 쪼깐이가 불을 지르는 행위는 남편한테 정상적으로 화를 내는 모습이 아니라, 거의 광기에 가까운 폭발적 분출이다. 쪼깐이는 남편에게 당한 '폭력'을 고스란히 되갚는 방법으로 남편의 방에 '폭력적인' 방화를 저지른다.

앞에서 살펴본 최정희의 소설 「흉가」와 「곡상」에서도 부권이 부재하거나 약화된 가족공간에서 여성주인공은 아들에게 히스테리적인 폭력을 휘두른다. 여주인공들의 폭력을 대상과 방향에 이르기까지 세부적으로 분석한 결과 최정희 소설에서는 폭력의 대상이 분명하다는 것이 드러난다. 그 폭력은 남성에게 향해 있거나 가부장제를 상징하는 대상(집)에 향해 있는 것이다. 반면 장아이링의 소설에서는 폭력의 대상이 불분명하다.

장아이링의 「꽃이 지다」에서 아버지는 과거의 환상 속에서 생명력을 잃어버린 존재로 묘사된다.

> 정 선생은 광고 그림 속에서 인스턴트 음료(樂口福)를 마시며 담배를 피우는 표준적인 상해 젊은 신사와 비슷하다. 둥근 얼굴, 시원스런 눈매에 입 끝은 위로 말려 있다. 짧은 반바지를 입으면 어른이 되지 않는 약을 먹은 남자 아이로 변한다. 두 개의 팔자수염을 더하면 순식간에 영양 상태가 좋은 나리를 대표하게 되고, 수염이 희기만 하면 산타클로

스로 쓸 수도 있다.

정 선생은 구식 나리로 민국(民國)을 인정하지 않기 때문에 민국 원년부터는 나이를 세지 않았다. 비록 주색에 빠지고 아편은 알았지만 마음은 여전히 아이의 마음이었다. 그는 술독에 빠져 있는 아이 시체였다.[22]

「꽃이 지다」에서 장아이링은 몰락하는 부권을 행사하기 위해 유행과 천진함, 그리고 위엄과 낭만까지 악용하는 가부장제 권력의 실체를 폭로함으로써 철저하게 부권을 거세시키고 있다.[23] 「두 번째 향로(第二爐香)」[24]에서는 어머니 미첼을 중심으로 한 여성 가정으로 아버지의 간섭이 없는 여성만의 공간이 나타난다. 「황금족쇄」에서는 왜곡된 부권의 형상으로 남편을 일어나 앉지도 못하고 성장하지도 못하는 불구 환자라는 모습으로 상징화시키고 무력화시킴으로써 애초부터 부권 부재의 가족공간을 설정하고 있기도 하다.

그러나 봉건적 가부장제가 붕괴되고 부권이 하락하는 형태로 그려짐에도 불구하고 여성 인물들은 여전히 억압된 형상으로 나타난다. 가부장제를 통한 직접적 제재는 사라졌지만 사회 전반적 분위기

---

22 "郑先生长得像广告画上喝乐口福抽香烟的标准上海青年绅士, 圆脸, 眉目开展, 嘴角向上兜兜着; 穿上短裤子就变了吃婴儿药片的小男孩; 加上两撇八字须就代表了即时进补的老太爷; 胡子一白就可以权充圣诞老人. 郑先生是个遗少, 因为不承认民国, 自从民国纪元起他就没长过岁数. 虽然也知道醇酒妇人和雅片, 心还是孩子的心. 他是酒精缸里泡着的孩尸."
张爱玲, 「花凋」, 『红玫瑰与白玫瑰』, 北京十月文艺出版社, 2012, 17쪽. (장아이링, 김순진 옮김, 「꽃이 지다」, 『첫번째 향로』, 문학과지성사, 2005. 본 저서의 「꽃이 지다」 번역은 이 책을 인용했다. 번역이 누락된 부분은 본 저서에서 직접 번역했다.)

23 김순진, 「張愛玲 소설 연구 - 여성주의 시각으로 본 몸·권력구조·서사를 중심으로」, 한국외국어대학교 박사학위논문, 2001, 111쪽.

24 1943년 『紫夢蘭』에 「沈香屑 第二爐香」이란 제목으로 게재되었다. 『張愛玲全集』에서 「第二爐香」으로 고쳤다.

에서의 간접적, 관념적 제재가 여전히 남아 있는 것이다. 「꽃이 지다」에서 정 부인은 폐병에 걸린 딸을 보고 눈물을 흘리며 안쓰러워하지만 정작 돈을 꺼내어 약을 사려는 생각을 하지 않는다. 돈을 내면 남편에게 자신이 비상금이 있다는 것을 증명하게 되는 것이고, 그러면 남편의 권력에 지배를 받게 될 것이고 구박당할 것이라는 가부장제도의 관습에 젖어 있기 때문이다. 「두 번째 향로」에서 수지(愫細)는 어머니 미첼(密秋兒)의 억압되고 왜곡된 성교육으로 인해 건장하고 정상적인 신랑 로제(羅杰)를 '변태'로 내몰아 세상 사람들의 차가운 시선 속에서 결국 자살하게 만들었다. 부권이 약화된 상태임에도 불구하고 여성 인물들은 여전히 가부장제 이데올로기에 억압되어 있으며 그것이 무의식적인 폭력성으로 자식, 그리고 남편에게 분출하고 있다. 「황금족쇄」에서 치챠오는 남편이 죽고 독립해 나오기 전 봉건적 대가족의 멸시 속에서 받은 억압을 두 자녀한테, 특별히 며느리한테 히스테릭하게 푼다.

> "그녀가 안 좋니? 어떤 점이 안 좋아? 이 엄마에게 말해주지 않으련?" 창바이는 처음에는 얼버무리고 넘어가려 했으나 어머니인 치챠오가 계속 묻자 하나, 둘씩 이야기를 해야만 했다. …… 치챠오는 여자 친척들을 초청하여 마작을 하였는데 여기에는 안사돈도 자리를 같이 하고 있었다. 마작하는 탁자에서 그녀는 아들이 말해준 며느리의 밀담을 폭로했다. 약간 과장되게 말하니 한층 더 실감이 났다. …… 모두가 치챠오를 말렸다. 그러나 치챠오는 두어 마디 다른 말을 하는 척하다 히히 웃으며 며느리 이야기를 다시 꺼냈다. 즈서의 어머니는 얼굴이 붉으락푸르락해졌을 뿐만 아니라 딸을 다시 보기가 무안해져서 패를 놓고는 차를 타고서 돌아가 버렸다.[25]

치챠오는 아들한테 며느리 즈서(芝壽)의 비밀스런 부분까지 얘기하게 하고 며느리의 성행위를 즈서의 어머니와 여러 사람들 앞에서 화젯거리로 삼기도 한다. 치챠오는 며느리에게 모욕감을 주고 정신적 폭력을 가한다. 치챠오의 정신적 학대는 결국 며느리를 죽음에 이르게 한다. 치챠오 자신도 여성이자 한 남자의 아내임에도 불구하고, 며느리는 성적으로 눈떠 있으면 안 되고 적극적으로 행동하면 안 된다는 남녀 차별적이고 가부장적인 이데올로기에 여전히 지배받고 있다.

장아이링의 소설에서 부권 부재의 공간이 설정되면서도 여성 인물의 관념에는 여전히 가부장제도의 억압이 내재해 있으며 그것이 무의식적인 폭력성으로 여러 대상에게 무차별적으로 분출하고 있다. 여성 자신은 물론 또 다른 여성, 남성, 자신의 아들에 이르기까지 무차별적 대상에 향해 있다. 두 작가 사이에 이러한 차이가 생긴 것은, 최정희는 그 억압적 폭력의 중심지점에 사회적 대상, 즉 남성, 남성중심주의를 지목하였기 때문이고, 장아이링은 폭력의 중심지점에 개인의 내면적 대상, 즉 여성 억압적 관념, 시각의 내면화가 있는 것으로 보았기 때문이다. 장아이링 소설에서의 폭력은 무분별한 관념의 내면화라는 인간의 습관에 향해 있기 때문에 여성인물의 폭력이 여러 대상을 향하여 무차별적으로 분출할 수 있었다.

최정희 작품 속 여성인물의 폭력이 분명한 대상, 특정한 집단을

25 "'她不好? 哪一点不好? 说给娘听.' 长白起初只是含糊对答, 禁不起七巧再三盘问, 只得吐露一二. …… 七巧邀了几家女眷来打牌, 亲家母也在内. 在麻将桌上一五一十将她儿子亲口招供的她媳妇的秘密宣布了出来, 略加渲染, 越发有声有色. 众人竭力的打岔, 然而说不出两句闲话, 七巧笑嘻嘻的转了个弯, 又回到她媳妇身上来了. 逼得芝寿的母亲脸皮紫胀, 也无颜再见女儿, 放下牌, 乘了包车回去了."
张爱玲, 「金锁记」, 『倾城之恋』, 北京十月文艺出版社, 2009, 246~247쪽.

향하고 있다는 점은 최정희가 '사회적 문제'에 초점을 두고 있음을 드러내고, 장아이링의 작품 속 여성인물의 폭력이 불분명한 대상, 개인의 내면을 향하고 있다는 점은 장아이링이 '개인적 문제'에 초점을 두고 있음을 드러낸다.

한편 당시 한국은 일본이라는 단 하나의 국가에 의한 지배를 받았지만 중국은 신해혁명 이후 제국주의 열강들이 각기 대리인을 내세워 군벌이 할거하고 전쟁이 끊이지 않는 혼란을 경험했다. 따라서 한국은 지배자에 대한 적개심이 분명했고, 중국은 그것이 불분명했다. 두 작가의 작품에 나타나는 폭력의 방향성은 지배자에 대한 감정, 적개심이 분명했던 한국의 일제강점기 상황과, 여러 나라의 지배자로 인해 지배자에 대한 감정, 적개심이 불분명했던 중국의 20세기 초기 상황과 묘하게 일치한다. 또한 적개심이 분명한 사회의 분위기는 그 사회에 자연스럽게 집단주의를 형성케 하고, 적개심이 불분명한 사회의 분위기는 그 사회에 자연스럽게 개인주의를 형성케 한다. 두 작가가 보여주는 '사회적 문제'에의 초점과 '개인적 문제'에의 초점이라는 차이는 이러한 양국 사회의 집단성과 개인성의 차이와 상통하는 면이 있다.

두 작가의 '폭력의 차이'는 사회적 차이에 의해 형성된 것일 수도 있지만 개인적 차이에 의해 형성된 것일 수도 있다. 그러나 어느 한쪽의 차이에 의해 이들 두 작가의 '폭력의 차이'가 형성되었다기보다는 개인적 요소, 사회적 요소 두 가지 모두가 그 형성에 기여했을 것이라 보는 것이 타당하다. 따라서 이들 두 작가의 차이는 사회적 범위에서 '추측'해야 하는 동시에 개인의 이력을 통해서도 분석되어야 한다.

작품 속 '폭력'의 차이는 이들 두 작가의 본격적 작품 활동의 시작점에서의 차이를 드러내기도 한다. 본격적 작품 활동에 임하기 전의 두 작가의 궤적은 한 일면에서 큰 차이를 보인다. 여기서의 한 일면은 넓게는 글쓰기 방식, 문체를 의미하고 좁게는 문제, 대상, 비판지점에 대한 접근 방식을 말한다.

최정희 스스로가 「흉가」를 본격적 작품 활동의 기점으로 인정한 만큼 「흉가」 이전의 작품은 최정희의 「흉가」 이후의 작품들과는 다른 것이다. 그만큼 「흉가」에서 보여준 최정희의 문학적 변화는 큰 것이었다고 볼 수 있다. 「흉가」를 쓰기 전 최정희의 활동은 『조선일보』 기자와 '근우회'로 요약될 수 있다. 글쓰기에 있어서 장기간 이어진 기자 생활[26]과 사회주의 성향의 '근우회'의 공통점은 '직선적 경향'에 있다. 기사는 사실을 중시하는 '분명성'과 개인의 감정을 배제하는 '차가움'을 내포하고 있다. 또한 사회주의 소설은 익히 잘 알려진 대로 그 비판의 형식이 도식적이며, '직선적'인 경향이 있다. 이 같은 성질들은 '직선적'인 것이라 볼 수 있다. 본격적 창작활동에 임하기 전 최정희의 사회의식은 기자, 근우회의 성향에 영향 받은 것으로 축약될 것이다. 그리고 글쓰기 방식에 있어서 「흉가」 이후의 최정희에게는 앞서 언급한 '직선적 경향'이 내포되어 있었을 것이다. 장아이링과 대비되는 최정희의 '대상이 분명한 폭력'은 최정희의 습작기 '직선적 경향'과 관계 맺어질 수 있다. 이 같은 최정희의 특성은 학문보다는 춤과 노래를 더 좋아했던 그의 '행동파'적 경향과도 관계될 수 있을 것이다. 기존의 연구는 최정희의 장기간에 걸친 기자생활이나 사회주의에 따른 '글쓰기의 성향 또는 습관, 문제 인식의 방식 또는 습관'이라는 (사상적인 것들과 대비되는) 습관적인 것들에 대해 언급

26 최정희가 저널리즘과 여성문단의 중심을 차지하고 있었다는 것은 최정희가 타 작가들보다도 더욱 기자로서 활발히 활동했음을 드러낸다.
김연숙, 「저널리즘과 여성작가의 탄생 - 1920~30년대 여기자 집단을 중심으로」, 『여성문학』 14집, 2005, 111쪽.

하지 않았다. 서정자는 습작기 초기 최정희의 작품에는 사회주의적 경향이, 습작기 후기에는 여성주의적 면모가 강해졌다고 본다. 따라서 그는 본격적 작품 활동에 들어선 이후, 최정희의 여성의식은 '사회의식의 여과를 거친' 것이라 평가했다.[27] 서정자의 평가에서처럼 최정희의 사회주의 의식은 그의 작품에 영향을 끼쳤을 것이다. 그러나 본 저서는 그 영향의 층위가 사상적인 것보다는 문제, 대상에 접근하는 무의식적, 습관적 방식에 있다고 본다. 최정희의 「흉가」 이후의 변화가 크고 강렬했던 만큼 최정희는 이전의 많은 것들을 의식적으로 덜어내려 했을 것이다. 즉 이러한 '의식적 과정'을 거쳐서도 남을 수 있는 「흉가」 이전의 요소는 앞서 말한 무의식적, 습관적 층위의 것들일 가능성이 높다.

한편 장아이링은 본격적 작품 활동 이전에는 큰 이력을 남기지 않았다. 다만 서론에서 언급했듯이 교육환경 자체가 특이하다는 점이 그의 이력이라 할 수 있다. 일찍이 아버지와 가정교사에게 중국의 고전을 배우고, 어머니에게는 서양의 문물을 배운 것은 장아이링의 '곡선적 경향'과 일종의 관계를 맺을 것이다. 너무나 크게 차이가 나는 두 개의 문물을 두고 그 둘 사이의 간극을 극복해야 하는 운명이 장아이링의 유년에 놓여 있었기 때문이다. 장아이링의 고지식한 아버지와 서구문물에 의해 개방된 어머니는 성격차이를 극복하지 못하고 갈라섰다. 따라서 고지식한 경향에 중국문명을 대표하는 아버지와 서구문물을 대표하는 어머니 사이에서의 간극[28]은 오롯이 장아이

27 서정자, 「일제강점기 한국 여류소설 연구」, 숙명여자대학교 박사학위논문, 1987, 102쪽.

28 서론에서 언급했지만 장아이링의 아버지는 장아이링이 의붓어머니와 다퉜다는 이유로 장아이링을 심하게 폭행한 후 감금시켰다. 죽을 고비를 넘기고 생명의 위협을 느낀 장아이링은 아버지에게서 탈출해 어머니에게로 돌아간다. 이 사건은 장아이링의 아버지가 얼마나 고지식한 인물인지를 드러낸다. 폭행과 감금은

링 혼자서 메워야 하는 유년의 상처를 형성하고 있기 때문이다. 장아이링의 작품 속 '불분명한 폭력', '스스로의 내면을 향한 집중(폭력)'은 그의 특수한 유년기의 상처를 극복하는 과정에 형성된 하나의 기술일 수 있다. 서로 다른 두 개의 이질적 문화를 통합해 가는 과정에서 장아이링은 직선적인 적의(敵意)나, 비판보다는 좀 더 유연한 사고와 내부 구조적 문제에 눈을 떴을 가능성이 크다. 그리고 이 같은 사유의 방식은 장아이링의 소설 전체에서 발견된다.

이 같은 최정희의 '직선적 경향, 분명한 경향', 장아이링의 '곡선적 경향, 불분명한 경향'은 1945년 이전 시기의 '폭력의 차이'에서만 드러나는 것이 아니다. 이것은 이들의 전 생애에 걸쳐서 발견된다. 최정희의 소설에 나타나는 문제의식과 비판의 지점은 장아이링의 그것에 비해 분명하며 직선적이라 할 수 있다. 반대로 장아이링 소설에 나타나는 문제의식과 비판의 지점은 최정희의 그것에 비해 불분명하며 곡선적이라 할 수 있다.

2. 1945∼1950년: 여성의 비주체성 문제의 구체화

1) 여성의 비주체성 문제

1945년 이후 최정희와 장아이링은 여성문제에 있어서 구체성에

장아이링 아버지의 성격이 불순하다는 것만을 의미하지는 않는다. 그와 같은 행동을 할 만큼의 문화적 기반을 드러내기도 하는 것이다. 한편 장아이링의 어머니는 가정을 두고 해외유학을 떠나기도 하고 성격이 맞지 않는 남편에게 당당하게 이혼을 요구하며 딸의 교육문제로 귀국할 때에는 미국인 남자친구와 함께 올 만큼 개방적이었다. 이들 내외의 관계는 '전통'과 '신식', '동양'과 '서구'로 상징될 만한 극단적인 대립의 형태를 띠고 있다고 볼 수 있다.

주목하기 시작하였다. 엄밀히 말하면, 사회적 억압으로 인해 여성이 주체가 되지 못하는 여성의 비주체성 문제에 대해 더 구체적으로 접근하기 시작한 것이라 할 수 있다. 최정희는 이 시기에 여러 편의 단편을 발표했고 이에 따라 작품에 다양한 주제가 공존하였고 들쑥날쑥한 변화가 있었다. 하지만 이 파편적 분포 속에서도 사회적 역할 문제라는 주제로 일관성이 도출된다. 한편 최정희가 여러 편의 단편을 발표한 것과는 달리 장아이링은 두 편의 단편만 발표하였으며 두 작품 모두 세계(관) 문제에 집중하였다.

최정희가 해방 직후부터 1948년까지 쓴 작품은 『풍류잡히는 마을』(아문각, 1948)에 실려 있다. 조연현은 『풍류잡히는 마을』을 경향문학의 작품집으로 평가했다. 『풍류잡히는 마을』에서는 사회주의의 그것처럼 개인 경제의 문제를 사회문제로 확대해 나가기 때문이다.[29] 또한 조연현은 최정희가 『천맥』에서도 개인의 문제를 사회문제로 확대하고 있다고 평가했다.[30] 곽종원은 조연현과 같이 최정희가 리얼리즘을 통해 사회구조적 문제에 초점을 맞추고 있음에 주목했다.[31] 결국 이와 같은 평가들은 모두 최정희가 해방을 맞으면서 오랫동안 고수하던 애정문제에서 사회적인 방향으로 확산되어 가고 있음을 보여준다. 이는 해방감에서 오는 그동안 억압해 두었던 스스로의 욕구의 분출이며, 역사의식을 증명해야 하는 사회적 분위기에 기인한 점도 있을 것이다.

이때 당시 남한의 농지개혁에도 불구하고 소작농들은 여전히 빈곤했다. 해방 후에도 친일과 이에 관련한 지주의 문제는 청산되지

29 조연현, 『한국현대작가연구』, 새문사, 1981, 185쪽.

30 ______, 「感銘에의 所在」, 『문예』, 1949.10, 168쪽.

31 곽종원, 「최정희론」, 『문예』, 1949.8.

않았다. 이를 미군정은 묵인하고 있었다. 이 시기에 발표된 최정희의 소설들은 바로 이러한 상황을 지적하였다. 발표 연도 순서별로 보자면 먼저 「점례」에서 주인공 점례는 가난과 불행에 시달리는 소작농의 딸이다. 점례네 지주 허승구는 소작인의 닭이 자기 채마밭을 망칠까봐 닭을 키우는 것을 금지한다. 소작농의 대부분이 그 명령에 복종하나 점례네만 닭을 몰래 키우고 있었다. 점례가 닭을 몰래 키우는 이유는 혼수 준비를 위해서이다. 열네 살도 안 된 어린 점례를 가족들은 단지 먹을 입을 하나 덜기 위해서 술집 부엌일을 보는 복이에게 보낸다. 점례네 닭은 먹이를 찾기 위해 허승구의 집 뜰로 기어들어가 푸성귀를 쪼아 먹다가 그만 허승구에게 잡혀 장대에 매달리게 된다. 점례는 허승구의 집으로 몰래 들어가 닭을 구하려다가 허승구가 던진 돌에 이마를 맞고 어처구니없는 죽음에 이르게 된다. 점례의 "죽음과 닭의 죽음이 현실적 희생으로서의 동질성을 자연스럽게 획득하여 지주 허승구의 위력 앞에서 무기력한 농민"[32]이 어떠한 저항도 하지 못하고 희생되었음을 제시한다. 해방이 되었지만 소작농의 가난과 조혼의 풍습은 여전히 계속되고 있고 이때 가장 큰 피해자가 여성임을 보여주고 있는 것이다.[33]

점례는 계급적 억압의 피해자인 동시에 결혼의 자유를 박탈당한 피해자이다. 그러나 작자는 무게 중심을 전자에 두었다. 이는 최정희에게 사랑보다는 계급이 당시 더 시급한 문제였음을 드러낸다. 사랑의 자유라는 문제보다는 계급문제가 더 사회적 성향이 강한 것이라 할 수 있다.

---

32 임진영, 「8·15 직후 단편소설 연구」, 『해방공간의 문학연구』 II, 태학사, 1990, 313쪽.

33 박죽심, 「최정희 문학 연구」, 중앙대학교 박사학위논문, 2010, 149쪽.

「풍류잡히는 마을」은 '나'라는 화자의 시각으로 서사가 전개되고 있다. '나'의 마을에 사는 서흥수는 일제강점기에 친일 지주로서 호화로운 생활을 하였다. 그는 가난에 허덕이는 소작 농민들을 철저히 외면해왔다. 해방 직후 상황이 변하자 서흥수는 쌀을 내놓는 등 농민들에게 좋은 인상을 남기려 한다. 그러나 그의 아들이 군정청 관리가 되자 그는 악덕한 본색을 드러내며 권력을 휘두른다.

> 토지개혁이나 뭐니뭐니 하지만 세상은 아직도 소란할뿐 우리정부가 설날도 막연한데 토지개혁이란 그리쉽게 올리없을게라고 지주들은 이렇게 생각하고, 그래도 어쩔줄아나 하는 마음에서 파는 땅이라, 상답을 막우 내여 놓지는 않었다. 따지고 본다면 토지개혁이란 최후의 선고장이 내리자면 아직 하안참 될것같으나까, 그동안에 나쁜 놈만 처분해서 그돈으로 달리 이득을 볼 방법을 취하는 것이 좋겠고, 좋은 놈은 그대루 두었다가 토지개혁이 될 무렵에 땅이 좋으니만큼 욕심낼 자가 많겠으니까. 그때를 봐서 할 일이고 혹시 그리 못되는 경우가 생기드라도 아직 그 동안이 하안참 될상싶으니까, 그새에 거기서 소출을 많이 내여서 가장적은 폐해를 받자는 것이 지주의 생각이였다.[34]

아들이 군정청 직원이 됨으로써 서흥수의 권력은 해방 전과 같이 유지된다. 일제강점기에 친일을 했던 서흥수는 해방 후, 미군정 아래에 빌붙어 권력을 유지하는 기회주의자의 전형을 보여주고 있다. 목수영감을 포함한 소작인들은 지주로부터 소작권을 얻기 위해 서흥수네 회갑잔치에 가서 뇌물을 바치고 아첨한다.

---

34 최정희, 「풍류잡히는 마을」, 『최정희선집』, 어문각, 1974, 397쪽.

또 족제비가 닭을 물어가는 것이 아닌가. 나는 어느새 헛간 모퉁이에 세워 놓은 살구 따는 긴 몽둥이를 집어들고 닭장께로 내달렸다. 그새 벌써 족제비는 닭을 물고 채마밭 속을 달리고 있었다.[35]

그래서 여주인공 '나'는 족제비에게 물려가는 닭을 지키기 위해 목수영감에게 닭장을 만들어 달라고 하나 시홍수네 회갑잔치 때문에 일이 지체되고 만다. 여기서 '족제비'는 교활한 지주, '닭'은 힘없이 희생당하는 농민의 상징이라고 거론[36]되고 있으며, 새로운 외부위험(미군)/민족의 은유로도 볼 수 있다. 해방이 되었어도 소작농들은 여전히 수탈되고 있었다. 이는 미군정 아래에서 빌붙은 친일 지주들의 착취에 의한 것이었다. 해방이 되었어도 부패와 구조적 문제는 여전히 있는 것이다. 목수영감이 뇌물을 바쳐도 희망이 없다는 걸 알고 있는 목수의 아들 시훈은 다른 소작인들과 달리 의식적인 인물로 설정되어 있다. 그는 서홍수의 회갑 잔치상을 부숴버리고 이러는 소동 중에 순사가 와서 그를 붙잡아 간다. 결국 시훈의 어정쩡한 분노 표출과 저항은 어떤 현실적 모순도 해결하지 못하였다. 목수영감은 감옥에 갇힌 아들 때문에 울음을 터뜨린다. '나'는 자꾸자꾸 우는 영감에게 아들이 얼른 나온다고 위로하고 "마을 사람들이 헐벗지 아니하

35 최정희, 「풍류잡히는 마을」, 위의 책, 388쪽.

36 신춘호, 「해방 직후 농민소설연구」, 『학술지』 29집, 건국대 인문사회과학편, 1985, 72쪽.
박재섭, 「해방 직후 소설에 나타난 선택적 행위」, 이우용, 『해방공간의 문학연구』, 태학사, 1990, 159쪽.
이상신, 「최정희의 『풍류잡히는 마을』에 나타난 쪽제비와 닭의 표상」, 『장안논총』 13집, 1993, 360쪽.
이병순, 「현실추수와 낭만적 서정의 세계」, 『현대소설연구』 26호, 2005, 139쪽.
김정숙, 「최정희의 해방기 소설과 『녹색의 문』에 나타난 현실 인식의 변화」, 『비평문학』 34호, 2009, 78쪽.

고 병을 앓으면 약을 쓰고 어떠한 사람이나 배고프지 아니하고 글을 모르는 자가 없게" 되는 그런 세상이 오게 된다고 말해준다. 그동안 꿈꾸어 왔던 세계에 대한 여주인공 '나'의 시각을 보여주며, 교육받은 청년의 저항마저 허무할 뿐이라는 것을 통해서는 그 꿈꾸어 왔던 세계의 붕괴를 강조하고 있다.

삼백 호밖에 안 되는 이 마을에는 미군의 주둔으로 말미암아 갈보와 술집이 급속히 증가하였다.

> 해방이 되면서 흔해진 것이 술집이었다. 본래 소장이 크게 서는 덕으로 그런지는 몰라도 삼백 호가 되는 이 촌락에 술집이 스물도 넘었다. …갈보가 한집에 둘씩 혹은 셋씩도 있고 넷씩이 있는 집도 있었다. 허숩스럽기 짝이없는 마을 아낙네들 틈에 화려하게 꾸민 갈보가 몹시 돋아뵈는 탓도 있었겠지만, 작은 촌락에 삼사십 명의 갈보가 들끓게 되자니까, 장터 옆 신작로를 줄창 통래하는 미군들 눈에 수없는 갈보가 눈에 띄웠든 것이다.[37]

여성들이 술파는 여인이 되어가는 것이다. 소작인들은 지주와 미군의 이중 억압과 수탈을 강요받지만 여성은 또한 소작인 중에서도 더 큰 피해자로 그려져 있다. 마을의 상황을 보고 있는 '나'는 "그 인간 아닌 그것들의 횡행천하하는 것을 가만둘 수 없다"고 분노한다. '그것들'이란 지주와 미군을 지칭한다. 이는 일제는 물러갔으나 여전히 수탈을 받고 있는 소작인들과, 더욱 수난을 당하고 있는 여성들이 처한 현실에 대한 작가의 분노의 목소리이기도 하다.

「베갯모」는 콩트라는 이유로 그동안 최정희 문학 연구 대상에서

---

37 최정희, 「풍류잡히는 마을」, 『최정희선집』, 어문각, 1974, 225쪽.

제외되었고, 예외적으로 다루어진 경우에도 어린 소녀들의 순수한 우정을 그렸고[38] 소녀들의 아름다운 우정과 양심의 문제를 주제로 하고 있다[39]고 간단하게 설명하는 정도였다. 하지만 자세히 들여다보면 그녀들의 관계는 그리 우호적이지 않다.

그들은 싸우기도 잘하고 미워도 잘하고 또 이렇게 티협도 잘하였나.[40]

작품이 시작되면서 두 소녀의 관계를 서술하는 구절인데, "싸우기도 잘하고", "미워도 잘하고", "타협도 잘하고", 이 세 가지는 모두 사이가 좋지 않다는 증거이며, '타협'은 그나마 괜찮은 수준이다. 주인공 소녀는 자기처럼 학교에 다니지 않는데도 자기보다 감자도 빨리 많이 벗기고 골무도 깁고 베갯모 수도 잘 놓는 친구 숭남이를 질투한다. 그래서 학교에서 돌아오면 숭남이에게 감자 벗기기 내기를 요청하나 한 번도 이긴 적이 없다. 하루는 숭남이가 윤기가 반지르르하게 곱게 수놓은 베갯모를 보고 소녀는 견딜 수 없어 침을 뱉고 도배도 하지 않은 바람벽에 함부로 문질러 놓는다. 그래서 소녀 자신의 것과 마찬가지로 땟물이 꾀죄죄하게 만든다. 그런 후 재빨리 집으로 도망 온 소녀는 지은 죄 때문에 몸이 떨리고, 밤에는 숭남 어머니가 밀대질하는 방망이를 들고 소녀의 머리를 땅땅 때리는 악몽에도 시달린다. 그러던 사흘 뒤 숭남이네는 이사를 가고 떠나는 날에도 숭남이는 베갯모 말이 없었다. 학교에 다니는 주인공 소녀가 오

38 이병순, 「현실추수와 낭만적 서정의 세계 - 해방기 최정희 소설 연구」, 『현대소설연구』 26, 2005, 142쪽.
박죽심, 앞의 글, 149쪽.

39 정영자, 「최정희 소설연구 - 내용적 특성을 중심으로」, 『睡蓮語文論集』 제13집, 1986, 18쪽.

40 최정희, 「베갯모」, 『최정희선집』, 어문각, 1974, 358쪽.

히려 학교에 다니지 않는 옆집 숭남이를 시기하고 질투하는 것은 날로 늘어나는 숭남이의 솜씨 때문이다. 살림을 잘해야 하고 여성스러운 면모가 여성의 정체성이라는 뼛속 깊은 의식에 대한 비판이라고 할 수 있다. 또한 주인공 소녀의 숭남이에 대한 시기와 질투는 근대화된 일본 혹은 미국의 전통적 조선에 대한 감정이라고 볼 수 있다. 즉 학교 다니는 주인공 소녀와 옆집 소녀는 근대화된 문명/전통 조선의 상징이라고 할 수 있다.

> 그런데 새들은 그냥 우는 것이 아니고, 「숭남이 베갯모 못 쓰게 만든 갈라야아!」「숭남이 베갯모 못 쓰게 만든 갈라야아!」
> 소녀는 수백 번도 더 들리는 이 소리를 들으면서 우술막 길을 거저 달리고만 있었다.[41]

근대화된 침략국의 전통 조선에 대한 파괴를 비웃는 것이자 비판이라고 할 수 있다. 이런 알레고리를 보여줌으로써 작가는 제국주의, 국가문제에 대해 적나라한 비판을 가한 셈이다.

「청량리역 근처」 역시 콩트라서 그동안 별로 주목받지 못한 작품이다. 이 작품에서는 도시에서도 농촌과 마찬가지로 빈곤한 생활상이 그려지고 있다. 소녀들은 배고픔 때문에 정거장 창고 안의 숯을 훔쳐내는데, 이를 발견한 주인은 결사적으로 쫓아가서 그 중의 한 소녀를 붙잡는다. 주인은 잡힌 소녀의 뒷덜미를 함부로 쥐어박으며 구타한다. 배고픔 때문에 도둑질할 수밖에 없는 여성의 위치, 도둑이라는 여성의 '직업'을 확인하게 된다.

뒤이어 발표한 「우물치는 풍경」은 우물 치는 날 지주 때문에 소작

41 최정희, 「베갯모」, 위의 책, 362쪽.

농들이 서로 싸우게 되는 사건을 통하여 지주의 횡포를 고발하고 있으며 해방 이후 여전히 이어지는 빈곤과 주림의 현장을 보여주고 있다. 본래 마을 사람들은 지주인 최주사의 땅을 경작해 먹고 살아 왔는데, 해방이 되면서 최주사는 해방 전에 누리던 지위를 잃을까봐 전답을 팔고 서울로 이사를 가버렸다. 이 마을에서 붙잡게 된 것은 겨우 삼할 가량밖에 되지 않는 농토였다. 마을 사람들은 구심한 경제적 궁핍으로 품팔이를 하거나 나무를 해서 팔거나 하는 등 지옥 같은 생활을 하게 된다. 우물을 치던 날 과부댁이 쪄온 빵을 함지박에 담아 막걸리와 함께 내놓자 고사를 지내기 전인데도 불구하고 주림에 허덕이고 있던 동네 사람들은 쏜살같이 달려들어 먹는다. 마을 청년인 학수가 마음에 두었던 몽분에게 주려고 빵을 감추어둔 것이 들통이 나자 학수 어머니는 몽분 어머니에게 비난을 퍼붓는다. 두 사람의 다툼은 몸싸움으로 확대되는데 사실 그 이유는 땅 때문이다. 학수네가 붙이고 있던 최주사의 땅을 마침 몽분네가 샀기 때문이다. 이런 상황이 벌어지자 마을의 어른인 순보 영삼은 "암탉이 울면 집안이 망한다더니 아낙네들이 저리 성악스럽구서야 동네가 무사할 수 있담……" 하고 못마땅해 한다. "암탉이 울면 집안이 망한다"는 미신적 세계관을 가진 소작농들에게 불행을 가져다준 것은 사실 지주이다. 그러나 이들은 미신적 세계관으로 인해 불행의 원인을 여성에게 돌리고 있다. 이런 미신적 세계관에서 여성은 또한 부정(不淨)한 대상으로 간주되어 억압 받아왔다. 우물치기는 우물물을 먹는 사람들의 무사안녕을 비는 마을의 중요한 행사였다.

우물 고사를 지내려고 이 우물을 치는 날은요 아이 밴 아낙과 월경하는 아낙과 전날 밤 그 남편과 잠자리를 같이 한 아낙과(남자는 상관없다고 합니다) 초상 집에 다녀온 자와 부모상을 입은 자와 남편 상을 입은 과부와 이런 자만은 우물 치는데 참가하지 못하게 됩니다. 이르는 바 부정한 몸인 까닭입니다.

부정한 몸으로 우물 고사에 참가하게 되면 부정을 타게 되어서 우물에 무슨 변괴가 생기는 외에 그 당사자들한테 화가 미칠 것을 두려워함에서입니다.[42]

이런 이유로 우물 고사에 아낙네들은 제외된다. 여성(결혼한 여성)은 순결을 지켜야 한다는 것이다. 이는 여성(결혼한 여성)의 성이 남성(남편)에 의해 지나치게 감시되고 있음을 의미한다. 즉 여성이 남성에게 종속되고 있음을 보여주는 것이다.

「수탉」에 등장하는 나이 예순인 윤한승 노인은 스물여덟 살의 연순이를 데리고 살면서 앞집에 사는 사내 이봉을 경계하고 질투하며, 젊은 아내에 대한 집착이 강하다. 이런 불안한 심리는 작품 서두에서 시작되는 꿈에서부터 나타난다. 앞집의 젊은 이봉네 수탉이 자기 집의 암탉을 건드리는데, 자기 집의 수탉은 초조해 하며 남의 거사를 보고 있을 뿐 쫓아가서 이봉네 수탉을 쫓을 염도, 암탉을 찾아 거느릴 엄두도 전혀 못 내고 있는 꿈이다. 여기서 암탉은 젊은 연순, 힘없는 수탉은 윤한승 노인, 앞집 젊은 이봉네 수탉은 젊고 힘센 남성을 상징한다. 그만큼 윤한승 노인은 아내가 달아날까봐 불안해하고 연순이는 집착하는 윤한승에게 붙잡혀 산다. 그러므로 연순이의 욕구, 즉 젊은 남자와 함께 살고 싶은 욕구가 억압되어 있다. 윤한승의 불안한 심리는 젊은 아내와의 사이에 아이가 없다는 데에도 있다. 노인과 사는 젊은 여성이 임신할 가능성도 박탈되어 있다. 젊음으로서의 자연스러운 삶이 박탈되어 있는 것이다. 윤한승은 아이를 못

42 최정희, 「우물치는 풍경」, 위의 책, 504쪽.

가지는 데 대해 한탄하면서 과거에 만났던 여인들을 떠올린다.

> 남이는 지금 뭣을 할까. 내가 왜 남이한테 장갈 가겠다구 우기지 못했던고. 그놈의 계집애하구 살았음 아들 딸 무더기 나서 태평세월루 살았을 걸.
>
> 금란이 옥선이 그들은 지금 어디서 사는가? 아직도 평양서 사는지? 또 상홍인? 그 말구도 또 있지? 나하구 살던 여자들을 모으면 한 구루마는 되리라. 그 많은 여편네들한테서 어째 자식새끼 하나 없었을까.[43]

윤한승이 '모으면 한 구루마' 되는 여성과 살았다는 것은, 그만큼 많은 여자를 거쳐 왔다는 것이고 여러 여자 만나는 것을 자랑거리로 여긴다는 것이다. 여기서 남성은 여러 여자를 수집하는 자이고, 여성은 남성의 수집하는 대상, 즉 수집품이 되어 있다. 물건 취급받는 여성의 위치・역할이 제시되고 있는 것이다.

이상 해방 지후에 쓰인 최정희의 작품들을 종합하여 보면, 여성인물들은 모두 남성보다 열등한 위치에 놓여 주체성을 빼앗긴 여성들이다. 소작인이 지주나 미군의 수탈을 받으면서 여성은 또 소작인 중에서 몸을 파는 역할로써의 피해자로 되거나(「점례」, 「풍류잡히는 마을」), 집안일과 순결을 강요받거나(「베갯모」, 「우물치는 풍경」), 도둑질할 수밖에 없는 것과 물건 취급받는 것(「청량리역 근처」, 「수탉」)은 모두 비주체적인 위치에 놓인 여성을 보여준다. 이렇게 해방이 되면서 사회적 억압으로 인해 여성이 주체가 되지 못하는 여성의 비주체성 문제가 식민지시기보다 더욱 구체적으로 드러나게 된다.

여성문제를 구체화하기 위해 최정희는 사회적 역할의 문제에 집

---

43 최정희, 「수탉」, 위의 책, 166쪽.

중해 나갔음을 알 수 있다. 여성에게 허용되는 직업, 역할 등이 한정되었다는 점에 주목한 것이다. 최정희는 남녀의 역할에 대한 비교를 통해 구체성을 확보해 갔다. 역할의 문제는 비교의 장을 형성함으로써 여성의 위치를 명확히 드러내게 한다. 역할의 문제에 대한 관심은 비교라는 논리적 기제를 끌어들이게 했고 이전의 여성주의보다는 구체적으로 심화된 여성주의를 가능케 한다. 식민지시기의 여성주의가 가부장제라는 결과적 모순 자체를 지적한 것이라면 해방 직후의 여성주의는 그 '결과적 모순'을 형성시킨 원인을 지적한 것이라고 할 수 있다. 다시 말해 가부장제 비판에서 역할문제 비판으로 여성문제에 대한 인식이 구체화된 것이라고 할 수 있다. 이 심화는 여성주의의 현실성, 구체성을 확보하려는 의식에 의해 이뤄진 것이다. 뒤에서 다시 논하겠지만 해방 후에도 여전히 해결되지 않는 다양한 문제들 속에서 최정희는 꿈꾸어 왔던 세계의 붕괴를 느꼈을 것이다. 이 같은 충격은 정도의 차이를 두고 해방을 맞이한 모든 이들에게 존재했을 것이다. 따라서 식민지시기 구호적 여성주의의 비현실성에 대한 반성이 아니더라도 해방이라는 외적 원인에 의해 꿈꾸었던 세계에 대한 위기의식은 커졌을 것이고 최정희의 여성주의에는 '구체성'이 주요한 화두로 작용했을 것이다.

일본이 중국에서 물러난 후 장아이링은 중국 내에서 지탄을 받게 되었다. 매국노 후란청(胡蘭成)과의 관계 때문이었다. 장아이링에 대한 비판은 그녀의 사생활의 영역에까지 이르렀다. 이에 장아이링은 침묵을 지킬 수밖에 없었다. 장아이링은 1년이 넘는 기간 동안 어떤 글도 발표하지 못했다. 또한 『여한간추사(女漢奸醜史)』(上海大時代書社)에서는 장아이링을 친일파로 유명했던 왕징웨이(汪精衛)의 부인인 천비쥔(陳璧君), 우스스(吳世實)의 부인이자 후에 후란청과 결합한 위아이전(余愛珍) 등과 동일하게 비판하기도 한다.[44] 1946년 11월 장아이링은 『전기(傳奇)』 증정판을 출판하면서 머리말을 대신하는 글에서 「몇 마디 말을 독자에게 하고 싶다(有幾句話對讀者說)」를 써서 자신의 억울한 심정을 토로하였다.

> 나는 종래로 변명이 필요하다고 생각하지 않았었다. 그러나 최근 일년간 사람들은 마치 내가 문화한간의 한 사람인 듯이 떠들고 있는데 나 자신도 무슨 영문인지 모르겠다. 내가 쓴 글은 정치를 논하지도 어떠한 수당을 받지도 않았다. 생각해보니 나의 유일한 혐의는 신문에 실린 소위 '대동아문학자대회' 제3기의 참가자 명단에 내 이름이 올라 있었다는 것이다. 그러나 사실 나는 거절 서한을 써 보냈지만 (그 편지를 나는 아직 기억하고 있다. 매우 짧았기 때문이다. '제3기 대동아문학자대표대회의 초청을 삼가 거절합니다. 장아이링 배상') 신문에서는 여전히 이름을 삭제하지 않았었다.[45]

자신의 사생활까지 비난하는 대중들에게, 사생활에 대해서는 자신의 부모님 외에 누구한테도 해석할 의무가 없다[46]고 한다. 1947년 5월 16일부터 31일까지 장아이링은 「위진상(郁金香)」[47]을 상하이 『소

44 西岭雪, 『西望张爱玲』, 东方出版社, 2007, 161쪽.

45 "我自己从来没想到需要辩白, 但最近一年来常常被人议论到, 似乎被列为文化汉奸之一, 自己也弄得莫名其妙. 我所写的文章从来没有涉及政治, 也没有拿过任何津贴. 想想看我唯一的嫌疑要么就是所谓'大东亚文学者大会'第三届曾经叫我参加, 报上登出的名单内有我; 虽然我写了辞函去, 那封信我还记得, 因为很短, 仅只是: '承聘为第三届大东亚文学者大会代表, 谨辞. 张爱玲谨上.') 报上仍旧没有把名字去掉."
张爱玲, 止庵主編, 「有几句话对读者说」, 『流言』, 北京十月文艺出版社, 2012, 267쪽.

46 "何况私人的事本来用不着向大众剖白, 除了对自己家的家长之外仿佛我没有解释的义务."
张爱玲, 위의 글, 267쪽.

일보(小日報)』에 연재하는데, 하나의 온전한 소설을 작은 신문에 연재하는 것은 장아이링에게 있어서 처음 있는 일이었다. 대형신문이나 정기간행물에 발표하면 또 시비를 일으킬 위험이 있었기 때문이라고 추측할 수 있다. 머리말을 대신하는 글과 이 행위를 통하여 당시 장아이링의 심정을 살펴볼 수 있다.

「위진샹」에서 하녀 진샹(金香)은 부화방탕한 둘째 도련님 바오위(宝余)에게 희롱의 대상이지만 첫째 도련님 바오추(宝初)한테는 어느 정도 여자로서의 사랑을 받는다. 그러나 신분의 차이로 두 사람의 사랑은 이루어질 수 없었다. 결국 이들은 각자 다른 사람과 결혼했다. 바오추는 훗날 어렸을 때 생활했던 이복누나 완부인(阮夫人)의 집에 들르는데, 완부인, 늙은 첩부인, 바오위 부인의 대화를 듣게 된다.

그는 조금은 실망스러웠다. 그러나 이내 완부인이 하인을 고용하려는 말에 귀를 기울였다. 늙은 첩부인이 말하기를 "정말? 그렇다면 진샹더러 오라고 하면 좋지 않아? 그 앤 일을 잘하더라." 늙은 첩부인은 진샹한테 좋은 인상을 가지고 있었다. 왜냐하면 "그 애가 입이 달기" 때문이다. 완부인은 약간 시샘하는 어조로 "걘 결혼을 잘했잖아요? 사모님이 되었어요!" 늙은 첩부인이 "아니. 내가 얼마 전에 치과에 갔었는데 그 애를 보았어. 나더러 일을 좀 찾아달라고 부탁하더군. 지금은 치과의사 밑에서 일하고 있는데, 그 애 집안에 식구가 많고 생활이 고달픈 모양이야. 남편은 잘해주지 않고 돈도 주지 않아 홧김에 나와서 일하게 됐대. 두 아이도 부양해야 된대."라고 하는 것이다. 미스 염이 웃음을 지으면

47 「위진샹」은 2005년 베이징중국현대문학관의 학자 吴福辉와 그의 제자 李楠 박사에게 공동으로 발견되었다.

서 "옛날에 바오위를 좋아했던 그 진샹 말씀이세요?"라고 물어보았다.

바오추는 이 한 마디까지만 듣고 있었다. 그는 매우 괴로웠다 - 이 세상의 일들은 모두 이렇게 잘잘못과 흑백을 가리지 않는 것인가?[48]

분명 바오위가 일방적으로 무례하게 집적거렸지만 사람들은 진샹이 도련님과 점잖지 않은 행동을 한다고 모함하곤 하였었는데 이번에는 진샹이 "바오위를 좋아했다"고까지 한다. 첫째 도련님 바오추와의 존중받는 형태의 사랑에서는 여성의 사랑의 승인, 인정 문제가 다루어지지 않고 구시대적으로 억압 받는 형태, 즉 둘째 도련님 바오위한테 희롱 받는 형태에서만 전면화되는 것이다. 여성이 구시대적 세계관, 남성적 세계관에 편입되어 있다는 것을 확인하게 된다.

1947년 5월, 6월에 장아이링은 또 한 편의 소설 「너무 미워(多少恨)」를 새로 창간된 소형 잡지 『대가(大家)』에 연재하였다. 이 소설은 자신의 첫 번째 영화 극본 『끊을 수 없는 사랑(不了情)』을 소설로 다시 쓴 것이다. 주인공 위시아인(虞家茵)과 샤중위(夏宗豫)는 영화관에서 처음 만난다.

현대 영화관은 가장 대중화된 궁전으로 사방이 온통 유리와 벨벳 그리고 운모석으로 치장된 웅장한 구조물인 것 같았다. 영화관의 문을 열

48 "他有点惘惘的, 但是忽然一注意, 听见阮太太说要添一个佣人, 老姨太道: "真的, 你不会叫那个金香来?她做事倒挺好的." 老姨太一直对金香很有好感, 因为"那孩子嘴甜". 阮太太酸溜溜的道: "她不是嫁的挺好吗?做老板娘了!" 老姨太道: "哪儿? 我那天去看牙, 看见她的呀! 托我给找事; 她就在牙医生下头有一家子, 说那人家人多, 挺苦的. 说她那男人待她不好, 也不给她钱, 她赌气出来做事了, 还有两个孩子要她养活." 阉小姐含笑问道: "是不是就是从前爱上了宝余的那个金香?" 宝初只听到这一句为止. 他心里一阵难过 - 这世界上的事原来都是这样不分是非黑白的吗?"
张爱玲, 「郁金香」, 『红玫瑰与白玫瑰』, 北京十月文艺出版社, 2012, 236쪽.

> 고 들어가자 이내 아이보리색의 지하가 보였다. 마치 노란색 유리컵을 천만 배 확대한 것처럼 보이는 공간에는 청아하고 환상적인 빛이 유난히도 반짝거렸다. 이미 영화가 시작된 시간, 인적 없이 한적해진 복도에는 원한 서린 궁처럼 적막해져 마치 저 멀리서 다른 전각의 피리소리, 북소리가 들려오는 듯했다.[49]

환상적인 건축물, 어렴풋이 들려오는 피리소리는 모두 허황한 연애가 서막을 열게 될 것이라는 것을 암시해 준다. 위지아인은 어머니와 함께 궁핍한 생활을 하고 있지만 교육받은 신여성이다. 아버지는 오래전에 어머니를 버리고 다른 곳에서 살림을 차리고 있었다. 지아인은 직업을 구하는데 어려움을 겪다가 부유한 동창 수쥐안(秀娟)의 소개로 상인 샤중위의 집에 가정교사로 들어가게 된다. 중위의 딸 샤오만(小蠻)을 가르치면서 가깝게 지내게 된다. 이후 지아인은 중위와 연인 사이로 발전하지만 곧 아버지와 샤부인의 방해를 받게 된다. 지아인의 아버지는 장인 행세를 하면서 중위 집에 자주 드나들며 재물을 요구한다. 고향에 있던 샤부인은 소식을 듣자 병든 몸으로 곧 올라와서 중위 집에 머문다. 중위는 샤부인과는 정략결혼일 뿐 곧 이혼을 하겠다고 지아인에게 약속한다. 하지만 지아인은 심한 내적 갈등을 느낀다.

---

49 "现代的电影院本是最大众化的王宫, 全都是玻璃, 丝绒, 仿云母石的伟大结构. 这一家, 一进门地下是淡乳黄的; 这地方整个的像一只黄色玻璃杯放大了千万倍, 特别有那样一种光闪闪的幻丽洁净. 电影已经开映多时, 穿堂里空荡荡的, 冷落了下来, 便成了宫怨的场面, 遥遥听见别殿的箫鼓."
张爱玲, 「多少恨」, 위의 책, 238쪽. (장아이링, 김은신 옮김, 「너무 미워」, 『색, 계』, 랜덤하우스, 2008. 본 저서의 「너무 미워」 번역은 모두 이 책을 인용했다. 문맥상 틀린 부분은 본 저서에서 직접 번역했다. 앞으로 「너무 미워」의 번역에 대한 각주는 생략한다.)

그녀의 표정에서 어둡고 구석진 한 면이 보였다. 어둡고 구석진 그녀의 내면세계가 외쳤다.

"부인이 죽었으면 좋겠어!"

"하루라도 빨리 죽었으면 좋겠어!"

그녀의 반대편 내면이 미소를 지으며 그녀를 바라보았다.

"어떻게 그런 비열한 생각을 할 수 있지?"

"그럼 부인의 말대로 그렇게 기다리면 되나? 기다린다……."

"부인이 죽기를 기다린다고?"

"하지만 이게 다 그를 위해 이러는 거잖아!"

"그이를 위한 일이라면 내가 내 아버지를 증오하고 원망하는 것처럼 샤오루안이 평생 그를 증오하고 원망하게 할 수는 없어."[50]

지아인이 울먹이며 제대로 말을 하지 못하자 부친이 몸을 숙여 그녀를 토닥이면서 위로했다.

"착한 녀석 같으니…… 울지 말거라. 나 때문에 괜히 너만 당했구나. 다른 사람이 널 어떻게 대하든 간에 이 아비는 항상 널 사랑한단다. 이 숨이 붙어 있는 한 절대 널 혼자 있게 하지 않을 거야. 알겠니?"

지아인이 돌연 몸을 세우고 그를 응시했다. 그녀는 자신 앞에 놓여 있는 운명을 감지했다. 그녀의 눈 속에 나타난 엄청난 슬픔과 분노 그리고 두려움은 그녀의 부친마저 공포스럽게 했다.[51]

---

50 "这一边的她是这样想: '我希望她死! 我希望她快点儿死!' 那一边却黯然微笑着望着她, 心里想: '你怎么能够这样的卑鄙!' 那么, '我照她说的 - 等着.' '等着她死?' '……可是, 我也是为她想呀!' '你为他想, 你就不能够让他的孩子恨他, 像你恨你的爸爸一样.'"
张爱玲, 「多少恨」, 위의 책, 285쪽.

51 "虞老先生便俯身凑到她面前拍着哄着, 道: '好孩子, 别哭了, 你受了委屈了, 我知道. 随便别人怎么对你, 爸爸总疼你的! 只要有一口气, 我总不会丢开你的!' 家茵

중위가 샤부인과 이혼하거나, 샤부인이 병사하거나를 막론하고, 중위와의 결혼이 성사되면 온전한 가정을 파괴하게 된다는 죄책감도 있거니와, 샤오만이 나중에 커서 자신과 똑같이 아버지를 증오하고 원망할 것을 예감한다. 샤부인은 불쌍한 고향에 있는 엄마가 될 것이고, 중위는 자신이 그토록 증오하는 아버지가 될 것이고, 그러면 샤오만은 또한 자신이 될 것이다. 지아인은 기성세대에 의한 억압으로 자신의 사랑을 실현할 수 없는 현실에 직면하였다. 지아인은 구시대적(남성적) 세계(관)가 지배하는 공간 속에 편입되어 있었다. 즉 여성이 남성적 세계관에 의해 억압받는 것이다.

1945년 이전의 장아이링 소설에서는 박탈된 사랑에 주목했다면, 이 시기 소설에서는 사랑이 박탈되는 과정에 주목했다. 소설적 긴장의 중심이 연애의 성사여부에 달렸다. 진샹과 지아인은 남성적 세계관의 문제를 저울질하면서 고민하고 판단한다. 이 시기 소설들이 한편으로 '통속소설' 같아 보이는 이유는 이런 데에도 있다.[52]

장아이링이 주목한 세계관 문제는 세계를 규정하는 기준의 구체성을 전제로 한다. 기존 남성 중심의 세계관이 여성에게는 어떤 영향을 끼치는지를 통해 여성의 세계가 무엇인지 엿볼 수 있게 한다.

忽然撑起半身向他凝视着, 她看到她将来的命运. 她眼睛里有这样大的悲愤与恐惧, 连他都感到恐惧了."

张爱玲, 「多少恨」, 위의 책, 287쪽.

52 이 시기 발표된 작품에 대해 李楠, 肖进은 독자들을 겨냥한 통속소설이라고 평가하는가 하면, 张迅은 기존의 통속소설을 타파하고 한층 높은 예술 경지에 이르렀다고 한다.

李楠, 「海派文学, 现代文学的通俗走向」, 『文学评论』 第3期, 2008, 117쪽.

肖进, 「「郁金香」和「小艾」的写作成因及佚失原因初探」, 『南方文坛』, 2011, 98쪽.

张迅, 「『半生缘』, 『多少恨』中的情感诠释」, 『忻州师范学院学报』 第24卷 第6期, 2008, 36쪽.

장아이링이 이전에는 상대적으로 넓은 범위에서 여성문제를 다뤘다면 이 시기에는 세계관의 억압이라는 범위로 구체성을 확립했음을 알 수 있다.

장아이링이 세계(관) 문제에 주목한 이유는 겉으로 볼 때 비판 강도가 줄어들어 보이기 때문이다. 사회적 시선을 의식한 결과이기도 하고 친일행위에 대한 스스로의 죄의식 때문이기도 할 것이다. 의식적으로 의도한 행위는 아니겠지만 친일파와 연애하는 과정에서 그는 엄연히 여러 가지 편익을 얻기도 했을 것이다. 그래서 비판의 강도를 올릴 수 없었고 너무 자극적이지 않은 비판을 써야 했던 것으로 보인다.

이 시기에 들어서서 최정희와 장아이링은 모두 여성을 주체로 허용하지 않는 상황의 문제를 더 구체적으로 비판하고 있다. 이 같은 비주체성의 구체화라는 공통점 안에서 두 작가는 '분야의 차이'를 드러낸다. 최정희는 여성의 비주체성을 역할과 지위의 문제에서 찾았고, 장아이링은 세계관의 문제에서 찾았다. 이 점은 여성인물들이 구시대적 관습(억압)에 저항할 때 서로 다른 방식으로 임하게 되는 조건이 된다. 두 작가에게 있어서 구체성의 방향은 1950년대에 '기초개념' 층위에 관심을 갖게 하는 역할을 했다. '기초개념'은 더 구체적, 혹은 실제적인 문제이기 때문이다.

2) 구시대적 억압에 대한 거부 방식

최정희와 장아이링은 여성문제에 있어서 더 구체적으로 주목한 것으로 그치지 않고, 구체적이고 섬세한 억압들을 포착함으로써 구시대적 억압에 대한 저항을 표출하였다.

해방 직후 최정희가 발표한 작품들은 발표 연도에 따라 전반기와 후반기로 나누어 볼 수 있다.[53] 전반기에 발표된 「점례」, 「풍류잡히는 마을」, 「베갯모」에서는 여성문제를 일차적으로 바라보고 비판하는 동시에 해방이 되어서도 조금도 나아지지 않는 사회 현실과 미군정(외부위험)을 비판하였다. 이렇게 사회문제에 한층 더 관심을 기울인 이유는 해방 이후 역사의식을 증명해야 하는 사회적 분위기와 스스로의 욕구(해방감), 꿈꾸었던 세상에 대한 반성에 있을 것이다.[54] 이 시기 소작농은 지주와 미군의 이중 억압을 받았다. 여성은 또 소작농 중에서도 가장 큰 피해자였다. 이처럼 여성이 가장 큰 피해자임을 드러내는 과정에는 구체적이고 심층적인 '박탈'에 대한 문제인식이 필요하게 된다. 그래서 최정희는 전반기를 거치면서 '본능'의 박탈문제로 집중하기 시작하는데 그 시발점이 「청량리역 근처」가 된다. 이 작품에서 정거장 창고 안의 숯을 훔쳐내는 소녀들을 주인이 결사적으로 쫓아가서 그 중의 한 소녀를 붙잡는데, 주인은 잡힌 소녀

53 전반기:
「점례」, 『문화』, 1947.4.
「풍류잡히는 마을」, 『백민』, 1947.9.
「베갯모」, 『대조』, 1947.11.
후반기:
「청량리역 근처」, 『백민』, 1947.11.
「우물치는 풍경」, 『신세대』, 1948.2~5.
「수탉」, 『평화신문』, 1949.8.
(「베갯모」와 「청량리역 근처」가 발표 연도는 같으나 쓰인 시기가 「베겟모」는 1947년 6월, 「청량리역 근처」는 1947년 9월이라 각각 전반기와 후반기로 분리시켰다.)

54 해방 직후 발표한 소설에 대해 최정희는 다음과 같이 설명하고 있다. "해방이 되었다고는 하나 농민들에게 아직도 사슬은 매인 채로, 굶주리고 헐벗고 하는 참상을 그대로 보고 있을 수가 없어서 쓴 것이다. 내가 여기 와서 그들과 한가지로 살고 있으면서, 내 눈앞에 또렷한 비참한 사실을 목도하면서, 그것들을 보아가는 사이에 내 피가 뛰고 내 붓대가 가만있으려 들지 않는 것을 내가 어떻게 적지 않고 있을 것이냐 말이다."
최정희, 「나의 문학생활자서」, 『백민』, 1948.3, 47쪽.

를 큰 행길로 끌어가지고 뒷덜미를 함부로 쥐어박으며 둘러 선 사람들더러 호소하는 것이었다. 그러던 중 한 신사가 나와서 "노형, 그만 합시다. 내가 얘더러 잘했단건 아니오. 배가 고프니 그런 짓두 했을 게오. 잘먹고 잘입고 학교랑 다님사 그런 짓을 하람 할거요?"라고 관용적 판결을 희망한다. 배고픔 때문에 도둑질할 수밖에 없는 여성의 기초적 욕구의 정당성을 주장하는 것이다.

뒤이어 발표된 「우물치는 풍경」을 보면 우물 치는 날, 마을의 처녀총각들이 모두 한자리에 모이게 되었다. 40호밖에 안 되는 조그만 마을에 처녀총각들이 많은 이유는 "딸 가진 자는 한 식구래도 줄이고저 치울 데를 물색하지만 아들 가진 자는 당장 급한데 한 식구 더 늘린다는 일이 무섭"기 때문이다. 가난한 처지에 놓인 청년들은 혼인조차 하지 못하고 있다. 이러한 처지와는 대조되게 우물 앞에 모인 처녀와 총각들은 서로를 향한 이끌림을 보인다.

> 총각들두 짬을 타서 뒷눈길을 합니다. 총각축에는 홍식이 봉수 꼬맹이 덕균이 석윤이 복길이 등 여럿입니다.
>
> 조그만 마을에 처녀 총각이 많기도 하다고 하실 것입니다.
>
> 처녀 총각이 많은 데는 까닭이 있습니다. 여기서 나는 당신에게 그 까닭을 미리부터 아뢰기는 싫습니다.
>
> 연순이 동분이 등 처녀들은 총각들이 그러는 양이 아주 미운 것은 아닌가 봐요. 쫑알거리긴 하면서도 그들과 눈이 마주치울 양이면 봉선화처럼 빨개지는 얼굴을 푹 숙여 버립니다.[55]

처녀들이 몰래 총각들에게 눈빛을 주는 것은 사회적 통념으로 말

---

55 최정희, 「우물치는 풍경」, 『최정희선집』, 어문각, 1974, 503~504쪽.

미암아 본능이 가로막히고 있기 때문이다. 마냥 싫지는 않지만 얼굴이 빨개지면서도 몰래 총각들과 눈빛을 교환하는 것은 본능의 세계를 강조하고자 한 것일 수 있다. 또한 우물은 여성의 성적 공간, 본능적 공간의 상징이라고 할 수 있다. 우물고사를 지내기도 전에 굶주림으로 인해 빵과 술을 먼저 먹거나, 땅 때문에 여자들이 몸싸움이 벌어지는 등 농촌의 처참한 현실을 고발하면서도 여성의 본능의 세계에 대한 긍정은 강조하고 있다. 이렇게 더욱 구체적이고 심도 있는 억압된 여성 본능에 대한 긍정은 그 다음에 발표된 「수탉」에서 완성도 있게 나타난다.

「수탉」에서 스물여덟 살의 연순이는 나이 예순의 윤한승 노인과 결혼해 성적 억압과 계급적 억압을 한꺼번에 받는 대표적 존재이다. 윤한승네는 힘없는 수탉과 암탉을 기르고 있는데, 앞집의 젊은 이봉네 수탉은 자주 윤한승네 울타리로 넘어와서 암탉을 꿰차고 간다. 암탉이 이봉네 수탉을 따라가는 것은 여주인공의 선택적 성욕에 대한 긍정이라고 볼 수 있다. 인간의 내면에 존재하고 있는 원초적인 욕구인 성욕을 닭이라는 매개체의 행위를 통해서 암시하는 것이다. 윤한승은 아내를 보내서 암탉을 몰아가지고 오라고 당부하지만, 아내는 이봉네게로 나가더니 이내 돌아오지 않는다. "몰아가지고 가야 쓸데없어. 수탉이 제 구실을 해야 예편네를 거느리지……호호호" 하고 옆집 노파는 이봉이와 수다 떨고 있고 연순이는 닭을 몰던 몽둥이를 쥔 채 서서 그들의 하는 말을 멍하니 듣고 있는 것이다. 울타리 구멍을 통하여 보고 있는 윤한승 노인은 불안해서 어찌할 바를 모른다. 연순이의 (성적) 본능이 이봉이에게 끌리고 있는 '자연의 법칙'과 그것을 억누르려고 하는 윤한승의 '인간의 법칙'이 대립하고 있는 상황이다. 하지만 '자연의 법칙'이 우세하다는 분위기를 조성하기 위해 소설에서는 주변 환경을 환기시키고 있다. 윤한승에게 이상한 꿈을 꾸게 한 것은 이봉네 수탉도 아니고 이봉이도 아니고 연순이도 아무도 아니고 "금세 보고 있는 사이에 한 치씩 무럭무럭 자라가는 옥수수, 호박, 오이, 강낭콩 이것들—천지—의 조화였던지도 모르겠다"는 것은 '자연의 법칙'을 긍정하는 뜻을 나타내고 있다. 이는 곧 성적 본능에 대한 긍정이다. 인간의 성적 본능은 자연의 법칙, 자연 번식 앞에서 긍정되어야 한다는 것이다.

이렇게 최정희는 후반기에 들어서서 여성의 본능의 문제에 집중하는데, 기초적 욕구, 성적 욕구에 대한 긍정을 보여주었다. 이는 여성의 본능이 수동적 역할을 부여받음으로써 남성의 본능이 능동적 역할을 부여받는 것에 비해 억압되고 있음을 비판하는 것이다. 또한 성욕의 인정, 개방의 문제는 유교적 전통의 전근대성에 도전하는 거친 기제라고 할 수 있다. 이것을 통해서 남성세계・구시대적 억압에 대한 거부를 표시한다.

한편 장아이링의 「위진샹」을 보면 첫째 도련님 바우추가 쉬저우(徐州) 은행에 직장을 구하게 되어 떠나기 전에 진샹에게 약속을 한다. 쉬저우에서 안정될 때까지, 그때까지만 자신을 기다리라는 것이다. 진샹은 울면서 그건 안 될 일이라고 하지만 바오추는 자신이 자립할 수 있을 때까지만 기다리라고 당부한다. 하지만 바오추는 떠난 후 편지 한 통 없었고 나중에 결혼해버렸다. 진샹은 도련님에 대한 불가능한 기다림, 순종적인 기다림을 끊어버리고 바오추보다 먼저 결혼하였다. 그리고 그 집에서 나와 아예 숨어서 나타나지 않았다. 그녀는 자신이 좋아하는 대상을 포기함으로써 주체성을 찾아가는 것이다.

「너무 미워」에서 표면적으로 봤을 때, 지아인은 자신의 힘으로 생활해나갈 수 있지만 구시대적 윤리체계의 속박에 묶여서 벗어날 수 없으며 자신의 행복을 찾을 수 없다. 또한 지아인이 구시대적 윤리

체계 앞에서 나약하고 무기력한 것으로 판단할 수 있다.[56]

지아인은 친한 동창 시위쥐엔(秀娟)과 가족환경의 격차가 심하지만 열등감과 가련함을 느끼지 않는다. 깨진 보온병, 한 쪽이 내려앉은 바닥, 공용화장실, 하나밖에 없는 공기와 우그러진 그릇 등 그녀가 거주하는 곳의 시설을 통해 생활의 고단함을 알 수 있으며, 이것을 통해서 꿋꿋하게 살아가는 강인한 성격을 엿볼 수 있다. 그녀는 부유한 상인 샤중위와 연애하지만 그를 의지하여 생활하려는 생각은 없다.

> 그가 손수건을 꺼내 그녀의 눈물을 닦아주었지만 그녀가 이내 몸을 피했다. 그가 말했다.
>
> "내 손수건으로 닦는 게 뭐가 어때서 그래요?"
>
> 하지만 그녀는 그의 말에도 불구하고 손수건을 핑계로 자리를 피했다.[57]

지아인의 평소의 자연스런 행동에서 그녀의 자립이 더욱 부각된다. 그녀는 이혼당할까봐 두려워하고 온갖 타협을 통하여 동정을 쟁취하려는 샤부인과는 선명한 대조를 이룬다. 샤부인은 심지어 지아인을 첩으로 들이는 일도 마다하지 않는다.

> "흑흑……. 그이와 이혼만 안 할 수 있다면 뭘 못하겠어요?"[58]

---

56 梁颂宇, 「相似的故事, 不同的命运 - 「多少很」与「简 · 爱」之比较」, 『广西大学学报』 第31卷, 2009, 222쪽.

57 "他掏出手绢子来帮她揩眼泪, 她却一味躲闪着. 他说: '就拿我这个擦擦有什么关系?' 然而她还是借着找手绢子跑开了."
张爱玲, 「多少恨」, 『红玫瑰与白玫瑰』, 北京十月文艺出版社, 2012, 275쪽.

58 "'嗐, 只要他不跟我离婚, 我什么都肯!'"

"폐일언하고 내가 아픈 환자이니만큼 다른 일은 아무것도 상관 안 할 테니 이 집 사람이 되려거든 그이에게 이혼은 안 해도 된다고 설득하세요. (…중략…) 위 선생, 얼마 살지도 못할 사람이 조강지처니 뭐니 그런 명분을 탐내서 뭐하겠어요. 하지만 같이 살지는 않더라도 남편과 아이가 있다면 설사 내가 죽을 때 내 눈앞에 나타나지는 않는다 해도 마음이 좀 편할 것 같아요. 안 그러면 사람들이 나 죽고 나서 뭐라고 떠들겠어요? 어떻게 결혼한 여자가 죽어서 갈 곳도 없냐며 절 떠돌이 영혼이라고 비웃지들 않겠어요?"[59]

그녀의 사랑은 독립적인 인격의 기초 위에 있는 것이고,[60] 종국에는 여성의 독립인격에 대한 찬양을 나타냈다.[61] 그녀가 떠나가는 것은 양심의 가책을 받지 않는 자존심과 인격 모욕을 받지 않는 자존심을 수호[62]하기 위한 것도 있지만, 엄밀히 말하면 기성세대로부터 대물림되는 억압을 끊고자 자신의 사랑을 억압한 것이다. 자신이 아버지한테 받은 상처를 똑같이 샤오민한테 대물림하려고 하지 않는

张爱玲, 「多少恨」, 위의 책, 281쪽.

59 "'我现在别的不说了, 总算我有病 - 你就是要进来, 只要你劝他别跟我离婚, 别的事情我什么都不管好了! …… 虞小姐, 本来我人都要死了, 还贪图这个名分做什么? 不过我总想着, 虽然不住在一起, 到底我有个丈夫, 有个孩子, 我死的时候, 虽然他们不在我面前, 我心里也还好一点. 要不然, 给人家说起来, 一个女人给人家休出去的, 死了还做一个无家之鬼'"
张爱玲, 「多少恨」, 위의 책, 283~284쪽.

60 肖媛, 「出走的恨 - 从张爱玲小说「多少很」想到的」, 『中山大学学报论丛』 第26卷 第10期, 2006, 116쪽.

61 姚昌美, 「张爱玲小说中的几种女性形象剖析」, 『湖南科技学院学抱』 第26卷 第1期, 2005, 231쪽.

62 肖媛, 위의 글, 116쪽.
姚昌美, 위의 글, 231쪽.
张迅, 「「半生缘」, 「多少很」中的情感诠释」, 『忻州师范学院学报』 第24卷 第6期, 2008, 34쪽.

것이다. 지아인이 샤먼(夏門)으로 떠남으로써 일차적으로 남자를 거부한 셈이 되겠지만, 이차적으로는 남자의 재혼 혹은 남자의 가정에 편입되는 것을 거부한 것이었다. 남자의 가정에 편입되면 본처에 대한 슬픔을 짊어져야 하고, 자신의 유년과 동일한 경험을 하게 되는 아이의 슬픔을 짊어져야 하기 때문이다. 이 같은 이차적 해석에서의 거부는 남성적 세계에 편입되는 것에 대한 거부이자 동시에 고리 끊기의 행위가 된다. 아이는 대물림의 고리를 상징한다. 지아인이 아이에게 자신의 유년을 투영하고 있기 때문이다. 지아인의 어머니는 재혼을 못했고 남성들만 재혼하고 여러 여자들을 만난다는 상황 설정 자체는 남성의 자유연애에만 관대한 남성적 세계관에 대한 비판을 담고 있기도 하다.

「위진샹」의 진샹, 「너무 미워」에서의 지아인은 모두 남자와의 사랑은 거부하지 않았다. 그녀들은 남자와 사랑하는 삶을 거부한 것이었다. 그 삶은 구시대적 억압에 의해 고생하는 삶이기 때문이다. 남성적 세계(관)로의 편입문제를 저울질한 결과 그녀들은 모두 자신이 좋아하는 대상을 포기함으로써, 자기를 억압함으로써 구시대적 억압에 대한 저항을 표출하였다.

이상 최정희와 장아이링의 작품을 살펴본 결과 우리는 또 하나의 현상을 발견할 수 있다. 1945년 이전의 소설에서 여성인물에게 두드러지게 나타나던 히스테리 현상이 사라진 것이다. 식민지시기 최정희 소설에서의 여성 인물들은 남편에 의해, 사회적 제도에 의해 자신을 주체하지 못하는 히스테리 증세를 보여준다. 그녀들은 자식을 구타하거나 히스테리적인 폭력을 휘두름으로써 반모성성을 연출하고 있었다. 모성에 의한 사랑의 박탈이 커질수록 히스테리 증세가 심해져가기도 한다. 또한 남편의 방을 향하여 광기에 가까운 방화를 저지르기도 한다. 그녀들이 행하는 히스테리는 일제강점기 가부장제도의 희생자로만 남지 않으려 하며 일종의 저항을 표출하는 상징이기도 하다. 그러나 해방을 맞이하면서 최정희는 전반기에 꿈꾸었던 세계의 붕괴로 사회적 문제를 강화하였고 후반기에 들어서서 여성문제의 구체화를 시도하였다. 작가는 여성문제에서 본능의 세계에 주목하였기에 여성 인물들에게서는 히스테리 현상이 발생할 수 없었다. 식민지시기에 최정희가 바라본 여성 억압의 양상은 감옥에 비유될 수 있을 만큼 폐쇄된 것이었고 따라서 구체성도 필요도 없는 분명한 것이었기에 여성인물에게 분명한 부정의 의사를 표출시킨 것이다. 최정희에게 있어서 히스테리는 감옥과 같은 폐쇄성에 대한 반동이었다. 본능의 박탈문제는 '감옥'과 같은 직접 억압의 문제가 아니라 상대적으로 간접적 문제인 것이기에 최정희는 굳이 히스테리를 사용하지 않은 것이다. 장아이링의 1945년 이전 소설에서는 여성 인물이 분명한 대상이 아닌 여러 대상을 향하여 무차별적으로 히스테리를 부렸고 그것이 자기파멸적이기까지 하였다. 자기파괴적이기까지 한 것은 여성의 내면에 무의식적으로 관념문제가 내재되어 있기 때문이다. 그러나 일제가 물러간 후 장아이링은 친일파와의 연애로 죄의식을 느꼈을 것이고 이 때문에 문제비판을 강하게 할 수 없어서 소설에서 여성인물의 히스테리 현상이 줄어든 것으로 보인다. 당시 장아이링은 후란청의 신분을 알고 연애를 시작하였고 결혼까지 하였으며, 그 과정에 경제적 · 사회적 이익도 따라서 얻었을 것이다. 이와 관련된 죄의식 문제는 소설에서도 드러난다.

> 지아인이 부친의 손을 뿌리치고는 침대 위에 쓰러진 채 흐느꼈다. 침대 쪽으로 걸어온 부친이 말했다.
>
> "소실을 사랑하지 않는 남자가 어디 있고, 자기 부인을 사랑하는 남자가 세상에 어디 있느냐? 남자 마음을 남자인 내가 모르면 누가 알겠느

냐? 너희 새엄마도 정식 혼인을 올리지 않고 지금껏 살았으면 아마 지금까지 사랑할지도 모르지!"

지아인이 갑자기 소리를 버럭 질렀다.[63]

'이렇게 기다리면 되는 거야……. 그리 오래 기다리지 않아도 될지 몰라. 하지만 그렇기 때문에 떠나야 해! 당장 떠나야만 해. 내가 떠났다는 소식을 듣기만 해도 병세가 금세 호전될지도 몰라. 그리고 오래 살 수도 있을 거야.'[64]

「너무 미워」에서 지아인이 샤중위와 사랑에 빠지면서 행복해할 때 지아인의 부친이 나타나고 그녀에게 새엄마 얘기를 하며 두 사람의 결합을 부추긴다. 아버지의 출현과 그의 얘기는 지아인에게 자신이 똑같이 '새엄마' 역할을 하고 있다는 것을 감지하게 한다. 지아인의 존재로 샤중위의 부인은 병세가 가중되어 병원에 실려 가기도 한다. 결국 그녀는 샤중위와의 사랑을 포기하고 떠나버리게 되는데, 그 이유 중의 하나는 한 가정을 파탄시킬 수 있고 샤부인의 병세를 가중시킬 수 있다는 죄의식 때문이다. 「위진샹」의 경우 바오추가 지방 은행으로 가기 전 진샹한테 직장생활이 안정이 되면 그때 데려오겠다고 약속한다. 하지만 진샹은 울면서 "그렇게 될 수가 없을거예요.", "제가 약속하지 않는 것이 아니라 그렇게 될 수 없다는 것을 알고

---

63 "家茵挣脱了手, 跑了去倒在床上大哭, 虞老先生又跟过去坐在床上, 道: '哪个男人不喜欢姨太太! 哪个男人是喜欢太太的! 我是男人我还不知道么? 就是我后来娶的那个, 我要是没跟她正式结婚, 也许我现在还喜欢她呢!' 家茵突然叫出声来"
张爱玲, 「多少恨」, 『红玫瑰与白玫瑰』, 北京十月文艺出版社, 2012, 287쪽.

64 "'这就等着了. 也许等不长了. - 可是, 正因为这样, 你更应当走, 赶紧走, 她听见了, 会马上好些, 也许可以活下去.'"
张爱玲, 「多少恨」, 위의 책, 286쪽.

있기 때문이에요."라고 바로 거절한다. 진샹은 도련님보다 먼저 결혼하고는 숨어버린다. 여자주인공에게 스스로 사랑을 포기하게 하는 것은 작가의 죄의식의 발현일 것이다.

또한 「너무 미워」에서 지아인은 중위와의 결혼이 성사되면 중위의 딸 샤오만은 자신과 똑같이 될 것이라는 것을 짐작한다. 즉 자신이 모친을 버리고 다른 여자와 결혼한 아버지를 증오하는 것처럼 샤오만은 똑같이 중위를 증오하게 될 것이다. 지아인은 기성세대의 억압으로 자신의 사랑을 실현할 수 없어서 떠나버린다. 지아인은 구시대적 세계관에 편입되어 있다. 「위진샹」에서 하녀 진샹이 첫째 도련님 바오추와의 존중받는 형태의 사랑에서는 여성의 사랑의 승인, 인정 문제가 제기되지 않고 구시대적으로 억압 받는 형태의 사랑에서만 제기된다. 이런 전개는 여성이 구시대적 세계관, 남성적 세계관에 편입되어 있다는 것을 확인하게 한다. 장아이링이 편입문제에 집중한 것은 당시 후란청에게 편입되어 어쩔 수 없었던 친일의 죄라는 변명을 하기 위한 수단으로써 작용한다.

일제가 물러난 후 장아이링은 후란청과 이혼함으로써 남편으로부터 일종의 해방감을 느꼈을 것이다. 즉 남편으로부터 받았던 억압이 사라졌을 것이다. 해방감으로 인해 소설에서의 히스테리 현상이 줄어들었을 수 있다.

최정희는 구시대적 억압에 대한 거부와 저항으로 여성의 (성적) 본능을 긍정하는 것을 보여준다. 한편 장아이링은 구시대적 억압에 대한 거부와 저항의 방식으로 여성이 자기 억압하는 것을 보여준다. 최정희는 개인 혹은 집단의 본능을 긍정함으로써 여성 전체의 본능을 긍정하는 방식을 취한 것이고, 장아이링은 개인을 희생시킴으로써 여성 전체를 해방시킨 것이다. 장아이링의 여성인물의 남성적 세계관에 대한 거부는 곧 관념에 대한 거부를 의미하며, 그 관념에 동일하게 노출되어 있는 모든 여성을 해방시키고자 하는 의미를 담고 있다. 즉 최정희의 여성인물은 여성 공동의 운명을 부여 받고, 장아이링의 여성인물은 공동의 운명에서 이탈하는 선택을 한다. 이는 두 작가의 작품 속 여성인물의 집단적 성향, 개인적 성향의 차이를 드러낸다. 이 같은 차이는 두 작가가 저항하려는 비주체성의 분야가 달랐기 때문에 발생한 것이다. 즉 비주체성에 관한 '분야의 차이'가 결국 거부의 방식을 달리하는 계기로 작용했고 거부의 방식 차이는 집단성, 개인성의 차이까지 연결되어 나타난다. 이 같은 집단성, 개인성에 대한 두 작가의 차이는 1950년대 작품에 직접적으로 나타난다.

3. 1950년대: 이중적 여성문제에 대한 우회적 접근

최정희와 장아이링은 이 시기에 들어서면서 모두 장편소설로의 이행을 시도했는데, 이 시기에 발표된 장편소설들은 이전 작품들에 비해 언어 풍격이라든지 소재 선택, 미학적 측면에서 모두 사뭇 다른 양상을 보이고 있다. 한국의 1950년대는 민족사적 비극인 6.25 전쟁으로 시작되었다. 해방 후 한반도는 미 · 소 냉전이데올로기에 휩싸였다. 남한은 단독으로 1948년 8월 15일 대한민국 정부를 수립했고 북한 역시 같은 해 9월 9일 북한만의 정부를 수립했다. 이후 양 진영의 갈등이 점차 고조되었고 6.25 전쟁이 일어났다. 남한은 미국에 의한, 북한은 소련에 의한 일종의 대리전을 치렀고 이 전쟁은 1953년 7월 27일 휴전으로 끝이 난다.

전쟁은 남과 북 양쪽 진영에 상처와 충격을 남겼다. 최정희의 작품에도 이에 대한 인식과 반영이 담겨 있다. 최정희는 전쟁 직후의 폐허와 이념투쟁역사의 종결을 의식하여 이념이 반복적으로 교체되는 비고정적인 현상을 상징을 통해 작품에 담아내고 있다. 그 과정에서 남성을 국가·역사·이데올로기라는 거대 서사로 상징시켰다. 반면 소설 속 여성은 남성의 거대서사에 참여하지 않는다. 이 시기 최정희의 소설에는 남성의 역사와 여성문제가 각각 개별적으로 담긴 이중구조를 띠는 것이다.

전쟁으로 인해 파생되는 사회적 아노미 현상은 최정희에게 기존의 젠더에 관한 재인식을 하게 만드는 계기가 되었을 것이다. 최정희가 젠더에 대해 좀 더 구체적으로 문제를 찾기 시작했으며 젠더의 기초적 관념들을 검토하기 시작했다는 것은 작품의 내용과 형식의 큰 변화라는 측면에서 확인된다. 이와 같은 복잡하고 많은 내용을 담아내려면 짧은 편폭으로는 역부족이어서 장편소설을 쓸 수밖에 없었을 것이다.

가족사적인 면에서 최정희에게 6.25는 큰 상처를 남겼다. 남동생은 행방불명되었고 여동생인 소설가 최정원은 남편인 이갑기를 따라 월북하였으며, 부군인 김동환이 납북되었다. 김동환의 납북 이후 최정희는 홀로 집안을 책임져야 했다. 이 시기에 최정희는 어머니를 모시며 세 남매의 학비를 책임지는 등의 경제문제를 해결하기 위해 많은 양의 작품을 쓴 것으로 보인다. 그는 일종의 '생계형 글쓰기'를 해야만 했던 것이다.

큰 아이가 學徒兵으로 갔다가 돌아와서 學校에 다시 가게 되면서부터 내게 負擔이 많아졌다. 밥짓기와 빨래하는 일만 해도 힘이 더 드는 위에 또 아이로 해서 돈이 더 必要하게 된다. 작은 것들 둘만 데리고 있을 때보다 倍額이 필요한 것이다. 必要한 倍額을 위해서 나는 부지런히 글을 쓰지 않을 수 없다. 새벽이라야만 쓰던 관습조차 버리고 낮에도 쓰고 초저녁에도 쓰고 아무튼 아무 때나 쓰게 되었다.

> 短篇만 써가지고는 도저히 되지 않는다. 단편 하나를 쓰자면 열흘도 걸리고 한달도 걸리고 一年도 걸리고 혹은 三年도 걸리는데 三年도 걸려도 끝내 쓰지 못하는 경우도 있는데, 그걸 써가지고선 안된다. 혹시 열흘이나 그보다 더 짧은 時日에 쓴다고 하더라도 단편 한 편의 原稿料가 긴 것이고 보면 七千圓이나 팔천원 정도요 짧은 것은 그 이하의 액수다. 그래서 아무 글이나 마구 쓰게 된다.[65]

생계를 위해 최정희는 온갖 종류의 청탁을 받아야 했고 원고료가 더 많이 나오는 장편을 쓰기 시작했으며 전쟁이 남긴 상처를 글쓰기를 통해 극복하고자 한 점도 있을 것이다.

중국은 1945년 항전에서 승리하자 이어 국공전쟁이 발발되었다. 1949년 10월 1일 공산당의 승리로 중화인민공화국이 성립되었다. 중국은 공산혁명을 성공시킨 후 신중국 건설에 박차를 가했다. 중국공산당은 기존의 사회구조를 변혁하고 실정에 부합되지 않는 일련의 경제정책을 실시하였으며 사회 각 계층에서는 사상을 개조하기 위해 "비평과 자아비평"을 하였다. 문학에서는 공산당을 긍정하거나 선전하는 내용의 작품들이 나오기 시작했다. 1950년 「제1차 문학예술계대표대회(第一次文學藝術界代表大會)」에 장아이링도 대표 자격으로 참석함으로써 공산당에서 요구하는 것에 대해 확실히 인지한 것으로 보인다.[66] 장아이링은 문학계의 주요 인물이었던 샤옌(夏衍)의 눈에 띄었다. 샤옌에게 그 재능을 높이 평가받음으로써 장아이링은 『역보(亦報)』에 소설을 발표하게 된다. 당시 이 신문은 독자를 끌어들이기 위해 일반적으로 연재소설을 많이 실었다. 1년 넘는 기간 동안 작품

65 최정희, 「원손」, 1954.12, 『젊은날의 증언』, 육민사, 1962, 76~77쪽.

66 余斌, 「乍暖还寒『十八春』」, 『张爱玲传』, 南京大学出版社, 2007, 303쪽.

활동이 중단되었던 장아이링은 이 기회를 빌어 독자들의 관심을 끌기 위해서 1950년 3월부터 1951년까지 장편소설 『십팔춘(十八春)』을 연재하게 되었다. 이 첫 번째 장편소설은 장아이링이 공산당을 얼마나 의식하고 있었는지를 잘 보여준다. 이전의 장아이링은 이념에 관심을 두지 않았었지만 『십팔춘』에서의 장아이링은 정치적 성향을 보인다. 작품의 사회주의의 미래에 대한 긍정적 시선과 노골적인 희망이 그 정치적 성향에 해당한다. 그러나 사회주의를 찬양하는 이 소설은 결국 실패로 끝난다. 당시 그녀의 작품에 등장하는 시대의식, 사회주의 찬양이 예전 그녀의 작품에 짙게 깔려 있던 '처량감'과 너무 다른 것이기 때문이다. 그리고 이 당시 그녀는 중국사회와 부합하는 작품을 써낼 수 없는 자신을 발견했을 것으로 보인다. 1952년 7월 홍콩대학 복학신청이 받아들여지자 장아이링은 문학적 무대였던 상하이를 떠나 홍콩으로 가게 된다. 미국신문사 홍콩지사에서 일하게 되는데, 이 시기에 『앙가(秧歌)』(1954)와 『적지지련(赤地之戀)』(1954)을 발표하게 된다. 이 두 작품은 모두 미국신문사의 위탁을 받고 창작한 것이었다. 특히 『적지지련』은 이야기의 줄거리가 이미 주어져 있었다. 『앙가』와 『적지지련』은 공산당의 문제를 비판하는 내용을 담고 있다. 공산당을 강하게 비판함으로써 자유진영을 긍정하는 내용을 담고 있는 이 두 소설이 논쟁의 중심이 되며 주목을 받게 되었다. 장아이링은 얼마 지나지 않아 미국으로 떠난다. 장아이링이 홍콩을 떠나 미국으로 간 것은 중국 대륙에서부터 이미 계획한 것이었지만 홍콩에서의 감시와 억압도 관여되어 있을 가능성이 있다. 이를 염두에 두면 위의 두 소설이 지나치게 주목을 받는 것에 장아이링이 심적 압박을 느꼈음을 추측할 수 있다.

장아이링은 독자들의 주목을 받기 위해서 신문에 연재하는 형식으로 장편소설을 창작하기 시작하였다. 그녀는 억압이 제일 심할 때 장편소설을 발표하였다. 1960년대에도 장편을 썼지만 그것은 창작이 아닌 예전 소설을 개작한 것이었다. 새 중국에 적응하기 위해서, 다시 말하면 사회주의에 의한 압력을 느껴서 사회주의에 대한 밝은 전망을 담아내려고 하였고 자기만의 내용도 써야 되었다. 홍콩으로 간 후에는 또 자유주의에 의한 압력을 느껴야 했다. 그래서 외부 압력에 의해 그들의 취향에 맞는 글과 작품 내적 욕망을 담아내고 있기에 긴 편폭이 될 수밖에 없었다.

1) 이중구조를 통한 여성에의 접근

(1) 기초의식 층위의 여성문제

이 시기에 들어서서 최정희와 장아이링은 모두 여성문제에 접근하는 방식에서 이중구조, 즉 1차와 2차의 배치를 활용하고 있다. 이들은 기존의 의식구조와 여타의 개념적 틀을 뒤집음으로써 새로운 문제제기를 한다. 이들이 제시하는 1차적 · 표층적 의미를 낯익은 것으로 볼 때, 2차적 · 심층적 의미는 낯선 것이라 볼 수 있다. 이렇게 이들의 작품에는 낯익은 것과 낯선 것이 공존하는 이중구조가 형성되고 있다.

최정희의 첫 번째 장편소설 『녹색의 문』은 한국 전쟁 중인 1953년 『서울신문』에 연재한 작품으로 그 시대적 배경은 일제 말에서 해방기에 이른다. 이 작품의 속편인 『흑의의 여인』은 잡지 『여원』(1955)에 발표되는데, 단행본으로 묶일 때는 『속 · 녹색의 문』으로 변경되어 나왔다. 『녹색의 문』의 시간적 배경에는 일제 말기부터 신탁통치 시기에까지 이른다. 여주인공 유보화는 어릴 때부터 아버지의 사랑을 많이 받고 자랐다. 시와 그림을 즐기는 전직 중학교 역사 선생님인 아버지는 "…우리 보화는 하늘에 문 달린 집에나 시집을 보내야

지. 지상에 보낼 데가 없다."고 늘 딸에게 말한다. 이로 인해 "…하늘에 문 달린 집 보리밭처럼 푸른 문 안에 살고 있는 어느 나라 왕자와 같은 눈이 서늘한 그런 남자"가 점차 보화의 이상형으로 자리잡게 된다. 그래서 중학교 시절 키가 작지만 하늘빛처럼 서늘한 눈을 가진 미술 선생님을 사모한다. 그러나 끝내 마음을 고백하지 못한 채 동경유학을 떠난다. 거기서 그녀는 미술 선생님한테 한 번 인사편지를 보내나 아주 간단한 회신이 돌아오니 실망을 감추지 못한다. 그러다가 보화는 눈은 예쁘지 않지만 키가 큰 김영서를 우연히 만나게 된다. 김영서가 자기 양 어깨를 꾹 눌러 앉히던 꿈을 꾸고 나면서부터 보화는 그를 만나보고 싶어 하고 그의 강렬한 손자국이 남아 있는 듯한 양 어깨에 손을 얹어 어루만져 보는 일이 여러 번 있었던 것이다. 두 사람은 연인 사이로 발전하지만 보화 아버지의 갑작스런 별세 소식으로 보화는 귀국을 하게 된다. 김영서와의 연락도 끊이지게 되는데 보화는 그의 소식을 알아보려고 그의 친구이자 차순의 옛 애인인 이상배를 찾아간다. 그러나 이상배에게 겁탈을 당하고 임신하게 되자 어쩔 수 없는 결혼을 한다. 보화는 이상배를 "생각하지 않기 위해서, 싫은 사람과 떨어져 있기 위해" 일을 하고 더 나아가 남편을 혼자 서울에 남겨둔 채 시댁에 내려가 있기도 한다. 해방이 되자 이상배는 일제시대 때 군청 병사계에 근무한 전력으로 구타를 당하여 병인이 되고 그 후유증으로 죽음에 이른다. 임종 직전 재혼하지 말아달라는 유언을 남긴다. 남편이 떠나자 "맞지 않는 사람과의 관련, 그것처럼 슬프구 싫었던" 보화는 자신을 진심을 다해 좋아해 주었던 사람이 바로 이상배라는 사실을 깨닫는다. 해방 후 보화는 김영서와 재회하는데, 그는 딴 사람이 되어 있었다.

한편 중학교 시절 보화와 같이 하숙집에서 생활했던 윗학년 언니 도영혜는 윗방 학생 김영서의 키 큰 모습에 반하였다. 사립 C중학

5학년에 재학 중인 김영서는 일본제국주의에 저항해 스트라이크를 주동하는 민족주의자이다. 도영혜는 그의 행동에 반해 학교에서 스트라이크를 벌일 계획을 하지만 사전에 발각되고 만다. 김영서가 도일하자 일본에까지 쫓아가서 애정공세를 벌인다. 그러나 그에게 도영혜는 하룻밤 욕망의 대상에 불과했다. 김영서의 아이를 낳은 도영혜는 여러 남자를 전전하면서 해방이 되자 공산주의자 성완수를 만난다. 그러나 성완수는 혼자 월북하고 남겨진 도영혜는 간첩으로 몰려 재판장에 서게 된다. 이 처벌은 애국적인 기상을 지닌 열렬한 민족주의자로 해방이 되자 임정간부이자 검사가 된 김영서에 의해 이루어진다. 그는 자신 때문에 불행해진 도영혜와 그 아들의 존재를 부정할 뿐만 아니라 더 많은 죄과를 부여하기 위해 애를 쓰는 모습 등 비정한 태도만을 보여준다. 보화는 도영혜를 변호해 주기 위하여 재판정에 올라섰다. 그 결과 도영혜의 징역은 15년에서 7년으로 줄게 되었다. 그리고 보화는 "저 일을 하겠어요. 공허할 때 하는 일처럼 일다운 일이 없다고 가르쳐 주신 말씀 기억하고 있어요. 제겐 인제 일만이 남아 있어요."라고 일만 하겠다고 다짐한다.

키는 작지만 하늘빛처럼 서늘한 눈을 가진 미술 선생님, 눈은 예쁘지 않지만 키가 큰 김영서, 성격이 유약한 이상배 등 여러 남자를 거치면서 유보화는 아버지의 말처럼 "하늘의 녹색의 문 안에 있는 왕자"를 생각하면서 남자를 저울질하고 고민한다. 그러나 미술 선생님은 자신한테 이성으로서의 관심이 없고 그렇게 그리워했던 김영서는 육친도 인정하지 않는 비정한 사람이었으며 그토록 싫어했던 이상배는 사실 자신을 진심으로 좋아해 주었던 사람이었다. 보화는 남자에 의해 괴로워하고 남자를 줄곧 판단하지 못하는 혼돈 속에 빠지면서 회의를 느꼈다. 그래서 남자 대신 일만 바라보자고 다짐한다. 겉으로 보면 가부장적인 일면들을 가진 남성이 여성에게 어떤 불만족을 안겨줬기 때문에 여성이 불행해진 것처럼 보인다. 결국 남성에 의해 여성이 불행해진 것이다. 이것은 표층적 의미로 볼 수 있다. 여성은 자신에게 불행을 안겨준 범인을 여러 남자 중에서 찾았다. 그러나 최종적으로 밝혀진 범인은 바로 여성 자신이었다. 남자들에게 경제적으로나 감정적으로 기대었던 자기의 습성과 관념이 범인이자 문제인 것이다. 이것이 심층적 의미가 된다. 자신의 관념 자체가 자신을 고립시키고 억누르는 억압의 기제였음이 드러난다. 최정희는 여성 스스로의 관념에 집중한 것이다.

사회의식 때문에 남자와 실제로 잘 살아야 하고 남자가 있어야 정서적 안정감을 찾을 수 있다는 것을 비판하였다. 사회적 역할에서 파생된 정서적 안정감의 고정관념 추구로서의 사랑을 문제시하였고 남자에게 정서적으로 기대는 것 자체를 비판하였다. 결국 남자를 믿고 그에게 기대는 것 자체가 문제적이고 사실 허상일 뿐이라는 각성이 일어난다. 행복의 요건을 남자에게 기대지 말고 일하는 것으로 '스스로를 통해 스스로를 극복'하자는 것이다. 여기서 여성의 일은 가부장제에 얽매인 종속적인 성격의 노동이 아니라 여성의 개인적 정체성을 확인시키는 의미로서의 일을 뜻한다.[67] 일하는 것으로 경제적 독립, 즉 경제적 안정감을 찾는 것이다. 여기에는 남자에게 기대지 않는 이념적 독립, 즉 정신적 안정감을 찾는 것도 포함된다.

보화는 2부 『흑의의 여인』에서부터 이런 주체적 의식을 스스로 깨닫기 시작한다.

여자의 수난은 남자로 인해서 발생되는 것이라는 생각만이 꼭 찼던

67 김복순, 「소녀의 탄생과 반공주의 서사의 계보」, 『한국근대문학연구』 18호, 2008, 225쪽.

것이다. 그것은 조물주가 천지를 창조할 때부터 미리 마련해 놓은 일인지도 모르나 그러나 유보화는 조물주의 법규(?)를 깨뜨려 가면서까지라도 남자로 인해서 당해야 하는 수난은 받지 않으리라고 이를 악물었던 것이다.[68]

유보화가 이상배에게 겁탈을 당한 후 도영혜를 찾고 그녀의 이야기를 들으면서 자신에게 다짐하는 부분이다. 유보화는 전시체제라는 변명을 하며 결혼식을 비롯해 이상배와 함께 하는 생활 내내 검은색의 옷을 입는다. 이는 꿈에 나타난 김영서의 뜻을 따른 것인데, 표층적으로 "이상배와 결혼은 했지만 여전히 김영서에 대한 사랑을 품고 있음"을 뜻하고, 그래서 이상배와의 결혼생활에서 "스스로를 가사(假死) 상태에 둔다"는 의미이다.[69] 그러나 자세히 보면 이상배가 죽은 뒤 그의 마음을 알아주지 못한 죄책감에 휩싸인 유보화는 임종 직전의 유언대로 따를 것을 다짐할 때도, 김영서의 정체를 알고 난 뒤 일을 하겠다고 다짐할 때도 계속 검은색의 옷을 입었다. 두 남자에 대한 기왕의 판단이 어긋났다는 사실을 알고도 여전히 검은색의 옷을 입는다는 것은 표층적 의미가 설득력을 가지지 못하다는 증거이다. 여기서 '흑의'는 자신에 대한 가상 장례식을 치르는 상징적 장치이다. 즉 남성에게 행복의 기준을 두는 자신을 죽이는 것이다. 그래서 남성에게 기대는 자기 자신의 마음을 떠나보내겠다는 다짐이다. 이것은 심층적 의미에 해당된다. 남성 중심주의의 문화에서 벗어나 새 시대에 대한 희망을 품고 있음을 보여주기도 한다. 겉으로 보기

---

68 최정희, 『녹색의 문』, 『한국대표문학전집』 4, 삼중당, 1974, 723~724쪽.

69 최정아, 「최정희의 『녹색의 문』에 나타난 여성 정체성 탐구 양상」, 『현대소설연구』 44집, 2010, 453쪽.

에는 남자에게 의존적인 것처럼 보이나 매우 깊은 근원에는 자유를 원하고 있는 여성은 장아이링의 『십팔춘』에서도 나타난다.

『십팔춘』에서 꾸 씨 집안은 아버지 한 명의 봉급으로 근근히 생활을 이어나갔다. 아버지는 출판사에서 근무하였다. 그러나 가장의 죽음으로 모든 경제적 책임은 장녀인 꾸만루(顧曼璐)가 떠안게 되었다. 그때부터 일곱 명의 식구들은 그녀에 의해 생계를 유지해가게 된다. 만루가 가정을 유지할 만한 일자리를 얻는 것은 불가능했다. 만루에게는 돈을 벌만한 특별한 기술도 없었고 학력도 고등학교 중퇴에 그쳤다.

> "아버지가 죽자 집안 형편은 말이 아니었어요.…그때 언니는 아직 중학교도 졸업하지 못한 나이였죠. 나가서 돈을 벌고 싶었지만 그녀가 할 수 있는 일이 뭐가 있었겠어요?…할 수 없이 무희가 되었죠. 무희 중엔 괜찮은 사람도 있죠. 그러나 그렇게 하면 대가족을 먹여 살릴 수가 없죠.…어찌되었든 그 길로 들어섰지만 특별히 수단이 좋은 사람이 아닌 다음에야 그 길은 언제나 내리막길이었죠- 언니는 그런 사람도 아니었죠. 사실 언니는 매우 진실하고 순한 사람이죠."[70]

만루는 나이 어리고 예쁘다는 유일한 '장점'으로 창녀의 길에 들어선다. 남성 중심주의가 지배하는 구사회에서 여성이 선택할 수 있는 직업적 한계를 보여준다. '무희'라는 신분은 타인은 물론 여동생 만

70 "我父亲一死, 家里简直不得了. …… 我姐姐那时候中学还没有毕业, 想出去做事, 有什么事是她能做的呢? …… 只有去做舞女. …… 舞女当然也有好的, 可是照那样子, 可养活不了一大家子人呢! …… 反正一走上这条路, 总是一个下坡路, 除非这人是特别有手段的 - 我姐姐呢又不是那种人, 她其实是很忠厚的."
张爱玲, 『十八春』, 『张爱玲文集』 第3卷, 安徽文艺出版社, 1995, 14쪽.

전(曼楨)의 남자친구 스쥔(世鈞)조차 꺼려한다. 그는 만전을 사랑하지만 그녀의 언니는 포용하지 못하며 그녀의 직업을 부끄러워한다.

> 만전은 웃으며 말했다. "내일 봐요. 잠깐 들어오게 했으면 좋겠는데 언니가 곧 결혼을 하게 되어서 집안이 좀 엉망이에요."
>
> 스쥔은 좀 놀란 듯이 말했다. "언니가 결혼을 한다구요?"
>
> "네."
>
> 거리의 불빛이 그다지 밝지는 않았지만 그녀의 미간에 서려 있는 기쁨이 역력해 보였다. 스쥔도 이 소식을 듣고 기뻤다. 그는 그녀의 가족상황에 대해 잘 알고 있다. 그는 만전이 언니와의 관계에서 벗어날 수 있어서 당연히 기뻐했다. 그리고 그녀의 언니도 의지할 사람을 찾았다.[71]

> "나는 아예 네가 언니 있다는 사실을 부정해 버렸어요."[72]

그러나 혼자서 대가족의 기본적인 생계는 물론, 동생들 교육까지 책임지고 있는 만루에게 가족들은 감사와 위로의 말 한 마디조차 하지 않는다. 그들은 오히려 무희로서 몸을 파는 만루를 무시하고 그녀를 수치스러워한다. 만루에게 남자들이 찾아오는 것에 대해 남동

---

71 "曼桢笑道: '要不燃就请你进去坐一会了, 这两天我家里乱七八糟的, 因为我姐姐就要结婚了.' 世钧不觉怔了一怔, 笑道: '哦, 你姐姐就要结婚了?' 曼桢笑道: '嗯.' 街灯的光线虽然不十分明亮, 依旧可以看见她的眉宇间透出一团喜气. 世钧听见这消息, 也是心头一喜. 他是知道她的家庭状况的, 他当然替她庆幸她终于摆脱了这一重关系, 而她姐姐也得到了归宿."
위의 책, 28~29쪽.

72 "'我就根本否认你有姐姐.'"
위의 책, 158쪽.

생은 싫은 기색을 내비치고 여동생 만전은 언니 만루의 직업을 감추고 다니기에 급급했다.

그는 아직도 어리지만 어려운 환경 탓에 신경이 많이 예민하다. 만루를 찾아오는 남자에 대해 줄곧 혐오하지만 털어놓을 기회가 없었다. 이때 그는 떳떳하게 소리칠 수 있었다. "이제는 여기 없어요! 결혼해서 나갔어요!"[73]

만전은 지금껏 자신의 집안에 대해 말하는 것을 가장 두려워해 왔다. 그래서인지 이 날 스쥔에게 많은 것을 이야기하고 집으로 돌아가는 동안 아주 참담한 기분이었다.

(…중략…)

어머니는 어둠 속에서 한숨을 쉬면서 만전에게 말했다.

"방금 들었지. 언니에게 시집가라고 한 게 틀린 말이니? 좋은 말을 한 건데 오히려 화를 내다니……."

"어머니! 앞으로는 언니에게 그런 말 하지 마세요. 언니는 이제 결혼하기 힘들어요."[74]

---

73 "他虽然是一个小孩子, 因为环境的关系, 有许多地方非常敏感, 对于曼璐的朋友一直感到憎恶, 可是一直也没有发泄的机会. 这时候便理直气壮地吆喝道: '她不在这儿了! 她结婚了!'"
위의 책, 30쪽.

74 "曼桢向来最怕提起她家里这些事情. 这一天她破例对世钧说上这么许多话, 当天回家的时候, 心里便觉得很惨淡. …… 母亲便又在黑暗中叹了口气, 和曼桢说道: '你刚才听见的, 我劝她拣个人嫁了, 这也是正经话呀! 劝了她这么一声, 就跟我这样大发脾气.' 曼桢半晌不作声, 后来说: '妈, 你以后不要跟姐姐说这些话了. 姐姐现在要嫁人也难.'"
위의 책, 15~21쪽.

만루의 낮은 신분은 여성 직업에 대해 폐쇄적인 사회적 억압에 기인한다. 만루의 비극은 분명 구사회가 만들어 낸 것임에도 불구하고 희생자인 그녀에게 돌아오는 것은 질시와 소외감뿐이다.[75] 만루에 대한 2차 폭력, 즉 관념적 폭력이 가해진다. 결국 이러한 질시와 소외감 속에 만루는 "누굴 위해서 내 청춘을 팔았는데, 그들이 아니었다면 난 진작 무진과 결혼했을 거야. 내가 바보지. 바보야."[76]라고 분한을 금치 못한다. 그런데 문제는 만루가 스스로를 부끄러워하는 것이다. 그녀 스스로도 사회적 관념에 물들어 있는 것이다.

"돈이 아까워서가 아니라 그렇게 공개적으로 결혼을 하면 너무 소란스러울까 봐……."

"너무 소란스럽다고요? 나 같은 저질 여자랑 정식으로 결혼하는 것을 보고 친구들이 비웃을까 봐 괴로운 거죠? 그렇죠?"[77]

만루가 훙차이를 선택할 수밖에 없는 것은 스스로가 신분을 낮춤에 따라 상대에 대한 기대치도 낮아졌기 때문이다. 그러나 결혼 후 훙차이는 갑작스럽게 졸부가 되어 버렸다. 만루는 더 이상 훙차이에게 가치 있는 존재가 되지 못했다. 그러나 만루에게는 훙차이가 전부나 다름없었다. 가족들을 보살펴 왔던 만루는 역설적이게도 가족

---

75 김은주, 「張愛玲 『十八春』의 여성 형상」, 『중국어문논총』 제22집, 2002, 562쪽.

76 "我都是为了谁, 出卖了我的青春. 要不是为了他们, 我早和慕瑾结婚了. 我真傻. 真傻."
위의 책, 117쪽.

77 "鸿才道: '我倒不是为省钱, 我觉得那样公开结婚恐怕太招摇了.' 曼璐越发生气, 道: '怎么叫太招摇了? 除非是嗯你觉得难为情, 跟我这样一个下流女人正式结婚, 给朋友们见笑. 是不是.'"
위의 책, 23쪽.

에게는 수치스러운 존재이며 무시당하는 존재가 되어버렸기 때문이다. 만루는 과거에 자신의 말을 유일하게 잘 들어준 훙차이에게 더욱 집착한다. 이 집착은 아이를 낳지 못한 처지의 불안정한 위치로 인해 더욱 커진다. 그녀는 아내의 지위 하나를 얻기 위해 처절한 집착을 하고 처절한 광기를 보인다. 아이를 낳지 못하는 것 또한 역설적이게도 '무희'라는 직업, 가족의 생계와 바꾼 일종의 병이었다. 결과적으로 그녀는 무희라는 주변사람들에 의한 타의적 악역에 의해 집착에 빠진 자의적 악역을 맡게 된 것이다.

> 정말 그가 원하는 대로 하게 한다면 어쩌면 그는 그때부터 좋아져 밖으로 쏘다니지 않을지도 모른다. 비록 그가 변덕스럽긴 해도 그녀의 동생에게만큼은 일편단심인 듯하니까. 그녀는 생각하면 할수록 미웠고, 물어뜯고 싶을 만큼 그를 증오했다. 그러나 어찌되었든 애초에 그와 결혼했을 때 그녀는 훙차이(鴻才)를 따르리라고 결심했었다. 그녀는 남은 일생동안 가난하게 생활할 것을 각오했었고 그가 부자가 되리라고는 생각도 하지 못했었다. 기왕지사 부자가 되었고, 그녀는 마치 복권에서 일등을 맡은 것 같았지만 어째서 결국은 여전히 공허할까?…그녀는 갑자기 엄마의 그 "잔소리"가 완전히 실없는 소리가 아니라는 생각이 들었다. 아이가 있다면 좋을 것이다. 다른 사람의 배를 빌려 아들을 낳는 것이다. 그 사람이 만약 친 여동생이라면 더욱 좋을 것이다. 우선은 훙차이가 반한 여자이고 부차적으로는 자기의 여동생이니 쉽게 통제할 수 있을 테니까.[78]

---

78 "要是真能够让他如愿以偿, 他倒也许从此就好了, 不出去胡闹了. 他虽然喜新厌旧, 对她妹妹倒好像一片痴心. 她想想真恨, 恨得他牙痒痒地. 但是无论如何, 她当初嫁他的时候, 是打定主意, 跟定了他了. 她准备着粗茶淡饭过这一辈子, 没想到他会发财. 既然发了财了, 她好像买奖券中了头奖, 难道到了头儿还是一场

만루는 남편을 곁에 두기 위해 자신의 동생을 희생시키는 일도 마다하지 않는다. 즉 자신의 친 여동생을 훙차이와 관계 맺게 하는 것이다. 그리고 여동생을 찾아다니는 그녀의 남자친구 스쥔한테 그녀는 다른 남자한테로 이미 갔다면서 거짓말을 꾸며대어 단념하게 한다.

남편에게 귀속되길 원해서 한 악행들을 자세히 들여다보면 남편이 떠나기 좋은 행위들에 해당한다. 여동생이 남편과 관계를 맺게 하거나 여동생이 스쥔과 헤어지게 하는 것은 자신보다 여동생에게 남편이 접근하기 좋게 한다. 남편을 자신 곁에 묶어두기 위해 동족인 여성을 공격함으로써 얻어낸 결과는 남편을 떠나게 만드는 것으로써의 '자기공격'을 성립시킨다. 남편이 떠나는 것은 결국 만루가 남성으로부터 해방되는 것이기도 한 것이다.

이렇게 두 작가의 이 시기 소설들은 1차적 · 표층적 의미와 2차적 · 심층적 의미, 즉 낯익은 것과 낯선 것이 공존하는 이중구조 현상이 두드러지게 드러난다. 최정희의 『녹색의 문』에서 '하늘에 문 달린 집 보리밭처럼 푸른 문 안에 살고 있는 어느 나라 왕자같은…… 그런 남자와 연애를 하는 것'이 보화의 꿈인데, 사실은 스스로의 의식을 남자에게 기대는 자체가 문제적이고 허상일 뿐이라는 것을 비판하였다. 행복의 요건은 남자에게 기대는 것이 아니고 일하는 것으로 살아가야 한다는 것이다. 결국 범인은 남성에 의존한다는 문제인 것이다. 그리고 보화가 이상배와 결혼한 후 줄곧 검은색의 옷을 입는 것은 남편과의 생활에서 스스로 가사 상태에 두는 것도 아니고

空? …… 她母亲那一套'妈妈经', 她忽然觉得不是完全没有道理的. 有个孩子就好了. 借别人的肚子生个孩子. 这人还最好是她妹妹, 一来鸿才自己看中的, 二来到底是自己妹妹, 容易控制些."

위의 책, 98쪽.

김영서에 대한 마음에서 비롯된 것도 아니다. 사실은 가상장례를 치름으로써 남자를 떠나보내자는 마음에서이고 남자로부터 해방되고자 하는 마음에서라는 낯선 의미가 나온다. 장아이링의 『십팔춘』의 경우, 표층적으로는 만루가 남편을 붙잡기 위하여 여동생을 공격한 것이지만, 심층적으로는 만루가 남편으로부터 스스로를 탈출시키는, 자기애를 드러내는 것이라는 낯선 의미가 나온다.

이러한 이중구조 현상은 여주인공의 죽음에서 더욱 선명하게 발견될 것이다. 최정희의 『끝없는 낭만』에서 여주인공 이차래의 아버지는 스물두 살 때 친구 배형식과 함께 고향을 떠나 만주 등을 떠돌다가 할빈에 정착하게 되었고 이차래는 바로 그곳에서 태어났다. 서양 사람의 목장에서 일을 했기 때문에 차래와 그의 부모는 모두 영어를 구사할 줄 알게 되었다. 해방이 되자 세 식구는 고향인 사리원에 도착하였고 상하이로 떠났던 배형식 일가와 재회를 한다. 그리고 당시 12살이었던 차래와 17살이었던 배형식의 아들 곤이를 약혼시킨다. 차래가 여학교 4학년 때 전쟁이 일어나자 곤의 부친이 투옥되고 곤은 부친을 구하기 위해 전쟁에 참여한다. 이후 차래는 캐리 죠오지라는 미군과 조우하는데 그녀는 그를 달가워하지 않는다. 차래의 동네는 근처에 미 X군단이 주둔해 있는 관계로 양공주들이 많이 살고 있다. 차래는 양공주들과 같아지지 않기 위하여 캐리 죠오지의 호의를 거절하며 친해지지 않으려고 한다.

"미군이 자주옴 인자네랑 저희들하고 같은 양갈본 줄 알잖아요."[79]

"미군하구 누가 결혼해. 그 비루한 것들 하구…… 천해. 천하기 짝이

---

79 최정희, 『끝없는 낭만』, 『한국대표문학전집』 4, 삼중당, 1974, 546쪽.

없는 것들이야."[80]

6.25 전쟁과 함께 미군의 참전은 '양공주 문제'와 '혼혈아 문제'를 낳았다. 차래의 친구 상매가 말한 듯이 "소위 양부인이라는 건 해방의 부산물로 직업여성 통계란에 팔십 퍼센트를 차지하고" 있는 실정이었다. 보편적으로 미군과 한국여성의 관계는 사랑보다는 일종의 불온한 원조관계에 가까웠다. 이로 인해 '양공주'에 대한 사회의 부정적 의식은 확고했다.

그런데 차래가 접한 미군은 일반적인 양공주에 대한 확고한 인식을 일정 부분 깨트린다. '몹시 푸른 눈에 빛나는 정기'의 소유자인 죠오지는 차래와 차래의 가족을 신이 자신에게 돌봄을 의탁한 '누이동생과 부모'라고 생각하며 진심으로 대한다. 죠오지는 6.25 전쟁의 소용돌이 속에서 아편중독에 빠진 차래의 아버지를 병원에 입원시켜 치료해주었고, 이층집까지 마련해 주었다. 이러한 죠오지의 보살핌과 경제적 지원으로 차래는 삶의 희망을 갖게 된다. 차래는 자신이 '양갈보'처럼 죠오지를 만나 그의 도움을 얻는 것이 아니라 순수한 죠오지의 배려를 받고 있다고 여긴다. 그녀는 자신이 죠오지를 진정으로 사랑하기에 결혼을 하겠다고 선언한다. 이에 대해 차래의 친구 상매는 미군과의 결혼을 반대한다. 왜냐하면 미군과의 국제결혼이란 '양갈보가 되'는 행위였기 때문이다. 상매의 오빠 현영훈은 차래를 향해 '창부나 양갈보 따위'의 행위와 뭐가 다르냐고, "정신을 차려. 몰 체면하고 무지한 양갈보 축에 한 몫 끼고 싶어서 그래?"라고 비난한다. 그러나 차래는 영훈의 태도에 대해 '남이사 양갈보가 되든 말든 당신이 웬 참견'이냐며 자신의 결혼을 '불꽃처럼 피어오르는 애정'

80 위의 책, 572쪽.

으로 규정짓고 그 정당성을 확고히 한다. 차래와의 결혼에 대해 미국에 있는 죠오지 가족들은 흔쾌히 승낙하는 것은 물론이고 이들의 결혼을 축하해 주며 선물을 보내온다. 심지어 죠오지의 아버지는 한국에서의 결혼식에 참석하기까지 한다. 그는 가족 전체를 대신해 진심으로 차래와 죠오지의 결혼을 축하해 준다. 죠오지 가족의 이러한 태도는 차래의 결혼을 반대했던 상매의 생각까지 바꾸게 만든다. 상매는 죠오지 가족이 차래를 위해 준비한 옷들과 10캐럿이 넘는 다이아를 보면서 차래의 결혼을 긍정적으로 생각하게 된다.

직업여성의 대다수를 차지하는 양공주에 대한 사회적 시선과 그들의 결합을 순수한 사랑으로 보아주지 않는 사회적인 인식에도 불구하고 최정희는 작품 속에 등장하는 미군 캐리 죠오지를 배려 깊고 자상한, 흠잡을 데 없는 인물로 표현했다. 그리고 그들의 결혼을 미국에 있는 죠오지 가족들의 진심어린 응원도 받게 하며 마침내 상매의 지지도 받게 한다. 죠오지가 한국 근무를 끝낸 탓으로 어쩔 수 없이 미국으로 돌아갔지만 연락을 끊지 않고 오히려 차래를 미국으로 입국시킬 수 있도록 힘을 쓰며 함께 모여 기도한다. 이는 "아마도 차래와의 사랑을 순수하게 부각시키기 위한 의도적인 설정"[81]일 것이다. 작가가 편집후기에서 이 작품이 피난 후 환도했을 때 같은 동네에 살게 되었던 여러 명의 양공주들을 보고 "내가 그들에게 어느 정도 情을 느끼게 되었기 때문에 쓰여졌다"[82]라고 작품의 집필동기를 밝히는 데서 이 점은 어느 정도 입증이 된다. 작가는 그들의 결합을 순수한 사랑으로 보아주지 않는 사회적인 편견의 문제도 지적하였다.

81 황수진, 「최정희론」, 『건국어문학』 21 · 22집, 1997, 619쪽.
82 최정희, 『끝없는 낭만』, 동학사, 1958, 319쪽.

하지만 죠오지와의 사랑과 결혼에 대해 그처럼 당당했던 차래도 죠오지의 귀국과 함께 경제적 문제로 발생한 생활 앞에서 무너지고 만다. 죠오지가 미국에서 달러와 아이의 장난감이며 차래의 옷감 등을 보내오면, 어머니는 달러를 교환하고 물건을 팖으로써 '양갈보 집에서 하는 것과 꼭 같은 짓'을 한다.

'아 양갈보집에서 하는 것과 꼭 같은 짓을 하구나. 나는 틀림없는 양갈보구나. 딸라와 미국 물건이 아니면 살아갈 수 없는 양갈보.'
이런 생각이 밀물처럼 울리 밀어서 방바닥에 마구 엎드려 울지 않고는 배겨 내지 못했읍니다.[83]

차래는 양갈보처럼 미군 죠오지와 관계했던 것임을 확인하고 오열한다. 죠오지와 순수한 사랑으로 결혼했다고 믿었던 차래는 스스로 양갈보로 규정하기 시작하면서부터 아들 토니는 더 이상 사랑스런 존재가 아니게 되었다.

나는 또 한번 자세히 토니를 들여다보아야 했읍니다. 우리 조상의 어느 한 분이든가, 그렇지 않으면 조국 땅 안에 사는 우리 민족의 어느 한 사람과라도 닮았는가 해서요. 그러나 결국 나는 아니다라는 소리를 외치며 토니를 방바닥에 동댕이치듯 내려 놓고야 말았읍니다. 토니의 검은 머리털과 검은 눈동자가 갑자기 무섭고 징그러웠던 것입니다.[84]

차래는 갑자기 자신의 아이를 혐오함으로써 자기 자신의 판단에

---

83 최정희, 『끝없는 낭만』, 『한국대표문학전집』 4, 삼중당, 1974, 624쪽.
84 위의 책, 625쪽.

대한 회의를 느끼며 캐리와의 사랑을 스스로 거부해 버린다. 차래는 양갈보라는 부끄러움에 시달리다 갓난아이를 영아원에 버리고 자살로 생을 마감한다.

차래의 죽음은 "남성 중심 사회의 횡포에 의해"[85], "민족국가의 가부장적 권위에 부딪쳐"[86]서 초래된 것도 있다. 다시 말하면 사회적 시선과 압박에 의한 것이다. 그러나 무엇보다 자살이라는 극단적 선택을 한 결정적 이유는 차래가 양공주에 대한 스스로의 편견을 극복하지 못한 데 있다. 주변 사람들의 비난에도 불구하고 차래는 당당하게 결혼까지 했지만, 자신이 바로 양공주라는 것을 눈치 채자 죠오지와의 결혼과 아들의 존재를 스스로 부정해버리며 스스로의 편견을 이겨내지 못했던 것이다. 스스로를 양갈보로 규정한 차래는 양공주를 부정적으로 바라봤던 자아와 충돌한다. 차래는 그 충돌을 이기지 못했던 것이다. 역사의 소용돌이 속에서 누구나 '양공주'와 같은 주홍글씨의 '낙인'을 받을 수 있다. 건전한 민족주의 약혼자가 있는 인텔리 여성마저도 그렇게 됐다. '낙인'은 한 인간, 한 대상에 대한 고정적 시각을 갖는 것으로서 해체되어야 할 대상이다. 우리의 삶에는 어떤 개념이든 개입할 수가 있다. 그러나 그것에 휘둘리지 말고 개입한 것과 본래의 것을 분리시켜 사고할 수 있어야 한다. 작가는 여성에게 해체적 사고방식을 강조하였다. 해체적 사고방식의 부재로 차래는 결국 자살한다. 겉으로 보기에 "개연성을 깨뜨리는 차래의 느닷없는 죽음"[87]도 자연스럽게 이해가 된다.

차래의 죽음은 표층적 의미에서 보면 사회의 문제와 편견에 의한

---

85 황수진, 앞의 글, 621쪽.

86 김윤경, 「1950년대 미국문화의 유입과 여성의 근대경험」, 『비평문학』 34호, 2009, 51쪽.

87 강진구, 「국제결혼과 혼혈의 탄생」, 『현대문학의 연구』 제45집, 2011, 163쪽.

것이고, 심층적 의미에서는 스스로에 대한 문제, 편견에 의한 것이라 할 수 있다. 줄곧 양공주에 대해 시선이 곱지 못한 차래는 눈치 채지 못하는 사이 불현듯 자신이 바로 양공주라는 '섬뜩한' 현실을 발견한다. 차래는 양공주를 부정적으로 바라봤던 과거의 자아를 버리지 못했다. 해체적 사고의 부재는 차래의 마음에 상충하는 두 개의 자아를 만들어 냈다. 즉 양공주로 규정한 자아와 양공주를 부정적으로 바라봤던 자아이다. 차래는 그 충돌을 이기지 못해, 다시 말하면 스스로에 대한 편견을 극복하지 못해 자살했다.

장아이링의 『적지지련』은 공산국가(赤地)에서의 젊은 남녀 류취안(劉荃), 황쥐안(黃絹)의 사랑이야기가 서사의 주축을 이룬다. 대학생인 류취안과 황쥐안은 토지개혁의 임무를 수행하기 위해 학우들과 지방 농촌으로 내려간다. 그곳에서 그들은 비밀연애를 해야 했으며 류취안의 능력을 발견한 공산당 간부가 그를 상하이의 『해방일보』 신문사로 발령하자 둘은 후일 재회하자는 약속을 하고 어쩔 수 없는 이별을 맞이한다. 신문사 자료실 조장 거산(戈珊)과 같이 일하게 된 류취안은 그녀의 유혹을 이겨내지 못하나 마음속으로는 여전히 황쥐안을 생각하고 있었다. 거산에게 있어서 류취안은 여러 애인 중의 한 명일 뿐이다. 그러던 중 류취안이 횡령사건과 관련해 잡혀가게 되자 황쥐안은 류취안을 구하기 위해 거산을 찾아간다. 거산은 공산당 간부인 선카이푸(申凱夫)에게 가보라고 귀띔해준다. 황쥐안은 선카이푸에게 연인이 되면 류취안을 풀어주겠다는 제안을 받았다. 황쥐안은 이를 받아들인다. 이후 풀려난 류취안은 거산을 통해 황쥐안이 자신 때문에 선카이푸와 함께 살게 된 것을 알게 된다. 연인을 위한 황쥐안의 자기희생적 행동은 표층적으로는 큰 감동을 불러일으킨다. 하지만 류취안의 또 다른 애인 거산은 황쥐안을 이용하여 그에 대한 도움과 파멸을 동시에 행한다. 자신이 직접 나서서 돕지 않는 것은 황취안보다 류취안에 대한 사랑이 작아서이다. 황취안과 달리 자유연애자인 거산은 그 후 여전히 잘 살고 있다. 너무 큰 사랑, 한 남자만을 바라보는 사랑은 오히려 자기 삶을 파괴시킬 수 있다. 완전한 사랑을 추구할수록 자기 억압에 빠질 수 있다. 한 남자만을 바라보는 구시대적 사랑의 관성이 자기파괴적일 수 있다는 것이다. 여러 남자의 애인인 거산과의 대비를 통해, 한 남자한테 자신의 모든 것을 거는 황취안은 사실 비판의 대상이라는 심층적 의미가 나온다.

1950년대에 들어서서 최정희와 장아이링은 모두 여성문제에 접근하는 방식에서 더 세련되고 우회적으로 변모하였다. 기존의 당연하게 생각되는 의식들을 또는 비판대상들을 전복시킴으로써 더 심층적인 문제를 지적하고 있다. 그래서 1차와 2차의 배치가 나오고 반전을 거듭하고 있다. 마치 미스터리 소설에서 1차적 의미는 사실 범인이 아니고 진짜 범인은 2차적 의미에 있어서 발생되는 기이한 느낌처럼 말이다. 이렇게 여성문제에 대하여 낯익은 것과 낯선 것이 공존하게 함으로써 이중구조의 여성주의를 생산해냈다.

이 시기에 특히 이러한 면모가 두드러지게 된 이유는 다음과 같이 유추해 볼 수 있다.

한국은 6.25 전쟁 후 사회적 아노미 현상을 파생시켰다. 가치의 혼돈 상태는 최정희에게 기존의 젠더에 관한 재인식을 하게 되는 계기가 되었다. 그래서 젠더에 대해 좀 더 구체적이고 근본적인 문제를 찾아갔다. 겉으로는 쉽게 드러나지 않는 근본적이고 심층적인 것에 대한 담론은 '낯선 것'일 수밖에 없다. 최정희는 이 '낯선 것'에 대한 비판을 시도한다. 그러나 이때의 비판은 친절한 설명을 필요로 한다. '낯선 것'을 쉽게 설명하기 위해 최정희는 '낯선 관념'을 드러내기에 앞서 기존의 기초의식, 즉 '익숙한 관념'을 먼저 드러낸다. 이 낯섦과 낯익음이 공존함으로써 이중구조 현상이 일어났다.

장아이링은 늘 인간의 다층적 면모를 리얼하게 포착하지만, 이 시기에 그녀가 쓴 작품들에서는 더욱 두드러지게 드러난다. 중국에서는 일제가 투항하자 곧 국공전쟁이 발발되었고, 1949년 공산당의 승리로 새 중국이 건립되었다. 공산당의 사회주의 강화로 장아이링은 시대가 요구하는 글을 써야만 했다. 또한 대륙을 떠난 후 홍콩에서의 창작은 자유진영에게 '위임받은 고정된 이야기'였다. 장아이링은 직·간접적으로 외부 억압의 환경에 놓여 있었기 때문에 소설에 이중구조를 활용했다. 억압을 받을수록 자신이 말하고자 하는 바를 소설에 단일한 목소리로 담지 않고 억압하는 이들(억압하는 사회의 일원, 독자)을 낯익은 것들로 끌어들여 관심을 유도한 후 이후에 낯선 것으로 일종의 충격을 주거나, 혹은 조롱을 하는 이중의 목소리(이중구조)로 담아내는 것이다. 장아이링은 인간의 심리를 주로 다루어 왔기 때문에 이전에도 이중구조를 어느 정도는 활용해 왔다. 그러나 이 시기에 이르러서 장아이링의 이중구조는 더욱 강해진다. 그것에는 앞서 언급한 '억압'이라는 이유 이외에도 '여성의식 층위의 심층화'라는 이유가 있다. 장아이링의 '이중구조'는 그간의 시대별 작품들에 나타나는 성별에 관한 문제의식이 점차 심층화되어 온 과정에 자연스럽게 위치한다. 기초적, 심층적 의식에 관한 관심의 증대는 장아이링으로 하여금 이중구조 활용을 강화하도록 만들었다.

이 심층화는 그간의 장아이링 작품을 보면 시대 순서에 따라 가속화되어 왔다. 이는 최정희의 경우에도 마찬가지이다. 이들 두 작가가 문제 삼는 여성의식의 층위, 여성 박탈의 층위는 시대에 따라 점차 심층으로 이동하고 있다. 즉 이들 두 작가의 여성의식은 심층화되고 있는 것이다. 이들 두 작가의 여성의식의 심층화는 자연스러운 사회의 반영이자, 개인의 발전 과정이라고 볼 수 있다. 여성의 인권이 시대 흐름에 맞물려 상승해감에 따라 여성문제도 점차 아직 해소되지 못한 심층의 것들만 남게 된다. 이처럼 아직 해결되지 못하거나, 아직 주목받지 못한 여성의 문제, 여성의 박탈에 주목해감에 따라 두 작가의 여성의식은 심층화되어가는 것이다.

한편 두 작가의 국가가 건국이라는 새로운 직면을 맞이했다는 점 또한 두 작가에게 기초적 층위에의 관심을 유도하는 데에 영향을 주었을 것이다. 건국이라는 전환의 지점에는 기초적인 영역에까지 이르는 새로운 출발, 새로운 모색이 내포되어 있기 때문이다. 또한 서론과 각 절에서 언급했듯이 두 작가의 여성의 박탈, 여성에 대한 관심은 점차 심층적인 것으로 이동하고 있다. 이는 양국 여성의 경제참여, 경제적 여건, 여성인권의 상승에 맞물린다. 이 시기의 두 작가의 관심이 심층적인 데로 이동한 것은 사회적, 경제적, 작가 개인적, 시대별 작품의 흐름에 관한 궤적과 자연스럽게 일치한다고 볼 수 있다.

(2) 이념(남성)과 여성의 분리

1950년대의 최정희와 장아이링은 소설에서 모두 이념(남성)과 여성(문제)을 분리시켰다. 최정희의 소설에서 남성의 역사와 여성 공동체가 분리되는 것으로 나타난다면, 장아이링의 소설에서는 이념문제가 표면적으로 드러나 있고 여성문제에 대한 작가의 의식은 은폐되어 있는 것으로 분리가 나타난다.

최정희의 『녹색의 문』 전반부에서는 같은 여학교의 선후배 사이인 도영혜와 유보화, 유보화와 동기 노차순 간의 동성애적인 관계가 곳곳에서 나타난다.

> 차순은 전에 몇 번 유보화에게 친구를 맺자는 편지를 한 일이 있었다. 그럴 때마다 유보화는 도영혜가 말려서 친구를 맺지 못하고 말았다.

"언닌 언니구 차순은 친군데 어때요. 언니두 차순을 동생처럼 사랑함 되잖아요."

유보화가 이렇게 말하면 도영혜는,

"난 너만 사랑함 고만야, 다른 앤 싫어. 너두 나만 사랑해 줘 응?" 하고 유보화를 껴안아 주든지 유보화의 뺨을 자기 뺨에 갖다대든지 했다.[88]

차순은 도영혜 모양으로 꼭 껴안고만 자는 것이 아니라 뺨도 비벼 보고 입도 맞춰 보고 또 가슴도 주물러 보고 하는 것이었다. 처음 얼마 동안은 이러는 것이 좋지가 않았다. 도영혜한테 껴안기는 것만 사뭇 못했다. 못하다기보다 싫증이 났다. 뺨을 비비는 정도라면 모르겠는데 입을 맞춘다든지 가슴을 주무르는 때면 근지러운 것 같기도 하고 후더분한 것 같기도 해서 얼른 제 자리로 가 버리곤 하는 일이 많았다.

그날 밤은 그렇지가 않았다. 저도 차순과 똑같은 짓을 했었다. 그것은 도영혜한테 껴안기는 것에 비할 것이 아니었다. 도영혜한테 껴안기는 것을 잔잔히 내리는 비에 비긴다면 이것은 사나운 폭풍우와 같은 것이라고 할까?[89]

그녀들은 여학교 시절, 하숙집에서의 생활에서 서로 애정을 나누며 그녀들만의 낙원에서 행복해 했다. 레즈비언은 이성애의 규범성을 문제화하고 이성애 중심주의에 대항하여 비이성애적 섹슈얼리티의 존재 정당성을 언어화한다.[90] 레즈비언을 노골적으로 드러내지 못

88 최정희, 『녹색의 문』, 『한국대표문학전집』 4, 삼중당, 1974, 638~639쪽.
89 위의 책, 643쪽.
90 노승희, 「레즈비언 · 게이 이론」, 김성곤 편저, 『21세기 문예이론』, 문학사상, 2005, 136쪽.

한 것은 시대적 제한 때문이었지만, 최정희는 이것을 드러냄으로써 남성중심주의가 지배하는 사회에 대항한 것이다. 레즈비언의 도입은 여자들끼리의 화목한 여성공동체를 강조하기 위해서이다. 남성 혹은 국가개념을 배제한 여자들만의 순수 인간 사회를 드러내고자 하는 것이다. 최정희는 여성공동체 의식을 가지고 있는데 『끝없는 낭만』에서도 여성들은 적대적 관계가 없고 우호적 관계를 유지한다. 차래가 혼자 자살한 것이 아니라 한 번밖에 만나지 않았던 양공주 정순자와 같이 생을 마감한 데서도 이 점이 드러난다. 그러나 『녹색의 문』에서 레즈비언은 윗방 학생 김영서의 출현으로 깨지게 된다. 바깥(남성) 세계에 노출됨으로써 안(여성)의 세계가 와해된 것이다. 그녀들은 모두 당시의 인텔리 여성으로서 표면적으로는 자아의 성숙, 정체성 찾기를 보여주고 있으나, 내면적으로 보면 끊임없이 남성인물의 개입에 좌지우지된다. "여자들은 제 좋은 남자이 주의 시상을 말짱 따라가지. 제가 좋아하는 남자의 사상이 공산주의면 공산주의자가 되는 거야. 민주주의면 따라서 민주주의가 되는 거야. 내가 만약 김영서하구 살게 됐더라면 공산주의자가 되진 않았을 거야."라며 도영혜는 남성들에 의해 여성의 사상이 결정되는 것을 꼬집는다. 유보화도 유년기에는 아버지에 의해, 여학교 시절에는 미술 교사인 서남령, 동경에 간 이후에는 김영서에 의해 주입된 사상을 갖게 된다. 또한 유보화는 자신이 줄곧 믿고 사랑했던 김영서가 동경유학 후 돌아와서 보니 속물적이고 이기적인 사람이라는 것을 알게 되어 괴로워한다. 반면 싫어서 그토록 외면했던 남편 이상배를 사별한 후에야 그가 자신을 진심으로 좋아해 주었던 사람이라는 것을 깨닫게 된다. 도영혜도 아이의 아버지인 김영서가 재판에서 자신을 '간첩'으로 몰고 징역 15년의 중형을 구형하려고 하는 모습을 보고 당황해 한다. 또한 도영혜는 잠시 동거했던 성완수가 혼자 월북한 사실을 알고 나서야 그가 공산주의자라는 것을 알게 된다. 남성의 개입으로 불행을 겪게 되었고, 남자를 판단하지 못하는 불확실성에 의해 여성은 괴로워한다. 결국 이 작품은 여성 스스로의 의식을 남성에게 기대고 여자의 일생이 남성에 의해 좌우됨을 비판하고 있다.

『녹색의 문』에서의 김영서와 성완수, 『끝없는 낭만』에서의 배곤은 모두 전쟁과 사회적 혼란에 의해 여성(가정)에게서 떨어져 나간다. "전쟁과 사회적 혼란기에 최대의 피해자는 가족이고, 그 가운데서도 특별히 가족의 생명과 보호를 일시적이나마 책임져야 했던 사람은 여성"[91]들이다. 여성에게 전쟁이란 "강간의 잠재적인 위협이며, 생활의 결핍상태"[92]를 의미한다. 남성만 역사의 소용돌이에 휘말려 있고 여성은 참여조차 안 되어 있다. 특히 『녹색의 문』에서 유보화, 도영혜, 노차순을 거쳐 가는 여러 남성들이 등장하는데 그들은 모두 국가, 역사에 대한 상징적 의미를 지닌다. 눈이 서늘하지만 키가 작은 미술 선생은 아름답기만 하고 실제적 힘이 약함을 상징한다. 이는 문화는 아름답지만 군 · 경제가 약했던 일제강점기를 겪어야만 했던 조선의 모습과 같다. 반면 강점기를 겪어내면서 힘을 기르고 싶어 하는 조선의 상징으로 눈은 예쁘지 않지만 키가 크고 혁명운동을 하는 김영서는 여성들의 환심을 산다. 여성의 환심은 국가의 지향점을 상징한다. 그러나 이상배가 그 환심을 끊고 유보화를 차지한다. 이 남자는 부패, 악의 상징이다. 반면 김영서는 진취적이고 정직한 선을 상징한다. 악의 농간으로 유보화는 선을 잊고 악을 선택한다. 이는 당시 조선이 미래의 불투명성과 열악한 여건으로 인해 정

91 함인희, 「한국전쟁, 가족, 여성의 다중적 근대성」, 『사회와 이론』 2호, 2006, 161쪽.

92 이재선, 「전쟁체험과 50년대 소설」, 『현대문학』, 1989.1, 265쪽.

의를 포기하고 부패해가던 것을 상징한다. 해방 이후 유보화가 김영서에 의해 속은 것임을 알게 된 것은 남한에서도 해방 이후에도 정의가 성립되지 못함을 상징한다.

최정희는 국가, 역사에 대한 상징을 남성한테만 부여했다. 이는 여성이 남성의 역사에 개입하는 일이 불가능하다는 것을 확인시켜준다. 또한 일제강점기 때 김영서는 애국적인 민주주의 투사였지만 해방이 되니 이기적이고 비정한 반공분자로 변하였다. 이는 사상, 이념이 시대에 따라서 선택되는 것뿐 어느 하나 옳고 그름이 없다는 것이다. 여성들을 스쳐지나가는 남성들처럼 스쳐지나가는 이념들인 것이다. 어느 하나 절대적 진리가 없고 각기 공정하게 비판의 대상이 되거나 옹호의 대상이 될 수 있는 것이다. 양시론 혹은 양비론인 셈이다.

최정희가 여성과 남성을 분리하는 것은 남성의 역사에 여성은 개입하는 것이 불가능하며 남성이 개입하면 여성이 불행해진다는 점을 드러내기 위한 것이다. 여기서의 남성은 남성중심주의 문화를 상징하는 동시에 국가, 역사, 이념의 상징이라는 이중구조를 가지고 있다고 볼 수 있다. 반면 장아이링은 정치, 이념에 무관심하였기에 작품 속에서도 남성에 대한 국가, 역사, 이념이라는 상징성이 나타나지 않는다.

1950년대의 중국과 한국은 모두 이념에 대한 강요와 감시가 커졌다. 이에 장아이링과 최정희는 각기 상황에 따라 우회적 표현을 해야 했다. 특히 장아이링은 정치적인 요인과 문화한간(文化漢奸)의 오명을 의식한 결과 『십팔춘』을 창작하는데, 작품 활동을 강제로 중단당하다가 발표한 이 소설에는 다분히 작위적인 면이 보인다. 소설 중의 한 인물인 쉬수후이(許叔惠)는 국민당정부에 대한 불만이 커져 공산당에 가입하여 인민들을 위해 복무하겠다고 연안으로 떠났다.

다녀온 후부터는 '몸이 튼튼해졌고 더 정신 있어' 보였다. 이 점이 작위적인 것에 해당한다. 또한 젊은 남녀들은 옛날 감정들과 생활을 청산하고 모두 동북으로 갔다. 그 곳에서 그들은 사회주의건설에 참여하면서 모두 행복에 이른다. 이 점이 특히 그러하다. 이처럼 개연성과 필연성이 없는 사회주의 찬양은 맹목적인 것으로밖에 보이지 않는다. 또한 이 소설에서 표현되는 사회 찬양에는 민주진영에 대한 구체적인 비교가 없다. 대륙에서 반공소설로 불리는 『적지지련』에서도 민주진영에 대한 구체적 비교 없이 사회진영을 비판한다. 무엇인가와 비교를 해야만 사회주의 찬양 소설 또는 반공소설이 성립된다. 특히 『적지지련』의 결말부분에서 남자주인공이 대만을 선택하는 것이 아니라 대륙으로 다시 돌아가는 것은 반전이라 할 수 있다. 이렇게 봤을 때 사회주의소설이라 불리는 『십팔춘』이나 반공소설이라고 불리는 『적지지련』은 이념문제를 잘 다루지 못하였고 기계적으로 창작한 듯하다. 『적지지련』의 경우 장아이링 스스로도 이 작품에 대해 상당히 불만스러워했다. 그녀가 홍콩에서 미국으로 가기 직전인 1955년 2월 20일 후스(好適)에게 보낸 편지에서 그 불만을 이렇게 토로하였다.

『적지지련』이라는 책이 있는데, 『앙가』 이후에 쓴 것입니다. 동남아의 일반 독자들의 흥미를 고려하였기 때문에 스스로도 매우 불만입니다. 판로는 『앙가』처럼 그렇게 비참하지는 않지만 결코 훌륭하다고 할 수 없습니다. 마지못해 하는 일은 종종 이렇다는 것을 알게 되었습니다.[93]

---

93 "还有一本『赤地之恋』, 是在『秧歌』以后写的. 因为要顾到东南亚一般读者的兴味, 自己很不满意. 而销路虽然不像『秧歌』那样惨, 也并不见得好. 我发现迁就的事情往往是这样."
张爱玲, 「忆胡适之」, 『重访边城』(张爱玲全集07), 北京十月文艺出版社, 2012,

장아이링은『적지지련』의 창작에 외부의 강요가 있었음을 밝혔다. 비평가 쉐이징에 따르면『적지지련』의 창작은 '위임받은'(Commissioned) 것으로서 "이야기의 줄거리가 이미 고정되어 있어 작자가 이야기를 펼칠 여지가 없었다는 것이다."[94] 이는 쉐이징이 1971년 미국에 있던 장아이링을 방문했을 때 장아이링에게 직접들은 것이다. 숭치(宋淇)도 장아이링이 홍콩에 체류하던 시기를 회고하면서 "이 시기에 그녀는『적시지련』을 쓰고 있었는데, 줄거리의 초안이 다른 사람에 의해 잡혀 있어서 자유롭게 표현할 수 없었다. 이 때문에 글쓰기가 순조롭게 진행되지는 않았다"[95]라고 말한 바 있다.『적지지련』의 줄거리는 미국 신문사에서 미리 준비한 것이었다. 노골적으로 공산주의를 비판하는 줄거리에 장아이링은 불만을 품었지만 당시로서는 어쩔 수 없는 선택을 했을 것이다. 장아이링에게 있어서 이런 이데올로기 소설은 '마지못해' 쓴 피상적 흉내내기에 불과하다. '반공 선전'의 의도는 겉으로 그려내었고, 그 속에는 작가 내면의 무의식적 지향이 내재되어 있다. 줄곧 이데올로기에 무관심하였던 그녀는 진정한 작가의식을 매우 은밀히 은폐하였던 것이다. 그녀는 좌 · 우 어디에도 경도되지 않았고 자기만의 이상을 추구하였다.

『적지지련』에서 장아이링은 주로 주인공 류취안의 다사다난한 일생을 통하여 신중국 성립 후 초기 몇 년간의 사건들, 즉 '토지개혁(土地改革)', '삼반운동(三反運動)' 등의 실체를 작품 속에 반영하였다.

당시 농촌 경제정책으로서의 토지개혁은 봉건토지소유제를 폐지하고 사회주의공유제로 확립하는 정책이었다. 화북, 동북지역에서부

19쪽.

94 水晶,「蝉 - 夜访张爱玲」,『张爱玲的小说艺术』, 大地出版社, 2004, 36쪽.

95 宋淇,「在香港」, 季季 · 关鸿,『永远的张爱玲』, 学林出版社, 1996, 208~209쪽.

터 시작하여 1950~1951년에는 전국적으로 확대하여 실시하였다. 헌법에는 "어떠한 조직이나 개인은 토지를 소유, 매매, 임대하거나 기타 방식으로 불법 양도하면 안된다."고 명확히 규정하였다. 그러나 토지소유권과 사용권을 분리시키지 않아서 토지를 무상 점유하거나 함부로 혹은 많이 점유하게 되는 현상이 발생하였다. 토지 낭비 현상이 심하게 발생하고 농민들의 생활은 점점 더 힘들어져 불만만 커져갔다. 도시에서는 1951년 12월 1일 삼반운동을 실시하였다. 주요 대상자는 공산당 간부들이며 주목적은 당 간부들의 부패, 낭비, 관료주의를 반대하는 데 있었다. 그러나 운동이 고조됨에 따라 부당한 수단으로 유도 신문하여 자백하게 하거나 고문에 의해 자백을 강요하거나 하는 등 과격한 조사행위들이 나타났다. 이에 많은 무고한 사람들이 연루되었다. 형세가 점차 악화되자 1952년 10월 25일 공산당은 삼반운동을 종료하였다. 도시에서의 이 운동은 중국공산당 내부의 심각한 갈등을 조장하였다.

장아이링은 이 작품에서 이런 실상들을 정직하게 비판한다. 이는 앞에서 언급했던 것처럼 생존의 방편으로서 기계적으로 기술한 것이었다. 횡령범으로 몰려『해방일보』주임이 사형당하고, 류취안 또한 체포된다. 류취안을 구해주겠다는 제안에 황쥐안은 공산당 간부의 연인이 된다. 풀려난 류취안은 너무 괴롭고 고통스러운 나머지 대륙을 떠나 한국전쟁에 가담한다. 전쟁에서 류취안은 중상을 입고 혼미상태에 빠져 있을 때 예징쿠이(葉景圭)라는 동지의 도움으로 전장에서 빠져나간다. 그 후 남한 병사 두 명이 쓰러져 있는 그를 '높이 치켜들고 얼음이 둥둥 떠 있는 강물을' 건너서 병원으로 옮겨줬다. 퇴원한 류취안은 연합군 포로수용소로 들어가는데, 거기서 다시 예징쿠이를 만나게 된다. 전쟁이 마무리 되고 포로 송환 때 공산당에 불만을 품었던 류취안의 절친한 친구 예징쿠이는 타이완으로, 류취안은 의외로 중국 대륙으로 떠나기로 한다.

그가 대륙으로 돌아가는 것은 이곳의 포로들을 떠나 또 다른 포로들 속으로 가려는 것이었다. 한 사람이라도 자기 같은 사람이 그들 속에 있으면 공산당은 영원히 안심할 수 없을 것이었다.

그는 황쥐안을 다시 볼 수 있을 것이라고는 생각하지 않았다. 하지만 그의 생명은 그녀의 행복과 맞바꾼 것이었으므로 그는 늘 그녀에 대한 책임감을 가지고 자기 목숨을 잘 써야 한다고 생각했다. 그리고 그는 이보다 더 좋은 사용법을 생각해내지 못했다.

그는 반공 포로가 돌아가면 분명 비참한 보복을 당할 것임을 알고 있었다. 하지만 이제 그는 그동안 잘 배운 덕에, 자신이 이 모든 것을 성공적으로 통과하고 군중에게로 돌아갈 수 있을 것이라 믿었다. 한 사람의 힘은 한계가 있지만 그는 결코 혼자가 아니었다. 1만 4천여 명 포로의 의지와 용기가 그에게 그지없는 신심을 북돋아주었다.

물론 그런 공작은 매우 위험하고 살해되는 것도 시간문제였다. 죽음이 그림자처럼 그를 따라다닐 것이다. 그래도 그는 무슨 일이든 점점 익숙해질 것이라 믿었다. 한 사람이 죽음과 함께 사는 법을 배우고, 그러다보면 죽음의 얼굴을 보고도 두려움을 느끼지 않게 될 것이다. 그는 문으로 나가는 그 짧은 몇 걸음 동안 수많은 일들을 떠올렸다. 예징쿠이의 양해를 얻지 못한다 해도 그건 어쩔 수 없는 일이었다. 그는 주머니 속에 있는 과도를 만지작거렸다. 그것은 그가 부츠 발등에 있던 금속으로 만든 것이었다. 예징쿠이가 몹시 좋아하던 것이었는데 그에게 주고 온다는 걸 깜박 잊어버렸다. 손으로 가볍게 그 칼을 어루만지던 그는 몹시 슬퍼졌다.

'안녕, 예징쿠이!' 그는 속으로 말했다. '자넨 나를 경멸할지도 모르지만 난 우리가 영원히 좋은 동지이기를 바라네. 순풍에 돛 단 듯 순조롭

기를. 몸조심하게.'[96]

류취안의 생명은 황쥐안이 자신의 인생을 포기하고 구한 것이므로, 류취안은 황쥐안을 책임져야 한다는 생각에 대륙을 선택한 것으로 볼 수도 있다. 그러나 그는 중국에서 참혹한 보복이 기다릴 것이라는 것을 알고 있다. 이는 류취안은 황쥐안을 책임질 처지가 못 된다는 것을 의미한다. 그럼에도 불구하고 그는 사랑하는 여인이 있는 곳으로 간다. 이를 두고 김인철은 "중국인의 조국에 대한 양심"[97]이라 평했다. 그리고 홍석표는 "이념대립을 극복하려는 화해"[98]를 상징하는 것이라 했다. 본 저서는 류취안이 직접적으로 책임질 수 없고 해결할 수도 없는 것을 어느 정도 인지하면서도 책임져야 한다며 본국으로 돌아간 행위는 무모한 것이라 본다. 이를 통해 류취안의 행위가 화해를 상징하는 것이 아니라 해결을 하지 않되 외면을 하는 것도 아닌 단순한 '참여'만을 시도한 것이라 본다. 이는 류취안의 행위를 '양심'으로 해석한 것과 유사해 보이지만 같지는 않다. 류취안은 '참여'야말로 중요한 것이라 생각한다. 그는 본국의 군중 속으로 다시 돌아가겠다는 다짐을 하고 용기를 다진다. 그는 중국 대륙의 동지들을 포로라고 생각한다. 이런 그의 생각은 공산당에 대한 비판적 인식을 전제하는 것이다. 그러나 이내 그는 공산당을 경멸했던 예징쿠이가 자신의 선택을 두고도 경멸할 것이라 생각한다. 결국 그는 어느 이념이든 상관을 하지 않고 그 이념에 사로잡힌 자들을 구

---

96 장아이링, 임우경 역, 『적지지련』, 시공사, 2012, 325~326쪽.

97 김인철, 「장애령의 반공소설 -『앙가』·『적지지련』」, 『중국인문과학』 제28집, 2004, 312쪽.

98 홍석표, 「장아이링과 최승희, 한국전쟁 서사 그리고 김일성 사망 소식」, 『중국어문학지』 제48집, 2014, 270쪽.

출하려는 것이다. 굳이 그들을 포로라고 한 것은 '사로잡혀있음'을 강조하는 것이다. 포로는 '공산당의 포로'로 해석될 수도 있지만 사회주의이념도, 자유주의이념도 선택하지 않은 류취안의 상황을 고려해볼 때 그것은 '이념의 포로'로 해석되어야 한다. 즉 류취안은 이념의 포로를 해방시키기 위해 참여를 하는 것이다. 화해를 시키거나하는 지도자적(우월한) 입장의 해결이 아니라 참여이다. 해결을 한다는 것은 곧 지도자적 우월성을 전제하게 되고 이는 대중을 포로로 삼는 이념을 선택하는 것과 같기 때문이다. 좌, 우로 나뉜 이념이 중요한 것이 아니라 그 안에서의 과정과 세부적 내용, 개개인들의 역할(관계)이 중요한 것임을 강조하는 것이다. 이는 탈이념에 해당한다. 그러나 탈이념 중에서도 막연한 화해를 주장하는 탈이념이 아니라 이념 자체를 비판하는 탈이념에 해당한다고 볼 수 있다.

류취안이 타이완을 선택하지 않고 중국 대륙을 선택한 것은 자신이 사랑하는 여자 황쥐안이 그 곳에 있기 때문이다. 류취안의 선택은 그 시작점이 사랑이었다는 데에서 이미 탈이념적 의도를 내포하고 있다. 그의 생명은 황쥐안의 행복과 바꾼 것이므로 그는 그녀에 대한 책임감을 느끼기 시작한 것이었다. 자기의 목숨을 구해줬으므로 어떻게 뜻 깊게 '자기 목숨을 잘 써야' 할지, 어떻게 간접적으로라도 보답할지를 계획하기 시작한 것이었다. 류취안에게는 이념문제보다는 사랑을 선택하는 것이 우선이라고 생각된다. 여기에서 좌·우 이데올로기 문제보다는 사랑 등의 인간의 기초적 욕구가 중요하다는 장아이링의 의식이 드러난다. 다시 말하면 이념 문제의 층위는 사랑의 층위보다 인간의 근본에 더 멀고 중요치 않음을 의미한다.

장아이링이 1976년 4월 4일 숭이랑(宋以郎)에게 보낸 편지에서 다음과 같이 언급한 내용은 주목할 만하다.

> 저의 『소단원(小團圓)』 집필은 결코 분풀이하기 위한 것이 아닙니다. 나는 줄곧 가장 훌륭한 재료는 자기가 가장 잘 알고 있는 재료라고 생각해왔어요. 그러나 국가주의의 제재(制裁) 때문에 줄곧 쓸 수가 없어요.
>
> (……)
>
> 제가 천뤄시(陣若曦)와 타이베이(臺北)에서 한 담화는 국민정부에 대한 나의 생각이 줄곧 유년시절과 청년시절의 영향을 받아서 그런 것이지, 결코 친공(親共)은 아닙니다. 근래에는 단일민족주의(monolithic nationalism)가 좀 느슨해지고 있다고 느껴져서, 예컨대 영화에서 주인공인 영미 간첩이 애국하지 않는 것처럼(Michael Caine 분), 그래서 큰마음 먹고 표현했던 것인데, 내 잘못이라는 생각이 듭니다.[99]

장아이링은 한쪽 정부, 이념을 비판한다고 다른 쪽 이념을 선택하는 것이 아니라는 입장을 드러낸 것이다. '영미 간첩(Michael Caine 분)'(영화 〈국제첩보국〉)에 대한 비유는 겉으로만 정의를 내세우는 국가나 이념보다는 '비판'을, 이상보다는 '현실'을 강조하고 있다. 즉 이념보다는 비판을 중시하는, 탈이념적인 장아이링의 입장을 보여주는 것이다. 이는 앞서 언급했던 류취안의 '참여'의 행위와도 그 궤를 같이하는 것이다.

최정희와 장아이링은 모두 (이념) 남성과 여성의 분리를 통하여 여성문제에 접근하였다. 그녀들은 모두 이념보다는 여성문제, 사랑 등의 더 미시적이고 인간적인 것에 주목하고자 하였다. 『끝없는 낭

---

99 "我写『小团员』并不是为了发泄出气, 我一直认为最好的材料是你最深知的材料, 但是为了国家主义的制裁, 一直无法写. (……) 我跟陈若曦在台北的谈话是因为我对国民政府的看法一直受我童年与青年的影响, 并不是亲共. 近年来觉得monolithic nationalism松动了些, 例如电影中竟有主觉英美间谍爱国(Michael Caine饰), 所以把心一横, 写了出来, 是我估计错了."
宋以郎, 「前言」, 『小团员』, 北京十月文艺出版社, 2012, 5쪽.

만』에서 최정희는 미군과 연관된 '양공주 문제', '혼혈아 문제'를 다루었지만, 그것을 소재로만 사용하였지 좌·우 이념에 대한 판단은 없었다. 『녹색의 문』에는 이념에 대한 다양한 어휘가 나온다. 스트라이크, 간첩, 좌, 우 등이 그 예이다. 이는 당시의 상황을 알려주는 시대의 지표일 뿐 좌·우 이데올로기에 대한 작가의 입장은 없었다. 스쳐지나가는 남자들처럼 스쳐지나가는 이념일 뿐이고, '남성'에게 이념의 상징성을 보여주었다. 그래서 남성의 역사와 여성의 역사가 분리되어 나타나는 이중구조가 형성되었다. 장아이링이 『십팔춘』, 『적지지련』에서 이념문제를 다룬 것은 사실이지만, 그것은 문학적 지조를 변절하고서라도 살아남아야 하는 생존의 방편이며 기계적인 창작이었으며 실질적인 의식은 은폐되어 있던 것이었다. 즉 이념문제가 표면적으로 드러나 있고 여성문제에 대한 작가의 의식은 은폐되어 있는 것으로 분리가 나타난다.

이런 현상이 발생한 이유는, 최정희가 6.25 전쟁 직후의 폐허와 이념투쟁역사의 종결을 의식하였기 때문이다. 최정희는 소설에서 '남성'에게 이념의 상징성을 부여하였고 이들이 교체되어가는 비고정적인 현상을 드러내었다. 그래서 남성의 역사와 여성의 역사가 분리되어 나타나게 되었고, 이들이 병행되어 이중구조가 형성되었다. 장아이링은 중화인민공화국이 성립된 후 사회주의에 의한 압력을 느껴서 사회주의에 대한 밝은 전망을 담아내어야 하였고, 홍콩으로 간 후에는 자유주의에 의한 압력 아래 놓여 있어서 그들이 이미 짜놓은 이야기를 써야 했다. 이와 같은 외부 억압에 의해 표면적으로는 그들의 취향에 맞는 글을 쓴 동시에 작가의 내적 욕망은 은밀히 은폐되어 있었다. 그래서 표면적으로 드러난 이념문제와 은폐된 여성의식이 분리되어서 이중구조를 형성하였다.

한편 최정희의 작품에는 한 가지 특이한 면모가 드러난다. 여성인물의 공동체 혹은 집단을 형성시키는 지점이 여러 곳에서 발견되는 점이 그것이다. 『녹색의 문』에서는 여성들의 동성애적 경향이 먼저 눈에 띈다. 동성애를 소설 속에 도입한 것은 여성공동체를 강조하기 위해서이다. 『끝없는 낭만』에서는 공동자살까지 등장한다. 또한 『녹색의 문』에서 여성인물들이 남성을 만나기 전까지의 삶, 즉 여성들만의 삶에서는 아무 문제를 못 느끼며 서로의 사이가 좋다는 점은 여성만의 집단, 공동체의 본질에 대한 접근을 의미한다. 반면 장아이링의 작품에는 여성공동체가 등장하지 않으며 오히려 여성들이 서로를 공격하는 모습까지 등장한다. 이는 여성에 대한 개인적 접근이 전제된 것이라 할 수 있다.

최정희는 이중구조를 통해 여성과 남성의 상징을 나눔으로써 집단성을 형성했다. 반면 장아이링은 여성들끼리 서로 공격하는 모습을 드러낸다. 즉 최정희는 이중구조를 통해 집단성을 보였고 장아이링은 그렇지 않았다는 것을 알 수 있다.

2) 사랑과 경제의 관계 조명

최정희와 장아이링 소설에서의 여성인물들에게는 늘 사랑의 박탈이라는 문제가 나타난다. 장아이링은 일관되게 사랑의 박탈 현상을 경제문제와 결부시켰지만, 최정희는 이 시기에 들어서서야 경제문제를 강조하기 시작했다.

일제강점기의 최정희 소설에서는 부모의 강권으로, 가부장제도의 결혼 윤리에 의해 사랑이 박탈되는 것으로 드러났다. 예를 들면, 「초상」에서의 혜욱은 시인 정하영을 사모하나 부모의 강권으로 '이상적'인 남편감과 결혼하고, 「인맥」의 선영은 결혼 후 시인 허윤에 대한 정열을 주체하지 못하나 전통적 결혼윤리의 억압에 의해 다시 한 남자의 정숙한 아내로 돌아간다. 그녀들의 사랑의 박탈에는 물론 경제문제에도 관여되어 있었겠지만, 작가는 주로 가부장문제에 대하여 주목하였다. 해방 이후 꿈꾸어왔던 세상이 붕괴되는 과정을 거치면서 최정희는 점점 여성문제의 구체화를 시도했고 이것은 1950년대의 장편소설에서 본격화된다. 이에 따라 경제적 억압의 양상도 두드러지게 나타난다.

『끝없는 낭만』에서 차래의 아버지는 삼팔선을 넘어온 뒤로 술과 아편에 손을 댔고 가정을 책임져야 할 곤은 전쟁에 참전하였다. 분단과 전쟁은 차래네 가정환경을 불행에 빠지게 했다. 결국 가족의 생계는 자연히 차래와 차래의 어머니에게로 넘겨진다. 어머니는 미군의 빨래를 하면서 가족부양을 도왔고, 이 와중에서 차래는 캐리 죠오지를 만나게 된다. 가족의 생계를 책임져야 할 부담을 안고 있던 차래는 마침내 자신과 자신의 가정을 지켜줄 미군에게 점점 마음을 열게 된다.

> 집은 명륜동에 있었읍니다. 크지는 않지만 우리 식구로선 넓은 정도였어요. 이층에 방 두개와 아랫층에 온돌방 세개와 목욕깐이 있고 지하실이 있어서 좋다고 어머니는 줄곧 외우셨어요.
>
> 아랫채는 조선식 기와집입니다. (…중략…) 내 방은 이층에 정했읍니다. 커어튼을 하늘색으로 쳤읍니다. 도배도 하늘색으로 했읍니다. 본래 나는 자주빛 계통을 즐기지만 하늘이 한껏 들어미는 방이길래 그렇게 했던 것입니다.
>
> (…중략…)
>
> 창을 열기만 하면 하늘 아래 바람이 온통 이 방으로 들이치는 듯 하늘빛 커어튼은 애드밸룬처럼 부풀었읍니다.[100]

차래는 캐리 죠오지와의 교제를 통해 삶의 희망에 부풀게 된다. 이런 생각의 밑바탕에는 경제적 안정 문제가 깔려 있다. 차래 스스로는 자신과 죠오지의 관계를 순수한 사랑으로 인식하지만, 이는 사실 사랑에 돈이 결부되어 생긴 감정이다. 차래는 경제문제를 해결해 주는 것 때문에 미군에게 마음을 열었던 것이다. 그녀에게 가장 결핍된 것은 경제적 안정이었다.

『녹색의 문』에서 해방이 되자 이상배는 일제시대 군청 병사계에 근무한 전력으로 구타를 당해 병인이 되고 결국 죽게 된다. 남편이 떠나자 유보화는 궁핍한 생활고, 온갖 생활고를 떠안게 된다.

> 그때까지 이상배는 어느 제약회사에 다니면서 생활을 유지해 왔는데 병석에 눕게 되고 보니 생활이 곤란했다. 시골 시댁에선 한푼의 보조도 있을 수 없었다. 오히려 아들에게 생활보조를 요구하기까지 했다.[101]

> "염려 마세요. 제가 다 할 테니까. 동생들두 학교에 보내구 하겠어요. …… 어머닌 아이나 봐 주시구 선이를 데리구 살림이나 보살펴 주시면 돼요."
>
> 어머니는 딸의 말에서 안도의 감을 얻었는지 얼마 안되어 코를 골기 시작하셨다.
>
> 유보화는 잠을 안 자고 동생들을 학교에 입학시켜야 하겠다는 생각, 옷을 해 입혀야 하겠다는 생각, 돈을 마련해야 하겠다는 생각을 하고 있었다.
>
> 동생들을 공부시켜야 하겠다는 생각을 줄곧 가지고 있긴 있으면서도

100 최정희, 『끝없는 낭만』, 『한국대표문학전집』 4, 삼중당, 1974, 556쪽.
101 최정희, 『녹색의 문』, 위의 책, 762쪽.

> 시행을 못하고 있던 터이라 이런 기회가 다행하다고 여기는 마음도 없지 않으나 어쩐지 어깨가 무거워지는 것만은 숨길 수 없었다.[102]

또한 도영혜는 윗방 학생 김영서에 대한 무조건적인 사랑으로 그를 좇아 도일하지만 끝내 김영서에게 버림받는다. 이후 도영혜는 여러 남자를 전전하며 수난을 당하게 된다. 두 번째 남자 홍찬구는 항상 도영혜의 말대로 움직이고 그녀를 지극정성으로 대하지만, 승국이가 자신의 아들이 아닌 김영서의 아이라는 것을 알게 되자 방법이 다를 뿐이지 김영서와 똑같이 "개만도 못하게 동댕일 치고 가 버렸다." 세 번째 남자이자 열렬한 공산당원인 성완수는 6.25 전쟁이 일어나자 도영혜를 혼자 남겨두고 월북을 한다. 그리고 도영혜는 네 번째 남자 모 씨를 만나면서 그의 첩이 된다. 그러던 중 성완수의 월북사건으로 도영혜는 여간첩 혐의로 감옥에 들이간다. 그리나 아무도 그 문제를 해결할 수 없는 상황이었다. 도영혜는 결국 재판을 받게 되는데 남낭 심사인 김영서로 인해 징역 7년의 언도를 받는다. 도영혜가 여러 남자를 거치는 것은 그들을 사랑해서가 아니라, 자식이 딸린 몸으로서 경제적인 문제가 큰 작용을 하였다. 그녀에게는 자신을 보호해 줄 방패막이 필요했기 때문이다.

이렇게 봤을 때, 『끝없는 낭만』과 『녹색의 문』에서의 여성인물들은 모두 남자와의 사랑의 박탈 혹은 이별로 인해 경제문제를 낳게 되었다. 『끝없는 낭만』에서 가족을 부양해야 할 곤이 전쟁으로 나가자 차래네 가족은 어려운 생활고를 겪게 되었고 결국 차래는 충족한 물질생활을 보장해 줄 수 있는 죠오지에게 기대게 된다. 『녹색의 문』에서 유보화는 남편의 병사로 온갖 생활고를 떠안게 되었고, 도

102 위의 책, 781쪽.

영혜는 김영서로부터 버림받아 경제적 문제가 파생되었고 그 문제로 여러 남자를 전전하는 악순환을 겪게 되었다. 이는 작품에 경제적 억압 문제가 핵심적 원인에 깔려 있음을 드러낸다.

장아이링의 『십팔춘』에서 만루는 무희가 되기 전에 사랑하는 사람이 있었다. 그러나 집안에서 경제적 책임을 맡았던 아버지의 죽음으로 장녀인 만루는 생활전선에 뛰어들게 되었고, 무희라는 직업을 가진 후 사랑하는 남자 무진과도 헤어지게 되었다. 그 후 7년이란 세월이 흘렀다. 무진은 고향의 병원에서 병원장이 되었고 병원에 필요한 물건이 있어서 상하이에 들르게 된다. 그는 상하이에 있는 동안 만전네 집에 머무르게 되었다. 훙차이와 결혼한 만루는 무진이 친정집에 와 있다는 소식을 듣고 '소중하게 생각하는 추억들'을 떠올리며 그를 찾아간다.

> 한참 뒤에 만루가 먼저 입을 열었다.
>
> "곧 떠난다지?"
>
> "두 시 기차야."
>
> "꼭 가야 돼?"
>
> "벌써 여기 온 지 보름이나 지났어."
>
> (…중략…)
>
> 상념에 젖어 있던 만루는 미소를 지으며 말했다.
>
> "여전하네. 난 많이 변했지?"
>
> "사람은 누구나 변해. 나도 변했어. 예전 성격과는 완전히 달라. 나이가 들어서인지 지난 일을 생각하면 유치하고 우스울 뿐이야."
>
> 이것은 과거의 모든 것을 부정하는 말이었다. 그녀가 소중하게 생각하는 추억들을 그는 부끄럽게 여기고 있다는 말이었다. 순간 만루는 자신이 입고 있는 그 자줏빛 옷이 마치 등을 찌르는 것 같고 온 몸이 불에

타는 것 같았다. 그녀는 그 옷을 갈기갈기 찢고 싶은 심정이 되었다.[103]

만루는 비록 옛날로 돌아갈 수 없지만 '비록 슬프고 괴롭지만 나름대로 기억할 만했던' 추억들을 떠올리며 옛 감정으로 그를 대한다. 하지만 무진은 과거 그녀와의 모든 것을 부정해 버린다. 만루에게 남은 것은 이전의 무진과의 추억들인데 그마저도 짓밟히고 말았다. 한 사람, 한 사랑에 대한 아쉬움으로 끝난다.

『적지지련』에서 황쥐안은 횡령사건으로 체포된 류쥐안을 구하기 위하여 공산당 간부의 여자로 되는 자기희생적 행동을 취한다. 황쥐안과 류쥐안의 사랑의 박탈은 비록 경제적 문제는 없지만 여기에서 작가가 최종적으로 주목하는 바는 한 남자에 대한 한 여자의 지고지순한 사랑이었다. 그리고 한 남자만 바라보는 것이 자기파멸적이 될 수 있고 태생적 비극이라는 것을 강조하였다.

이렇게 봤을 때, 장아이링의 작품에서는 경제문제가 사랑의 박탈 혹은 이별을 낳았다는 것이 드러나고 최종적으로 사랑문제에 집중하였다는 것이 나타난다.

최정희나 장아이링이나 물론 경제적 문제와 사랑의 박탈 문제를 모두 중요하게 여겼지만 기승전결에서 무엇이 가장 핵심적인가를 찾아가는 과정이 중요하다. 서사의 인과순서를 통해서 작가가 인간 삶

103 "还是曼璐先开口. 她说: '你马上就要走了?' 慕瑾道: '就是两点钟的车.' 曼璐道: '一定要走了?' 慕瑾道: '我已经在这儿住了半个多月了.' …… 曼璐微笑地打量着他道: '你倒还是那样子. 你看我变了吧?' 慕瑾微笑道: '人总是要变的, 我也变了. 我现在脾气也跟从前两样了, 也不知是否年纪的关系, 想想从前的事, 非常幼稚可笑.' 他把从前的一切都否定了. 她所珍惜的一些回忆, 他已经羞于承认了. 曼璐身上穿着那件紫色的衣服, 顿时觉得芒刺在背. 浑身就像火烧似的. 她恨不得把那件衣服撕成破布条子."
张爱玲, 『十八春』, 『张爱玲文集』 第3卷, 安徽文艺出版社, 1995, 115~116쪽.

을 가장 크게 좌우하는 것으로 본 요소, 가장 민감하게 여기는 요소가 무엇인지가 드러났다.

최정희는 사랑 자체에 대해 목마르지 않았다. 불만족스러운 경제문제, 경제적 억압이 연쇄된 억압의 시작점에 해당한다. 결국 경제문제에 우선적 초점이 있는 것이다. 한편 장아이링은 인간에게 있어 가장 존중받아야 되고 가장 핵심적인 욕구로서의 사랑에 집중하였다. 이 시기 장아이링의 소설에서 최종적으로 결핍된 대상은 사랑으로 나타난다. 최정희는 경제문제에, 장아이링은 사랑의 문제에 집중했다고 볼 수 있는 것이다.

여기서 주목해야 할 것은, 최정희 소설에서 경제문제에 집중한 것은 사회적 역할과 지위에 대한 욕망·결핍에 주목한 것으로 연결될 수 있다는 점이다. 경제문제는 사회문제와 사회적 역할 문제에 포함되어 있으며 그 중에서도 가장 핵심적인 부분을 차지하기 때문이다. 경제문제는 사회적 역할과 지위 문제를 가장 잘 보여준다. 상대적으로 장아이링 소설에서는 개인적 애욕과 결핍에 집중한 것으로 이어질 수 있다. 작가가 주목하는 문제에 대한 '핵심의 차이'가 여기에서 나타나는 것이다.

4. 1960년대: 불안정한 자유와 여성문제

1) 극단적 여성에 대한 설명 방식

1960년대는 한국과 중국에 있어서 모두 중요한 전환기라고 볼 수 있다. 한국에서는 이승만의 지나친 정권욕으로 인한 독재와 불만이 쌓인 결과 4.19 혁명을 초래되었다. 이 혁명은 국민적 각성에 따른 투쟁이며 한국 국민의 민주의식의 발전을 의미한다. 중국은 1960년대에 소련의 경제적인 도움이 끊기자 경제적으로 큰 타격을 받았다. 게다가 경제성장을 목표로 1958년부터 1960년 초까지 추진했던 '대약진운동(大躍進運動)'[104]이 실패로 끝나고 말았다. 대약진운동의 실패는 민생경제문제를 돌아보게 만들었다. 이에 중국 공산당 정부는 산업과 이에 관련한 경제 정책에 변화를 주기 시작했다. 자본주의 정책의 일부를 채용한 것이다. 이에 따라 이를 주도했던 류사오치(劉少奇)와 덩샤오핑(鄧小平)의 권력이 강해져 갔다. 마오쩌둥은 그들 권력을 견제하며 지식인들과 자본주의를 억압했다. 비록 한국의 4.19 혁명이 5.16 군사정변의 한 원인이 되었고 중국의 '정책을 바꾸려는 움직임'은 결국 '문화대혁명'[105]을 낳았지만 그것으로 역사적 의의가 감

104 대약진운동은 마오쩌둥(毛澤東)에 의해 1958년에 일어난 경제성장 운동이다. 노동력집중화, 경제성장이 주목적이었다. 마오쩌둥은 인민공사를 창설하고 철강사업과 같은 노동력 집중산업을 독려하는 대중적 경제부흥운동을 추진하였다. 이와 같은 목표 아래 중국 내부적으로 7년에 영국을, 8년 혹은 10년 안에 미국을 따라 잡는다는 목표를 설정하고 공업생산의 지표를 높였다. 그 결과 도시인구의 팽창과 농업결제의 파탄이 일어났다. 이로 인한 농업생산량의 부족에 연이은 자연재해로 인한 흉작과 구소련과의 관계악화로 인한 경제원조 중단의 계속으로 인하여 수천만 명의 아사자(餓死者)가 발생하였다. 이러한 악재들이 산재한 가운데 기술 개발을 병행하지 않고 노동력 집중만으로 과다하게 부흥시킨 중화학공업은 처음 설정한 경제지표에 못 미치는 성장결과를 보이면서 대약진운동은 실패로 끝났다. 그 결과 마오쩌둥은 대약진운동 실패의 책임을 지고 국가주석의 자리에서 사임하였다. 3년여 동안의 대약진운동은 중국을 발전시키기 보다는 농·경공업의 퇴보와 중화학공업의 과다발전이라는 기형적 결과를 낳으며 중국 전체 경제적·문화적 수준을 20년 이상 퇴보시켰다는 비판을 받았다.

105 마오쩌둥(毛澤東)에 의해 주도된 극좌 사회주의운동이다. 1966년부터 10년간 벌어졌다. 표면적으로는 사회주의 계급투쟁을 주장했지만 실상은 마오쩌둥(毛澤東)이 중국공산당 내부의 반대파들을 제거하는 데 활용되었다. 권력의 위기를 느낀 마오쩌둥은 부르주아 세력의 타파와 자본주의 타도를 외치면서 이를 위해 청소년이 나서야 한다고 주장했다. 전국 각지마다 청소년으로 구성된 홍위병이 조직되었고 마오쩌둥의 지시에 따라 전국을 휩쓸어 중국은 일시에 경직된 사회로 전락하게 되었다. 마오쩌둥에 반대되는 세력은 모두 실각되거나 숙청되었고

소되는 것은 결코 아니다. 이는 모두 사회의 의식 수준이 얼마만큼 발달되었다는 증거가 된다. 이에 따라 여성의식도 발전했을 것이다. 여성의 권리와 관련하여 가장 현실적이고 실증적 문제인 여성의 고용, 경제활동 참가 비중이 확대되었다는 데에서 이 점을 확인해 볼 수 있다.[106] 국민들의 의식의 발달은 곧 사회수용방식의 변화를 가져온다. 이런 역사적 배경 아래 최정희와 장아이링은 모두 극단적 행동을 하는 여성인물들에 대해 해명하기 시작하였다. 과거의 비정상적 행위들을 현재의 잣대로 다시 설명하고 있는 것이다. 이 시기에 최정희 소설의 여성인물이 제한된 선택지의 '극단성'을 드러낸다면 장아이링 소설의 여성인물은 히스테리, 폭력적인 '극단성'을 드러낸다고 할 수 있다.

1964년 제1회 '한국여류문학상'[107]을 수상한 최정희의 『인간사』(『사상계』 1960.8~12, 『신사조』 1963.11~1964.4)는 동경유학을 하며 사회주의운동을 했던 청년들과 그에 얽혀 있는 여성인물들이 장년이 될 때까지의 이야기를 그리고 있다. 이야기의 시대 배경은 일제 말부터 4.19

마오쩌둥 사망 후 중국공산당은 문화대혁명에 대해 '극좌적 오류'였다는 공식적 평가와 함께 문화대혁명의 광기는 급속히 소멸되었다.

106 강이수, 「해방 후 한국경제의 변화와 여성의 노동경험」, 『여성과 역사』, 2006, 48쪽.
김윤환, 「경제체제개혁과 여성의 경제활동참가」, 숙명여자대학교 아세아여성문제연구소, 『중국여성연구』, 숙명여자대학교, 1989, 50~51쪽.

107 "'한국여류문학상'은 195·60년대 대표적인 여성 교양잡지인 『여원』에서 제정하였다. 『여원』은 발간 100호 기념으로 '한국여류문학상'을 창설하였다. 기획 의도는 '여류문학의 전통을 계승하고 여류문단의 난만한 개화를 위하여'라고 밝혔으며, 심사원칙은 '한국여류기성작가로 해당기간에 신문, 잡지, 단행본으로 발표된 소설 중 심사위원회가 선정한 1편에 수상한다는 것, 심사위원은 5인 이상으로 구성한다.'는 것이다. '한국여류문학상'은 1969년 잡지가 폐간되던 때까지 6회에 걸쳐 수상되었다."
김양선, 「'한국여류문학상'이라는 제도와 1960년대 여성문학의 형성」, 『여성문학연구』 제31호, 2014, 126쪽.

를 지나서까지의 긴 시간에 해당한다,

남주인공 강문오, 허윤, 오경배, 하용빈, 마채균 등은 민족해방을 위해 청년동지회에 가입한다. 이들은 검거되기 전까지 청년동지회가 있는 동경에서 활동을 했다. 강문오를 제외한 이들 지식인들은 해방 전에는 민족주의 이념을 지향하거나 친일로 전향을 하거나, 해방 후에는 투철한 사회주의냐 혹은 자유주의냐 하는 뚜렷한 선택을 한다.

하지만 문오는 그렇지 않다. 문오는 해방 전에 일본에서 반일투쟁으로 검거되어 3년간의 투옥생활을 마치고 조선으로 돌아온다. 청년동지회의 지도자였던 허윤은 '자빠질 듯 뵈는 가옥'에서 병색이 완연한 기색으로 아내 마채희, 딸인 금아와 궁핍한 일상을 살아간다. 하용빈은 과거의 신념을 버리지 않고 여전히 지키고 있었다. 그는 철공소에서 일을 하며 허윤의 가정을 돕는다. 오경배는 예전엔 동지였지만 친일로 선향했나. 그는 아버지 회사의 지배인으로 취직했다. 여전히 신념을 지키고 있는 하용빈이 한 편에 있다면 다른 편에는 '변절'을 대표하는 오경배가 있다. 그러나 문오는 이 중 어느 한쪽을 쉽게 선택하지 못한다. 허윤의 아내이자 청년동지회 시절 '울타리 안의 꽃 같은 존재'였던 마채희를 만나고 난 후부터 문오는 심경에 변화를 일으킨다. 채희를 만나고 문오는 채희에 대한 욕정을 느꼈다. 그날 문오는 '애정광언'이라는 소설을 읽고 성적 흥분에 휩싸여 옥주 여인을 덮친다.

> 문오는 끝내 책을 부둥켜 안고 숨이 헉헉 막히는 고통을 겪다가 책을 뿌리치고 벌떡 일어났다. 미닫이를 드륵 열었다. 달이 마당에 가득차 있었다. 안방쪽을 올려다보았다. 댓돌 위에 얌전히 놓인 옥주 여인의 고무신 두짝이 시야 속으로 들어왔다. 문턱을 넘어섰다. 질풍같이 여인의 방을 향해 문오는 올라갔다.

이튿날 한낮이 다 되어 일어났다. 미닫이를 슬쩍 열어보았다. 하숙생들도 학교에 간 뒤여서 조용하기만 한 마당에서 옥주 여인의 아이가 강아지와 놀고 있었다. 노는 품이 사내녀석 같아 보였다. 이때까지 문오는 그 아이가 사내인지 계집아이인지 모르고 지냈다. 알려고도 하지 않았다.[108]

옥주 여인은 학창시절 때 강문오를 짝사랑했었다. 하숙집 딸이었던 그녀는 남편을 잃은 채 아이를 돌보고 있었다. 문오는 동경에서 귀국 후 다시 옥주 여인의 집에서 하숙하게 되었다. 본능적이고 육체적인 욕구 앞에서 문오는 쉽게 무너지는 병적인 모습을 보여 준다. 문오는 마채희에 대한 강한 미련을 느꼈다. 문오는 좌절과 열등의식 속에서 방황하기 시작한다. 결국 문오는 채희와 동거를 시작하며 방탕한 생활을 한다. 그는 채희를 소유하게 된 기쁨 속에서도 자꾸만 허물어져가는 자신을 돌이켜보게 된다. 그는 현실에 대한 의지를 되찾기 위해 '마르크스 엥겔스의 유물사관', '마르크스 경제학원론' 등의 책을 샀지만 아무런 소용이 없었다.

문오는 책을 읽으려고 했으나, 채희 때문에 초지를 일관할 수가 없었다. 책을 읽다가도 채희를 자빠뜨리는 점잖지 못한 거동을 하기가 일쑤였다. 문오는 자기의 어디에 그러한 힘이 숨어 있었던가 하고 스스로 놀라기도 했다. 그 힘은 채희로 해서 발아한 것인 동시에 또 그것은 채희로 해서 칡덤불 모양 굵고 질기게 뻗어가는 것이라고도 생각했다.[109]

108 최정희, 『인간사』, 『최정희 선집』, 어문각, 1974, 16쪽.
109 위의 책, 36쪽.

책을 읽어서 허물어져가는 자기를 추세워 보자던 생각도 스러져갔다. 책이 테이블 위에서 먼지를 뿌옇게 쓰고 있었다. 틈을 내게 되는 경우면 채희가 읽는 소설책에 눈을 돌리는 일이 많았고 그 책을 읽고선 문오편에서 오히려 소설 속의 주인공처럼 굴었다.[110]

문오가 이데올로기에 취약한 지식인이라는 것이 위에서 드러난다. 문오는 사회주의보다는 연애에 더 관심이 많았다. 문오는 이념적인 인물이 아닌 것이다.

이와 같은 열병적인 상태에서 문오는 '청년동지회사건'의 연루자로 체포되었다. 출옥 후 채희는 아들 민을 낳았다. 문오와의 생활이 궁해지기 시작되자 채희는 또 자식을 팽개치고 '새처럼 포로로 날아가' 버렸다. 이런 문오에게 오경배는 취직자리를 알선해 준다. 문오는 오경배의 도움으로 친일기관인 '문화연맹'에서 일을 하게 되는데, 이는 단지 아들 민을 위하여 생계를 유지하기 위한 통로이지 친일행위는 아니었다. 식민지시기에 독립운동이냐 친일이냐 하는 양자택일의 문제에 보이지 않는 강요를 받고 있는 지식인 문오는 결국 절로 들어갈 것을 결심한다. 문오는 절로 들어가 법복을 입지만 자기 억제가 불가능한 문오에게는 그곳 역시 혼돈의 세계일뿐이었다. 그러다가 문오는 우연하게도 장안 백화점에서 봤던 여인을 만나게 된다.

"결혼을 했구려."

문오가 찬란한 봉우리쪽에다 시선을 보낸 채 혼잣소리하듯 중얼거렸다.

"이태가 됐어요, 스님. 결혼한 지 한달만에 그이가 전쟁터에 나갔어

110 위의 책, 38쪽.

요, 전사했단 통질 받은 지가 오늘이 꼭 사십 구일 돼요."

여인이 문오를 아직 모르고 있고 문오의 말을 알아듣지 못했다.

"아이는 있오?"

"사내아이 하나야요."

"많은 장난감을 사다줬겠구려. 나팔 한 가지만 절대루 안 줬을 테겠지."

"네에?"

여인이 발을 딱 멈추었다. 이제야 문오를 알고 문오의 말을 알아들은 것이다. 몸에 경미한 경련을 일으키며 문오를 쳐다보았다.

(…중략…)

개울가에 핀 이름모를 꽃이 바람도 없는데 강렬한 몸짓으로 흩날리고 있었다.

"꽃이 지는군요. 산중이라 저런 기가 막힌 꽃이 피어 있었나 보죠?"

"……"

"선생님은 저런 예쁜 꽃을 보셔도 아무 감정이 없으세요? 중은 정말 부처님 외에 다른 건 생각지 않나요?"

여인의 얼굴 위에 잔양과 노을이 서리워서 발그스름하다.

문오는 여인의 얼굴 위에서 눈을 돌려 개울을 내려다보았다. 깔린 돌 위로 물살이 세차게 부서져 흘렀다. 문오는 여인을 다짜고짜로 안았다. 〈냇물의 유혹〉이 그를 엄습하는 것이었다.

"선생님 마상은 어디다 떼 버리고 이러세요?"

여인이 숨을 할딱거렸다.

"그런 소릴 또 할 테야?"

문오가 안았던 여인을 던졌다. 던지운 여인이 나가 떨어졌다. 던지워서도 여인은 웃었다.

"어쩜 중이 화를 내는 법도 있나요?"

"나는 중이 아니야. 중이 아니야."

욕정과 함께 이름 모를 분노가 왈칵 솟아 올랐다.

문오는 이 감정을 누를 길이 없었다. 여인에게로 나는 듯 다가갔다.[111]

문오는 오년 전 장안 백화점에서 이 여자한테 나팔을 샀었다. 전사한 남편의 명복을 빌러온 이 여인을 문오는 겁탈한다. 이념, 사상 등의 문제에서도 불안정한 정서를 보인 문오는 본능적이고 성적인 문제에서도 불안정함이 드러난다. 이러는 와중에 문오는 해방을 맞이하게 되었다.

해방 후에도 문오는 사회주의냐 자유주의냐의 문제에 대해서 뚜렷한 선택을 하지 않고 있다. 그는 이념보다는 마채희와 허윤이 남긴 자식 금아와 아들 민을 책임지는 데만 신경을 기울이고 있다. 6.25 때 피난을 떠나지 않았던 허윤이나 하용빈 등 사회주의자들이 '서물급 국제스파이'라는 타이틀 아래 사형당하는 사태를 접하면서도 문오가 탈이념적인 태도를 보이는 데서 이 점은 단적으로 드러난다.

문오는 오경배가 짐작하는 그러한 이유에서만 공판정에 나간다고는 생각지 않았다. 그 이유를 밝힌다면 이래저래 여기서도 또 저기서도 죽어가는 조선사람의 모습을 구경하자는 마음이었다고나 할까. 시체를 밟던 때 느끼던 더 어쩔 수 없는 감정을 또 맛보자는 마음이었다고나 할까. 오직 하나뿐이던 적을 향해 화살을 꽂던 조선사람의 뭉치가 이리 찢기고 저리 찢겨서, 네가 나의 적이 되고 내가 너의 적이 되어가는 꼬락서니를 보아주자는 마음이었다고나 할까.[112]

---

111 위의 책, 96~98쪽.

112 위의 책, 142쪽.

문오는 해방 전에는 독립운동이냐 친일이냐, 해방 후에는 사회주의냐 자유주의냐 하는 이념의 양자택일의 문제 앞에 섰지만 아무런 선택도 하지 않는다. 소설의 결말에 그는 4.19 데모대에 합류하여 총에 맞아 최후를 맞이하지만, 이때의 참가 역시 자신의 의지에 의한 것은 아니었다. 그는 데모대에 합류한 문희의 아들 홍기와 허윤의 자식 금아 그리고 아들 민을 찾아 나섰다가 데모대에 휩쓸리게 된 것이었다.

이념적 선택이 없는 문오의 행위에 작가의 의식이 반영되어 있다. 즉 이 소설에서는 '사회주의 운동－친일－반공주체로의 전향으로 이어지는 식민지 지식인 문오의 삶'[113]이 아닌 탈이념적 태도로 일관된 문오의 삶을 드러냄으로써 좌·우 이데올로기에 대한 입장이 없는 작가의 일관된 태도를 보여 주었다. 신사조사에서 나온 『인간사』의 발문에서 최정희는 집필 동기를 다음과 같이 언급하였다.

> 우리가 지나온 30여 년간의 역사를 써보려고 하였다. …오직 하나의 적과 맞서던 그 인간들이 일제의 사슬에서 풀리면서 뿔뿔이 흩어지고 삼팔선이 가로 놓인 남과 북에, 너는 나의 적이 되고 나는 너의 적이 되어 동포, 한 혈족이 서로 맞서 있으면서 죽고 죽이는 과정을 그려 보려고 했다.[114]

'너는 나의 적이 되고 나는 너의 적이 되어가는 과정'을 그린 『인간사』는 작가가 분단 문학적 시각을 갖고 있음을 보여주는 작품이라고 할 수 있다. 그녀가 쓴 수필에서도 이는 비슷하게 확인된다.

---

113 김복순, 「전향자의 역사 다시쓰기」, 『여성문학연구』 24호, 2010, 225쪽.
114 최정희, 『인간사』, 신사조사, 1964.

『인간사』를 쓰고자 한 마음은 1.4 후퇴 당시 대구에 피난 갔을 때 알고 지내던 사람이 북으로부터 내려와 지난날 사랑하던 여자에 대해 물었고, 나도 자신이 알고 있는 그의 동지 한 사람에 대한 안부를 물었다. 이야기를 나누는 사이, 모두 한 덩어리가 되어 오직 하나의 적(일제)을 두고 싸우던 그들이 이제 온통 다 부서져서 골육끼리 적이 되고만 뼈아픈 현실 앞에 동댕이 치운 것을 알게 되었다.[115]

작가는 남과 북으로 갈라져 단절된 분단문제를 형상화하였다. 여기에서 그치지 않고 최정희는 또한 "뜻을 같이 하는 사람들끼리라도 한데 뭉쳐 장벽을 뚫어 보자"고 함으로써 양극 사이에 존재할 수 있는 절충적 대안의 필요성을 느끼고 있음을 보여주기도 하였다.

한편 여주인공 채희는 새 남자를 만나 아이를 버리고 차갑게 떠나버렸지만 문오는 그것을 수용하고 아이들을 보살피는 일을 맡는다. 이는 부권사회와 요조숙녀의 구도를 깨고 모권사회의 이상을 갈구하는 파괴적인 구도[116]로 보일 수 있다. 또한 문오의 채희에 대한 욕구는 원시모계사회로의 회귀의식과 모권적 유토피아에 대한 갈망[117]으로 해석될 수도 있다. 그러나 채희는 긍정적인 여성상이 아니라 남자들을 갈아치우는 성적으로 문란한 여성이다. 문오는 이런 여성에게 빠져 어려움을 겪는 것으로 보인다.[118] 하지만 엄밀히 말하면, 문

---

115 이때 만났다는 사람은 임화이다. 최정희는 「옛벗 지하련 보오」라는 글에서 임화를 만났던 일을 서술했다. 여기서 최정희는 임화의 아내 현옥(지하련)의 안부를 깊이 물어보지 못한 것을 후회했다.
최정희, 『젊은 날의 증언』, 육민사, 1962, 42~44쪽.

116 황수남, 「최정희 소설 연구」, 충남대학교 박사학위논문, 2001, 86쪽.
이혜숙, 「최정희 소설의 여성의식 연구」, 대전대학교 석사학위논문, 2004, 40쪽.

117 박정애, 「최정희 소설에 나타난 여성적 글쓰기의 특성 연구」, 서울대학교 석사학위논문, 1998, 7쪽.

118 김양선, 「'한국여류문학상'이라는 제도와 1960년대 여성문학의 형성」, 『여성문학

오가 이념의 양자택일의 강요에 해답을 찾지 못하고 '여자'에게로 회피한 것으로 볼 수 있다. 양극 사이에 존재할 수 있는 절충적 대안이 모두 제거된 '선택지의 불안정성'이 문오가 처한 문제의 근원에 놓여 있다. 이 같은 알레고리는 채희에게도 발견된다.

채희는 동경시절 청년동지회의 유일한 여성이다. 채희의 아버지와 어머니는 3.1 운동에 연루되어 투옥되었다가 출감 후 얼마 못 가 시름시름 앓다가 세상을 떠났다. 채희의 오빠 마채균은 청년동지회의 핵심 멤버이다. 채희는 오빠를 따라 청년동지회에 들어간 것이었다. 하지만 채희는 남성과 동등하게 운동에 참여하지 않고 집안일들이나 부차적인 인만 맡았다. "채희는 우리 모두의 꽃이야"하며 남성들은 그녀에 대한 소유욕을 가지고 있었다. 또한 채희한테 이해 못할 사상을 주입시킨다. 채균은 또한 '채희의 성격이 혁명적인 방향으로 나가기를 바라서' 지도적 위치에 있는 허윤과의 결혼을 이루어낸다. 그러나 채희는 실제로 '동지니, 사상이니, 주의니 하는 것하고는 거리가 먼 여자'여서 청년동지회 일엔 흥미조차 느끼지 않는다. 결혼생활에서 채희는 처음에는 불평 없이 지내다가, 허윤이 병들어 눕게 되자 남편의 병간호와 온갖 집안일과 백화점 여점원의 일까지 하게 되는 '지옥' 같은 생활을 하게 된다. 채희는 남편이 누워 앓고 있는 것을 싫어했다. 또한 그녀는 살림과 가난한 생활에 싫증을 냈다. 채희는 가난하고 병든 남편의 시중이 번거롭다는 이유로 아직도 젖먹이에 불과한 딸 금아를 버리고 강문오와 결합했다. 채희는 문오를 통해 가난하고 싫증나는 삶에서 탈출하려 했다. 실제로 문오와의 생활에서 채희는 문오가 준 돈으로 자신을 예쁘게 가꾸는 데 쓰고 일체 가정일은 돌보지 않으며 밥은 시켜 먹는 것으로 해결한다. 돈을

연구』 제31호, 2014, 132쪽.

물 쓰듯이 하고 가정 일을 하지 않는 채희를 알게 된 문오 어머니는 더 이상 경제적 지원을 해주지 않았다. 문오의 형편이 예전 같지 않게 되자 채희는 다시 백화점에서 일하기 시작했다. 그녀는 거금을 쓰며 레코드를 사는 남자 서상철을 알게 되었다. 그녀는 또 다시 문오와의 아이까지 버리고 잠적한다. 오랜 시간이 흐르고 문오는 채희를 찾았다. 경북의 한 읍으로 돌아온 채희는 아이 셋을 돌보며 가난한 생활을 하고 있었으며 남편은 알코올 중독에 빠져 있었다.

> 문오가 사립문 안을 들여다 보았다. 타올을 쓴 여인이 도리깨질을 하고 있었다. 도리깨질을 하고 있는 탓으로 그렇게 보였는지 여인의 허리가 몹시 굽어져 보였다. 입고 있는 치마저고리는 때에 절어 있었다.
>
> (…중략…)
>
> "아니, 당신이……"
>
> 얼굴을 돌린 여인이 낮은 소리로 부르짖으며 도리깨를 콩깍대 위에다 놓아 버렸다. 머리에 썼던 타올을 벗었다. 도리깨를 던지고 타올을 벗은 여인은 채희였다.
>
> (…중략…)
>
> 도배도 하지 않은 맨 흙벽에 검정 치마가 아무렇게나 걸려 있고 한 구석에 나무 궤짝이 놓여있는 외엔 다른 것이라곤 보이지 않았다.
>
> (…중략…)
>
> "금아, 민 있는 델 가야 할께 아니겠오."
>
> "못 가요. 그럭함 여기 아이들은 어떡하고요"
>
> "그 애들이 어머니를 얼마나 그리워하는지 채희는 모를 거요."
>
> "왜 몰라요? 그것들 때문에 모든 걸 잊어버린 여자가 된 지 오랜 걸요. 달을 봐도 그것들이 떠오르고 숲을 봐도 그것들이 떠올랐어요. 음악을 듣는 때도 그것들 생각뿐이었어요. 존 걸 보거나 듣는 때면 으레 남

자를 사랑하고 싶어하던 내가……그것들이 내게서 그런 생각을 영영 몰아내고 말았어요. (…중략…) 내게 이제 남은 소원이라면 그것들을 곁에다 두고 사는 일일 거예요. 여기 아이들의 병이 낫고 교육도 시키고 이 애들이 남과 같이 살아갈 수 있도록 됐으면 하는 걸 거예요. 그리고……이애들 아빠의 병이 회복되는 날일 거예요."[119]

문오가 회피했던 대상인 채희는 아이와 남자를 매정하게 떠나버리기도 하지만 병든 남편과 불구 아이를 헌신적으로 보살피기도 한다. 즉 그녀는 고된 집안일과 가정 돌보기를 하는 구시대적 여성의 삶을 사느냐, 구시대의 모든 의무를 극단적으로 버리고 방탕한 삶을 사느냐 하는 양자택일의 문제에 보이지 않는 강요를 받는다. 그러나 그녀는 이 선택지의 불안정성에 대해서는 고민조차 하지 않는다. 그가 택한 '여성'은 극단적 선택지의 불안정성에 놓여 있기에 필연적 실패를 경험한다. 또한 이념의 양자택일의 강요를 받고 있는 문오가 자신의 성적 본능을 주체하지 못하고 두 번이나 강간을 한 것은 그가 이념, 사상문제에도 불안정하고 성적 문제에도 불안정함을 드러낸다. 따라서 그의 '회피'가 실패할 것은 필연적이라 할 수 있다.

마채희의 삶은 문오로 대표되는 불안정한 남성의 욕구, 간섭이 이끌어낸 창조물이라 할 수 있다. 동경유학 시절 문오를 포함한 청년들은 "채희는 우리 모두의 꽃이야" 하고 그녀에 대한 '욕구'를 드러낸다. 그들은 채희한테 이해 못할 사상을 강제 주입시킴으로써 '간섭'을 한다. 문오는 또한 물질적 유혹으로 채희를 소유하는 방식으로 간접적 '간섭'을 이루어내고 있다. 불안정한 남성이 자신의 파멸을 가져올 뿐만 아니라 여성의 파괴도 초래하고 있다.

---

119 최정희, 『인간사』, 『최정희 선집』, 어문각, 1974, 151~152쪽.

이 소설의 여성 인물들은 모두 양 극단의 선택지의 불안정성에 놓이거나 한 쪽의 삶에만 기울어진다. 그녀들은 절충적 대안을 모르기 때문이다. 대표적인 예로는 문오의 어머니를 들 수 있다. 문오 어머니는 주로 전업주부로서 가정에 충실한 여인이고 사고나 행동의 목표는 자식에게 맞춰져 있다. 그녀는 전통적인 여성상으로 부덕을 갖춘 여인의 모습을 가지고 있다. 그녀는 "네편네야 살림살일 잘하는게 데일"이라고 생각하고 있으며 자식들 뒤치다꺼리를 하느라 "볏한번 벤벤히 쐬보디 못한 신세"였다. 그녀는 며느리나 얻어 평범하게 살기를 희망한다. 아들이 낯모르는 여성과 사랑에 빠지자 그녀는 다음과 같이 말한다.

> 에미는인젠오늘한일이어제갓고어제한일이오늘갓티어리벙벙해간다. 너희들이겻헤잇스믄사얼마나도캇느냐, 하루밧비 내려와서 혼례식을 이루고손주라도보게되믄 내사그것들을봐주고 너희들도 아지나는얼굴이나 쳐다보믄서 살믄 얼마나도캇느냐 밋닐때까니주의는총중에 잇기를기도한다.[120]

문오의 어머니는 땅을 팔아 아들에게 돈을 보낸다. 그 땅에 집들이 쭉 들어차서 땅값이 오를지라도 말이다. 땅을 금방 팔아서 아들이 요구한 돈을 보낼 정도로 아들에게 자신의 모든 것을 걸고 있다. 문오 어머니는 구세대 여성을 대표하는 전형적인 현모양처라고 할 수 있다. 여자는 '살림살이 잘 해야' 된다는 현모양처 규범에 문오 어머니는 스스로 매몰되어 있다. 절충적 대안이 없기 때문이다. 문오 또한 마찬가지이다. 그는 절충안을 모르고 그저 여성에게 도피해

---

120 위의 책, 40쪽.

버린다.

문오가 '회피'라는 부정적 대안으로 채희를 선택했기에 둘의 관계는 필연적으로 불안정해질 수밖에 없었다. 그가 도피한 두 번째 '대상'은 문희가 소개해 준 여인으로서 문오의 둘째 처이다. 그러나 문오 자신이 '폐쇄적 선택지'에 매몰되어 있기에 아내에게도 그와 같은 폐쇄적 역할을 요구하고 있다. 즉 모든 부덕을 갖춘 현모양처의 삶과 모든 부덕을 버리는 방탕한 삶의 양극단에서 한 쪽인 현모양처의 삶을 갈구하고 있는 것이다. 금아와 민의 좋은 어머니, 좋은 아내로 되게 하기 위해서 그녀가 하자는 대로 해준다. 그녀는 주로 화려한 옷감이나 장신구 같은 것을 무척 좋아하는데 문오는 거기에 돈을 쓰는 것을 아끼지 않는다. 물질적으로 여성을 소유하고자 하는 방식이 채희를 대하는 방식과 똑 같다. 그러나 문오보다 돈이 더 많은 쇼리 송이 나타나자 그의 둘째 처도 주저 없이 떠나버린다.

"누구지? 저이가."

쇼리 송이 돌아서자 여인이 물었다.

"동순이란 처녀의 약혼자였어."

"멋있네. 한국군보다 얼마나 늠름해요."

여인이 쇼리 송의 뒷모습을 놓치지 않았다.

(…중략…)

쇼리 송이 다음 일요일에 놀러왔다. 여인이 손수 음식을 만든다, 차를 끓인다, 쇼리 송에게 친절을 베풀었다. 쇼리 송이 저녁을 먹고도 한참 놀다가 돌아갈 때 여인이 밖에까지 나가주었다.

쇼리 송은 무척 자주 왔다. 올 때마다 초콜렛이니 캔디니 껌이니 하는 것들과 화장품을 들고 와서 여인 앞에 내 놓았다. 때로는 파라솔이며 옷가지까지 갖다 주었다.

그럴 때마다 여인은 넘쳐흐르는 희열을 감추지 못했다.

(…중략…)

그 가을과 겨울이 가고 봄이 움트기 시작할 즈음에 쇼리 송이 일선으로 떠나갔다. 열두 시간이 걸리는 곳이어서 좀처럼 와내기가 어려울 것이라고 쇼리 송은 매우 쓸쓸했다. 여인은 그보다 더한 얼굴을 짓고 있었다.

쇼리 송이 떠나고 나서 달포 가량 지났을까, 여인이 가버렸다.[121]

문오의 둘째 처와의 관계도 그의 물질적 원조에 의해 형성된 불안정한 관계이다. 문오는 채희와의 관계에서와 마찬가지로 둘째 처에게도 도피한 것이라 볼 수 있다. 과거에 문오는 자신에게 놓였던 '선택지의 불안정성' 문제를 해결하지 못한 채 도피처로 여성을 만나는 것이다. 이러한 문오가 여성이 봉착한 '선택지의 불안정성' 문제를 해결할 능력을 결핍하고 있는 것은 당연한 것이다.

문오 어머니가 구세대를 대표하는 여성으로서 전통적인 여성의 삶을 살아가고 있다면, 채희로 대표되는 신세대 여성은 어느 정도 자신의 삶에 대한 자유의지가 생겼다. 하지만 자신의 의지에 의한 선택지는 현모양처라는 삶에서 완전히 이탈된 그 대척점에 놓여 있다. 즉 여성들은 집안일과 가정만 돌보는 구시대적 삶과 모든 부덕을 극단적으로 버리고 방탕하게 사는 삶이라는 양 극단에 처하고 있다. 따라서 이런 극단적 선택지의 문제는 불안정성이 동반되기 마련이다.

『강물은 또 몇 천리』(『현대문학』, 1964.5~1966.4)는 『현대문학』에 거의 2년 동안 연재되었는데, 1966년 4월호에 실린 23회에 '제1부完'으로 부기되어 있는 것으로 볼 때 뒤에 계속 연재할 예정이었던 것

121 위의 책, 156~157쪽.

으로 보인다. 10년 뒤인 1976년, 당시 나이 70세인 최정희는 작품집 『찬란한 대낮』 출간을 기념해 열린 한 인터뷰에서 "소설을 쓴다는 일은 고통스러운 것이지만 생애의 즐거움이 있어 쓰고 또 쓰는 거 아닙니까. 그러나 억지로는 안돼요. 올해 안으로 단편소설 몇 편 더 쓰고 장편 『강물은 또 몇 천리』를 마무리"[122]하겠다고 밝혔다. 하지만 우리는 속편을 끝내 보지 못하였다. 이 작품은 1930년대 초반부터 해방까지를 시대적 배경으로 삼고 있는데 주로 여주인공 서강주의 일대기라고 할 수 있다. 강주가 주변 남자들의 다양성 및 차이를 보게 되고 그들을 비교하는 스토리인데 마치 여성 중심의 연애판타지소설 같아 보인다. 연애판타지소설의 특징은 남성들을 비교하는 것인데 이때의 비교는 행복한 비교이다. 하지만 이 소설에서의 그 비교의 이면에는 여성의 억압이라는 불행이 자리잡고 있다. 그 억압 양상들은 너무 파편적이어서 통일성을 찾을 수 없게 한다. 어떤 주제로 모이는지 알 수 없고 사회의 어떤 층위의 여성 억압을 비판하는지 알 수 없다. 그 주제를 찾기 위해서는 알레고리를 찾아봐야 한다.

첫 번째 남편 조승현은 강주가 동경유학 후 서울로 돌아와서 소형극장에 취직하게 되면서부터 알게 된 남자이다. 강주는 연출가인 승현에게 두 번 겁탈당하고 임신하게 되자 결혼식도 올리지 않은 채 뜻하지 않은 동거생활을 시작하였다. 소형극장이 해체되자 승현과 강주는 더 없이 궁핍한 생활 속에 빠져든다. 이런 와중에 승현의 친구 한기욱이가 자신의 방을 빌려주기도 하고 경제적 지원을 해 준다. 이런 한기욱의 호의를 승현은 강주와 관련 있을 것이라고 의심하고 '터무니 없는' 폭력을 강주에게 행사한다.

---

122 최정희, 「최정희 여사」, 『조선일보』, 1976.4.22.

"너 이러기냐? 그놈의 역성을 들기냐?"

승현이 소리를 빽빽 지르며 대어드는 강주의 머리채를 답싹 잡아쥐었다. 마침 강주는 머리를 풀고 있어서 머리채는 쉽게 잡혀졌다.

(…중략…)

머리를 잡아쥐지 않은 다른 한손으로 승현은 강주의 면상을 마구 후려갈겼다. 질투의 불꽃이 머리끝까지 치솟은 모양같았다. 아무렇지도 않은 사람과의 사이도 터무니 없이 의심하는 것이 그의 버릇인지 몰랐다.[123]

그런가하면 결혼식을 올리고 떳떳이 아이를 가지자는 핑계로 강주에게 낙태약을 먹으라고 권유한다. 강주는 두 첩을 달여서 한꺼번에 마셔버리고 이틀 동안 의식을 잃었었다. 뱃속의 아이가 또 미동을 보이자 승현은 또 낙태약 두 첩을 가져왔다. 강주는 네 첩을 먹고 이번에는 사흘 만에 다시 정신이 들었다. 그러나 여전히 효과를 보이지 않자 승현은 마치 강주의 탓인 듯 화를 냈다. 그러면서도 자신의 성적 욕구는 충족하기 위해 아직 혼미상태인 강주를 범하려고 대어든다.

"두첩이면 알아본다는 약을 네첩을 먹어두 그모양이니 도대체 어떻게 된 뱃속이야?"

이 말에도 강주는 잠잠히 있었다.

"이 독종아."

승현이 강주에게 여의때와 다름없는 동작으로 다가왔다. 강주는 다가오는 승현을 발로 콱 찼다. (…중략…) 승현이 되달려들곤 했으나 강주는

123 최정희, 「강물은 또 몇 천리 3회」, 『현대문학』, 1964.7, 114쪽.

끝끝내 막아내었다.[124]

결국 강주는 여섯 첩을 먹고 나서도 끝내 아이를 출산하였다. 남편 대신 가족의 생계를 책임지기 위하여 강주는 현대극단에 들어간다. 지방공연으로 인해 강주는 한 달 지나서야 집으로 돌아오는데 승현은 현대극단의 책임자 이설초[125]와 잘 놀아난다고 두 사람에게 폭력을 행사한다. 결국 두 사람은 중상을 입고 입원하게 되었다. 승현은 실질적으로 외도하지 않은 아내를 '늑골이 부러지고 척주에도 금이 가'도록 구타한 것이었다. 그러나 정작 승현 자신은 바람기가 심하며 아내의 사촌언니 서영주를 따라 동경으로 도피한 적이 있었다. 또한 그 후 강주의 친구 오한순을 임신시켜 그 아이를 낙태시키려다 결국 죽음에 이르게 하였다. 그 여과로 1년형의 언도를 받고 승현은 과거를 포함해서 모든 자신의 잘못을 뉘우친다.

승현은 강주가 목전에 뜨이자 울음부터 터뜨리며 당신까지 나를 버리려고 하느냐. 간수들이 지키는 앞에서 매달리듯 하는 것이었다.

강주가, 그런 것이 아니고 해산뒤가 깨끗지 못해서 외출을 통히 못했던 이유를 말하자 승현은 턱을 한참 떨어뜨리더니 잠깐 치켜들고 강주를 보며, 아이가 딸이냐 아들이냐는 것도 묻는 일 없이 보고 싶노라고만 말할 뿐 다시 턱을 떨어뜨리고 말았다. 조승현은 처참할만큼 힘을 잃고 만 것이었다.

강주가 처음 재판정에선 오한순에겐 죄스럽지만 이번 기회에 승현이 참된 자기를 찾는다면 그이상 다행한 일도 없을 것이라고 여겼는데 이

124 최정희, 「강물은 또 몇 천리 3회」, 위의 책, 117쪽.
125 처음에는 '한설초'로 되어 있는데 4회부터 '이설초'로 이름이 변경되었다.

젠 그러한 승편의 태도에서는 염증을 느끼고 말았다.

오히려 까닭없이 턱을 치켜들려고만 하던 승현이쪽에서 강주는 어떤 힘을 얻게 되었던 것이 분명하다. 강주는 까닭없이 턱을 치켜들려고만 하던 때의 승현에겐 측은한 마음을 가져본 일이 한번도 없었으니까. 항상 그 치켜들려고만 하던 턱과 맞서자는 반발만이 솟구쳤으니까. 승현이로 해서 골백번도 더하게 절망을 느꼈다가도, 그것 때문에 '하느님'조차 불러볼 수 없게 숨구멍이 막혀서 몹쓸 제 운명 앞에 하잘것없이 꼬꾸라졌다가도 다시 추서곤 했던 것은 승현의 치켜들려고만 하는 턱과 맞서보겠다는 데 있었던 것이 아닐까한다.[126]

승현이 힘을 잃고 턱을 떨어뜨리니 강주는 오히려 그런 승현에게 염증을 느낀다. 옛날 턱을 치켜들고 대어들 때의 승현에게 강주는 더 매력을 느끼고 있었던 것이다. 강주는 이미 폭력에 길들어져 있었다. 폭력에 너무 당연하다는 듯이 길들여진 여성에 대한 비판의 시선을 보여 준다.

그러나 출옥 후 승현의 폭력은 그치지 않았다. 그는 강주가 늘 누군가를 바라보고 있다는 사실만 알고 있다가 그 사람이 오한순의 오빠 오한영이라는 것까지 알게 되자 급기야 일을 저지르고 말았다. 강주를 변호하고 있는 자신의 여동생과 둘째 아이인 성은을 죽이고 자신도 자살한다. 이에 충격을 받은 강주는 1년 동안 병원신세를 지게 되었고 극단의 중요 배우인 강주의 입원으로 인해 극단도 해체되었다. 퇴원 후 설초는 강주의 형편을 헤아려주며 필요할 때마다 돈을 융통해주고 도움을 주는데, 강주에게 충격적인 소식이 들려온다. 승현이 살아있으며 북간도에서 독립운동을 하고 있고 자신과 성환을

126 최정희, 「강물은 또 몇 천리 16회」, 『현대문학』, 1965.9, 184~185쪽.

데려가려고 한다는 것이다. 강주는 승현과 함께 했던 생활의 악몽이 다시 재연될까봐 설초의 제안을 받아들인다. 즉 이미 설초와 결혼했다는 거짓말로 북간도 사나이를 돌려보낸다.

> 강주는 생활을 이어가는 경제적인 두 남자의 힘을 비교해보았다. 승현이나 설초나 둘이다 제 힘으로 생활을 꾸려가지 못하는 점에선 마찬가지 자격자일 수밖에 없지만 그렇더라도 설초는 처자를 고생시키지 않으려고 애는 쓸 것이다. 실속없이 입으로만 모든 것을 꾸려가려는 승현에게 비하면 설초편이 약간의 진실성도 지녔다고 보겠다.[127]

강주는 승현과 설초를 경제적 힘으로 비교해 봤다. 두 남자 모두 "제 힘으로 생활을 꾸려가지 못하는 점에선 마찬가지"라는 것은 모두 극장의 해체를 맞이한 이력을 갖고 있으며 연극 활동으로 돈을 벌지 못하고 있다는 말이다. 그러나 설초는 '처자를 고생시키지 않으려고 애는 쓸 것'이거니와 영남 모 부호의 첩의 아들로서 경제적 내원이 있는 것이다. 강주가 머물고 싶은 곳은 '돈'을 소유하고 있는 남자였던 것이다. 실질적으로 승현과의 결혼생활에서 강주는 경제적으로 무능력한 남편으로 인해 늘 남편과 불화를 겪었다. 그러나 승현이 하루는 돈뭉치를 들고 오자 강주는 모든 문제가 다 해결된 듯 남편을 잘 섬기려고 다짐한다.

> 이 집에 와서 처음 있는 외출이었다. 강주는 사고싶던 것들을 적어서 손에 꼭 쥐었다. 베갯속 승현의 베갯감 양말 내의 넥타이 와이셔츠 그가 집에서 입을 옷가지와 누비이불 등이었고 그 외에 강주의 옷감과 핸드

---

127 최정희, 「강물은 또 몇 천리 22회」, 『현대문학』, 1966.3, 169쪽.

빽 양말이 적혀 있었다. 전에 있던 하숙집 밥값을 물러가기 위해서 옷감과 핸드빽을 멋진 것으로 하겠다는 마음을 강주는 먹어본다.

사고 싶은 것들을 사고도 돈이 남았다. 찬거리도 맛맛이 가추었다. 면사포와 웨딩 · 드레스를 세주는 가게에도 들렸다.

“이런건 바루 전날 서둘러도 될 일인걸.”

돌아오는 강주의 모양새는 우스웠다. 다른 것은 모르겠는데 두 개의 베갯속이 들어있는 자루가 꽤 부피를 차지하고 있기 때문이었다. 그래도 강주는 고되지도 않았으며 부끄럽지도 았았다. 거리의 시선이 자기에게로 쏠리는 것을 알면서도 강주는 바람을 탄 듯이 치맛자락이 날리게 걸었다.

(…중략…)

두 개의 베개에 속을 넣고 나서 저녁을 지었다.- 이제 앞으론 나도 여늬 여자들처럼 별생각 없이 때가 되면 쌀을 꺼내 밥을 질테지.…… 문화공론사 이층방의 악몽같던 생활은 이젠 없을거야.…… 그건 꿈으로 돌려야지. 이제 곧 결혼식을 올리고…… 어머니가 식에 못오시더라도 식만 거행한다면 되는 것이다. 결혼식을 올리면 제집을 가질게 아니냐. 나는 아무의 눈치도 보지 않고 대문을 두들기는 승현에게 문을 열어줄 수 있겠지. 그럴 때 어색하게 굴믄 안돼. 승현이 저건 자랄 때부터 가난뱅이로 살아와서 저렇거니 알기 쉬우니까 말이야.

끝없는 생각 속에 설레설레 고개를 젓기도 하고, 끄덕이기도 하면서 강주는 저녁상을 얌전히 보아 놓는다.[128]

강주는 승현에게 가지 않겠다는 마음에 ‘돈’ 있는 설초를 택했다.

---

128 최정희, 「강물은 또 몇 천리 2회」, 『현대문학』, 1964.6, 165쪽,
______, 「강물은 또 몇 천리 3회」, 『현대문학』, 1964.7, 110쪽.

그러나 그녀는 불안을 감지한다. 설초에 대한 강주의 마음은 연극동료로서의 감정이고 그에 대하여 이성적 매력을 느끼지 못한다. "설초를 사랑하지 못하는 강주의 심리상태는 아이에게 맹목적이 되는 때가 많았고, 아이에게 맹목적으로 쏟는 강주의 모성애가 설초의 마음을 거칠게 했으며 성환에게 그는 증오까지 느끼게 했던 것 같다."[129] 설초와의 아이 정미가 출산하자 설초는 더욱 성환을 받아들이지 못하고 구박을 한다. 결국 성환을 승현의 동생 승구에게 맡긴다. 엄마와 같이 살기를 바라는 어린 아이 성환을 못내 보내야 하는 고통을 강주는 어쩔 수 없이 감내해야 한다. 결국 이 모든 것은 강주가 설초를 사랑하지 못하는 데서 빚어진 것인데, "진실로 강주는 숨결마다 잊혀 안지려는 오한영에게 가는 마음까지를 눌러가면서 마소같이 무딘 감정으로" 설초와 살아왔었다. 강주가 원했던 대상은 사랑하는 사람이었을 것이다.

오한영은 여학교 때 친구 오한순의 오빠로 강주를 동경에서부터 연모하였으며 서울에 와서 검사가 되었다. 승현이 징역살이를 할 때 강주가 면회하고 나오던 눈 오던 날 오한영이 강주를 차로 데려다 준 적이 있었다. 그날 강주는 하늘과 땅이 한데 붙은 듯 천지일색을 이룬 눈세계를 꿈속에서의 출렁이는 먼 나라 해변으로, 검은빛 자동차를 기사와 같이 탔던 마차로, 그리고 그 기사를 오한영으로 착각하는 환각 속에 묻혀 오한영에게 살포시 기대었다. 강주는 승현과의 고달픈 생활에서 늘 한 가닥의 힘이 되는 꿈을 꿨었는데, 그것은 바로 먼 나라 해안지대를 마차에 타고 앉아 달리고 강주 옆에 바닷빛 망토를 걸친 기사가 앉아 있으며 강주를 슬픈 눈빛으로 지켜보고 있는 꿈이다. 이로 인해 강주는 오한영과 남편 승현 사이에 심한 갈등

---

129 최정희, 「강물은 또 몇 천리 22회」, 『현대문학』, 1966.3, 169쪽.

을 느꼈었다. 강주가 퇴원 당시 오한영을 찾아갔으나 그는 검사직을 그만두고 고향으로 내려갔다는 사실을 알게 되었다. 강주는 그에 대한 그리움으로 몇 번의 고민 끝에 "소식을 들었습니다. 늘 건강하시기를 바랍니다."라는 짤막한 편지를 보냈다. 두 달 가까이 애타게 기다린 끝에 강주는 짧은 안부 편지와 소포꾸러미 산나물을 받았을 뿐이었다. 실망스럽고 원망스러워하는 강주에게 주인댁이 싸고 다시 싼 소포꾸러미를 보더니 이 귀한 산나물을 뜯으려면 하루 꼬박 걸린다며 정말 살뜰한 친구라고 대견해 했다. 주인댁의 말에 강주는 힘을 얻어 다시 편지를 보냈다. 이번에는 지난번에 적지 못했던 사연들, 남편이 혼자 죽지 않고 시누이와 갓난이까지 죽였다는 그동안 있었던 일들을 모두 적어 보냈다. 생각보다 일찍 도착한 답장은 길었으나 건강과 평화를 빈다는 내용 등이 있을 뿐 강주를 만나러 오겠다는 하등의 말은 없었다. 결국 강주는 오한영을 찾아갈 생각으로 여비를 마련하기 위하여 출판사에 취직하게 되었고, 그 때 승현의 소식을 듣고 설초와 결혼하게 된 것이다. 소설은 오한영이 강주를 만나는 장면에서 1부가 끝을 맺는 것으로 보아 강주가 오한영과 인연이 될 것으로 보인다. 하지만 오한영은 강주가 사랑하는 사람으로서 이성적 매력이 있고 경제적 능력도 있으나 강주에 대해 줄곧 적극적인 태도를 취하지 않고 있다. 그는 아주 소극적인 성격을 가지고 있다. 만약 속편이 나오더라도 둘의 인연은 성사되기 어려울 것이다.

결국 서강주의 주변 남자들을 자세히 들여다보면 모두가 온전하지 못해 어느 한 명도 선택할 수 없는 문제를 지니고 있는 것이 발견된다. 그녀와 관계를 맺는 남자는 총 세 명이다. 바람둥이 나쁜 남자인 첫 번째 남편 조승현, 연극동료인 두 번째 남편 이설초, 환상 속에서의 착한 남자 오한영이 그들이다. 조승현은 '폭력'적인 매력을 가지고 있고 여성에 대한 적극성도 있으나 경제적으로 궁핍하다. 이설초는 적극성도 있고 경제적 능력도 있으나 강주에게 남성적 매력이 없는 사람이다. 오한영은 늘 강주에게 다정하다. 즉 오한영은 다정한 매력을 가지고 있으며 경제적 능력도 있지만 아주 소극적이다. 결국 그들에 대한 강주의 선택의 자유는 주어져 있지만 어느 하나 선택하여도 온전하지 못하고 불안정하다. '선택지의 불안정성'이라는 알레고리가 이 작품에서도 발견되는 것이다.

표면적으로 보면 최정희는 여성에게 사랑과 결혼, 이혼과 바람을 포함한 범위의 극단적 자유가 필요함을 주장하고 있는 것처럼 보인다. 하지만 그녀의 작품 속에서 이런 선택에 대한 자유는 여전히 불안정성을 동반한다. 『인간사』에서의 채희는 고된 집안일과 가정 돌보기를 하는 구시대적 여성의 삶을 사느냐, 구시대의 모든 의무를 극단적으로 버리고 방탕한 삶을 사느냐 하는 양자택일의 문제에 보이지 않는 강요를 받는다. 『강물은 또 몇 천리』에서의 서강주는 어느 남성과 함께 하느냐 하는 문제를 고민하고 비교하는데, 결국 어느 하나를 선택하여도 온전하지 못하고 불안정성을 동반한다. 이들 여성들에게 주어진 선택의 자유가 불안정하기 때문에 극단적 선택지의 제한성이 나타나게 된 것이다.

한편 장아이링은 1960년대에 창작 대신 원작을 개작한다. 1950년대에 쓴 『십팔춘』을 『반생연(半生緣)』으로, 항일 시기에 쓴 「황금족쇄」를 『원녀(怨女)』로 개작을 한다. 1950년 3월부터 1951년 2월까지 상하이 『역보(亦報)』에 연재한 『십팔춘』을 개작한 후 1968년 홍콩 『성도석간신문(星島晩報)』에 『반생연』으로 연재하게 된다. 그 다음 해에 『반생연』을 타이완 황관출판사(皇冠出版社)에서 출판한다. 『반생연』은 『십팔춘』에서의 18년간의 젊은이들의 일대기를 14년간의 일대기로 줄였다. 14년간의 일대기는 항일시기에 해당한다. 또한

『반생연』은 『십팔춘』의 공산주의적 경향을 삭제하였다. 『십팔춘』에서의 결말은 젊은 남녀들이 모두 동북에 가서 사회주의 건설에 동참하였고, 남자주인공 선스쥔(沈世鈞)은 사랑하는 여인 꾸만전(顧曼楨)이 무진(慕瑾)과 잘 되기를 암암리에 축복해 준다. 또한 쉬수후이(許叔惠)는 스쥔의 아내이자 좋아했던 스추이즈(石翠芝)에게 여전히 사랑하고 있음을 고백 받는다. 이에 쉬수후이는 그녀의 사랑을 거부하며 사회주의적으로 올바른 삶을 살아야 한다고 설득한다. 쉬수후이는 그녀에게 부잣집 아가씨로서의 생활을 청산하고 남편의 사회주의적 개조를 본받기를 권유한다. 결국, 이들은 사회주의적 희망을 품는 행복한 결말을 맞이한다. 개작 후에는 젊은 네 명의 인물들이 서로의 엇갈린 사랑을 확인하고 헤어지는 것으로 마무리된다. 개작 후에는 18년이 아닌 14년의 이야기만을 다뤘는데 이는 사회주의를 삭제하는 것인 동시에 사랑에 관한 인물들의 감정을 정리하거나 결말짓지 않았다. 이 같은 개작은 단선적인 이념과 정치적 주제를 거부하며 사랑문제에 집중하고자 한 그녀의 의도에서 비롯되었다고 볼 수 있다. 1950년대의 그녀의 소설이 이념문제의 소용돌이에 휘말렸는데, 16년이 지난 후의 그녀의 개작은 그녀의 일관된 탈이념, 탈정치적 입장을 다시 한 번 증명해 주기도 하였다.

『십팔춘』에서 『반생연』으로의 개작에는 「황금족쇄」에서 『원녀』로의 개작처럼 창작에 가까운 대대적 수정과 추가가 이뤄지지 않고 결말을 제외하고는 작은 부분에서의 수정만 이뤄졌다. 이 같은 작은 부분에서의 수정은 장아이링의 의도가 무엇이었는지를 선명하게 드러낸다. 그 범위가 작은 만큼 장아이링의 의도가 좁은 범위, 적은 경우의 수로 예측될 수 있기 때문이다. 개작된 내용은 크게 두 가지 주제로 장아이링의 의도를 드러낸다. 그 하나는 '사회주의 찬양 삭제와 자본주의에 관한 리얼리티 강화'이고, 나머지 하나는 '사랑의 긴장 강화'이다.

먼저 '사회주의 찬양 삭제와 자본주의에 관한 리얼리티 강화'에 대한 내용을 살펴보도록 하겠다.

원작에서 남자주인공 선스쥔의 가장 친한 동창생 쉬수후이는 상하이에 있는 직업을 버리고 인민들을 위해 일을 하고 싶다고 서북의 해방구에 간다. 그러나 개작 후에는 박사학위를 따려고 미국으로 유학 가는 것으로 설정되어 있다. 이는 수후이를 야망이 있는 인물로 그림과 동시에 자본주의 국가 미국의 우월성을 가감 없이 드러내는 대목이다.

한편 수후이가 서북으로 가서 직업을 얻고 기술공인 여성과 결혼한 행복한 결말은 사회주의의 긍정성을 홍보하는 역할을 담당했던 부분이었다. 개작 후에는 이 부분이 미국유학으로 바뀐 것은 사회주의 대신 (미국으로 대표되는) 자본주의를 담아낸 것에 해당한다.

다음은 스쥔과 수후이가 산책할 때 상하이 교외에 대한 원작과 개작에 있는 묘사이다.

> 이미 어둠이 짙어갔다.[130]

> 양수푸(杨树浦)의 공장이 하루의 가동을 마쳤다. 멀리서나 가까이서나 자동차들의 기적소리가 들려왔다. 연통에서 뿜어 나오는 연기가 붉은 석양 속으로 날아올랐다.[131]

---

130 "已经暮色苍茫了."
张爱玲, 『十八春』, 『张爱玲文集』 第3卷, 安徽文艺出版社, 1995, 205쪽.

131 "杨树浦的工厂都放工了, 远远近近许多汽笛呜呜长鸣, 烟囱里的烟, 在通红的夕阳天上笔直上升."
张爱玲, 『半生缘』, 北京十月文艺出版社, 2012, 240쪽. (장아이링, 권효진 옮김, 『반생연』, 문일, 1999. 본 저서의 『반생연』 번역은 모두 이 책을 기초로 인용했다. 문맥상 어울리지 않는 부분은 본 저서에서 직접 번역했다. 앞으로 『반생연』

원작과 달리, 공장, 차 소리, 연기 등 자본주의를 연상케 하는 공업화된 풍경을 추가하였다. 이는 자본주의에 관한 리얼리티를 회복하려고 한 것이다.

다음은 여주인공 꾸만전이 훙차이(鴻才)의 아이를 난산하여 입원하는 중 같은 병실에 있는 진팡(金芳)에게 자신이 당했던 일을 토로하고 도움을 요청한다. 분노한 진팡은 신고하라고 권유한다. 아래는 원작과 개작에서 만전이 진팡에게 한 말이다.

> "아니에요. 지금의 법률에 대해 믿음이 가지 않아요. 그들처럼 돈 있는 사람들은 경찰에 신고해도 아무 소용이 없어요."[132]

> "아니에요. 그들처럼 돈 있는 사람들은 경찰에 신고해도 아무 소용이 없어요."[133]

법률문제, 자본주의문제에 대한 비판 중에 후자만 남긴 것은 자본주의가 그만큼 깊이 개입되어 있다는 것을 보여주는 자본주의에 대한 리얼리티라 할 수 있다.

다음으로 개작 전 꾸 부인의 삼촌 꾸시야오(顧希堯)가 일본을 위해 일했다는 죄목으로 국민당에게 총살당한 내용을 개작 후에는 삭제하였다. 또한 개작 전에는 무진이 누명을 써서 국민당에게 잡혀가는 내용에서 개작 후에는 일본군에게 잡혀가는 것으로 변경되었다. 이

의 번역에 대한 각주는 생략한다.)

132 "我不想跟他们打官司打起官司来，我对现在这种法律根本没有什么信心. 打起官司来，总是他们花得起钱的人占上风."
张爱玲，『十八春』，『张爱玲文集』 第3卷，安徽文艺出版社，1995，212쪽.

133 "我倒不想跟他们打官司. 打起官司来，总是他们花得起钱的人占上风."
张爱玲，『半生缘』，北京十月文艺出版社，2012，248쪽.

같은 내용을 삭제하거나 변경하는 것은 국민당 비판을 삭제하는 것이며, 이는 사회주의 찬양을 삭제하는 것에 해당한다.

다음으로 수후이가 10여 년(원작)/10년(개작 후) 만에 상하이로 돌아온다.[134] 추이즈는 스쥔한테 요리사를 불러 집에서 환영회를 열자고 한다. 추이즈의 제안에 스쥔이 원작과 개작 후 다르게 말한다.

> "지금 이 시기에 절약해야 해. 수후이도 찬성하지 않을거야."[135]

> "우리끼리 나가서 식사를 하는 게 어때? 사람도 적어서 편하게 얘기도 나눌 수 있고……"[136]

개작 후에는 사회주의적 근검절약정신을 삭제하였다. 그리고 돌아온 수후이의 외모에 대한 원작과 개작 후의 묘사이다.

> 몸이 튼튼해 보이고 더 정신 있어 보인다. 쉬 부인이 쉬 선생한테 속삭였다. "수후이가 살이 올랐지?"[137]

> 수후이는 여전히 멋있었다. 하지만 어머니의 눈에는 언제나 그렇게 보이는지 쉬 부인은 딸에게 속삭였다. "수후이가 말랐다. 그렇지? 너무

134 원작에서 수후이가 상하이로 돌아올 때, 중국은 신중국 건립(1949년) 직후였다. 개작 후에 수후이가 돌아올 때, 중국은 항일전쟁이 끝난(1945년) 직후였다.

135 "现在这时候, 总应该节约一点. 那你不相信, 叔惠也不会赞成的."
张爱玲, 『十八春』, 『张爱玲文集』 第3卷, 安徽文艺出版社, 1995, 271쪽.

136 "'不如陪他出去吃, 人少些, 说话也痛快些.'"
张爱玲, 『半生缘』, 北京十月文艺出版社, 2012, 315쪽.

137 "看样子身体很健壮, 人也更精神了. 许太太向裕舫笑道:'叔惠是不是胖了?'"
张爱玲, 『十八春』, 『张爱玲文集』 第3卷, 安徽文艺出版社, 1995, 272쪽.

많이 말랐어."[138]

개작 후에는 사회주의 긍정성을 삭제하였다.

이러한 방식으로 사회주의 찬양을 삭제하고 자본주의 유입에 대한 리얼한 반영을 드러내는 역할을 하는 개작 부분이 여러 대목에서 발견된다.

다음, '사랑의 긴장 강화'에 대한 내용을 보도록 하겠다.

스추이즈가 처음 등장할 때 그녀에 대한 개작 전과 개작 후의 묘사이다.

스추이즈는 열여덟, 아홉의 어린 나이였다. 얼굴형이 작고 갸름하여 외모가 수려해 보였다. 오똑한 코에 맑고 큰 한 쌍의 눈을 가지고 있었다. 다만 눈까풀이 약간 부어 있었다. 이마까지 가지런히 앞머리를 기르고 있었는데 거의 눈썹을 덮을 정도였고 머리 뒤쪽에는 큰 머리핀을 꽂고 있었다.[139]

스추이즈는 이마까지 가지런히 앞머리를 기르고 있었는데 거의 눈썹을 덮을 정도였다. 그러나 머리 뒤쪽에는 큰 머리핀을 꽂고 있었다. 작고 갸름한 얼굴형에 눈까풀이 약간 부어 있었다. 그렇지만 않았다면 수려한 외모였다. 체격은 건강미가 흐르고 가슴이 풍만해서 오히려 나이

---

138 "叔惠还是那么漂亮，但是做母亲的向来又是一副眼光，许太太便向女儿笑道:'叔惠瘦了．你看是不是瘦了？瘦多了．'"
张爱玲，『半生缘』，北京十月文艺出版社，2012，316쪽.

139 "那石翠之不过十八九岁年纪，小小的窄条脸儿，看去是很秀丽的，高高的鼻峰，一双亮晶晶的大眼睛，只是眼泡微肿．额前打着很长的前刘海，直罩到眉毛上，脑后却蓬着一大把卷发."
张爱玲，『十八春』，『张爱玲文集』第3卷，安徽文艺出版社，1995，46쪽.

가 더 들어 보인다. 스무 살은 되어 보였다.[140]

추이즈의 외모에 대해 덜 아름답게 묘사한 것은 수후이에게 사랑이 아닌 이용의 대상이 되기에 적합한 인물로 여성을 위치시키는 것이다. 한편 개작을 통해 수후이는 야망이 있는 인물로 전환됐다. 원작에서도 수후이의 야망이 있었지만 그것은 자기만을 위한 야망이 아니었다. 개작 후 수후이의 야망은 원작에 비해 상대적으로 개인적인 야욕에 해당한다. 이를 강조하기 위해, 수후이의 원작에 비해 상대적으로 '기만적인 사랑'을 강조하기 위해 추이즈의 외모를 아름답지 않게 설정한 것이다.

개작 후 수후이의 야망에 약간의 악한 성향이 부여됨으로써 물질만능주의적 태도를 보이는 추이즈 집안의 악한 그것과 수후이의 악한 그것은 대등한 관계를 형성한다. 이는 악과 악의 사랑이라는 구조를 만들어 냄으로써 그 사랑의 긴장을 높인다.

다음으로 만전을 찾으러 갈 때, 스쥔은 꾸 부인과 만전의 언니 꾸만루(顧曼璐)의 대화내용을 엿듣게 된다. 꾸 부인은 만루에게 만전을 무진한테 시집보냈으면 하는 바람을 이야기한다. 그 내용을 듣기 전 장면에 대한 개작 전과 개작 후의 묘사이다.

그가 이렇게 망설이고 있을 때 유리창이 꽉 안 닫혔는지 화르륵 열렸다.[141]

---

140 "那石翠之额前打着很长的前刘海, 直罩到眉毛上, 脑后却蓬着一大把卷发. 小小的窄条脸儿, 眼泡微肿, 不然是很秀丽的. 体格倒很有健康美, 胸部鼓蓬蓬的, 看上去年纪倒大了几岁, 足有二十来岁了."
张爱玲, 『半生缘』, 北京十月文艺出版社, 2012, 53쪽.

141 "正踌躇着, 那玻璃窗没关严, 就把两扇窗户哗啦啦吹开了."
张爱玲, 『十八春』, 『张爱玲文集』 第3卷, 安徽文艺出版社, 1995, 112~113쪽.

그가 이렇게 망설이고 있을 때 유리창이 꽉 안 닫혔는지 바람이 세게 불어 창문을 화르륵 열어 제쳤다.[142]

바람이 불어서 창문이 열렸다는 갑작스런 사건을 추가시킴으로써 엿듣는 내용에 대한 주목과 긴장을 강화한다. 이는 사랑의 긴장을 강화시키는 목적에 의한 개작이다. 무진은 만루의 옛 남자친구였다. 만루의 생각은 꾸 부인과 달랐다. 개작 전과 개작 후 그녀의 생각에 대한 묘사이다.

그녀는 완전히 질투할 권리가 없었다. 그녀의 어머니는 정말 쓸데없는 간섭을 하기 좋아한다. 어떻게 동생을 무진과 맺어 주려고 하는가?[143]

그녀는 이미 질투할 권리가 없었다. 그녀의 어머니는 정말 쓸데없는 간섭을 하기 좋아한다. 어떻게 동생을 무진과 맺어 주려고 하는가?[144]

'이미'는 만루의 질투가 개작 전보다 더 작음을 의미하기에 '이미'는 만전과 무진의 연결가능성을 상승시킨다. 이야기를 엿듣고 있던 스쥔은 이러한 만루의 생각은 모른다. 스쥔은 사랑하는 여자 만전과

142 "正踌躇着, 那玻璃窗没关严, 一阵狂风, 就把两扇窗户哗啦啦吹开了."
张爱玲, 『半生缘』, 北京十月文艺出版社, 2012, 131~132쪽.

143 "她完全没有嫉妒的权利了. 她母亲也真是多事, 怎么想起来的, 又要替她妹妹和慕瑾撮和, "
张爱玲, 『十八春』, 『张爱玲文集』 第3卷, 安徽文艺出版社, 1995, 114쪽.

144 "她已经没有嫉妒的权利了. 她母亲也真是多事, 怎么想起来的, 又要替她妹妹和慕瑾撮和, "
张爱玲, 『半生缘』, 北京十月文艺出版社, 2012, 133쪽.

의 연결이 좌절될 위기에 놓여 있지만 독자는 스쥔과 만전의 사랑이 이뤄질 가능성을 개작 전보다 더 크게 만드는 만루의 생각을 일종의 방백처럼 듣고 있다. 즉 사랑의 불안과 사랑의 희망의 간극을 넓힌 것이다. 이는 사랑의 긴장을 강화시킨 것에 해당한다.

다음은 스쥔의 아버지가 병이 심각하다는 전보를 받고 스쥔이 난징(南京)으로 가기 전 만전과의 이별장면에서 개작 후 추가된 내용이다.

> 스쥔은 난징의 집 주소를 적은 종이를 들고 보았다. 그리고 미소 지으면서 말했다. "며칠만 있으면 돌아올 건데 편지 쓸 필요 있을까." 만전은 아무 말 없이 그의 목도리로 자신의 손을 감고만 있었다. 스쥔이 시계를 보더니 일어났다.[145]

스쥔이 곧 오겠다는 말이 더 확실하게 묘사되었다. 이는 겉으로 보기에는 스쥔이 만전에 대한 사랑을 확고히 하는 것 같다. 하지만 만전의 초조함이 추가된 것은 스쥔의 맹세를 더 의심하게 만드는 장치에 해당한다. 즉 사랑의 긴장을 강화시켰다.

다음은 만전이 언니의 남편 훙차이에게 강간당하는 장면에 대한 원작과 개작 후의 묘사이다.

> 훙차이는 만전이 야수같이 문다고 한다. 그러나 그는 이 '야수'라는 형용사가 그에게 쓰이는 것이 타당하다는 것을 모른다.[146]

---

145 "世钧写完了，将那纸条子拿起来看看，又微笑着说：'其实我几天工夫就会回来的，也用不着写什么信.' 曼桢不说什么，只把他的围巾拿在手里绞来绞去. 世钧看了看表，站起身来."
张爱玲，『半生缘』，北京十月文艺出版社，2012，144쪽.

그는 만전에게 밀려 침대에서 굴러 내려오다가 잘못해서 중심을 잡지 못하고 바닥에 부딪혀 코피를 줄줄 흘렸다. 그녀가 악을 쓰는데다가 물리는 바람에 정신이 없었다. 겨우 그녀의 머리를 쥐고 바닥에 몇 번 처박아서 기절시켰다. 그때는 어둠 속에서 그녀가 죽은 줄 알았다. 불을 켜고 보니 아직 숨을 쉬고 있었다. 그는 그녀를 침대에 눕히고 옷을 전부 벗겼다. 이미 정신을 잃어버린 육신을 차지하기에는 충분했다. 그녀한테 죽어도 여한이 없었다. 하지만 이것이 그녀와는 처음이자 마지막일 줄은 몰랐다.[147]

원작에 비해 묘사가 길어진 것은 사랑이 보호되지 못하고 파괴되는 안타까움, 사랑을 강조하기 위한 것이라 할 수 있다. 또한 너무 성적인(극단적인) 장면도 상세히 서술하는 것은 독자들의 수용방식 변화를 고려한 것이기도 하다.

한편 스쥔은 만전이 무진과 결혼했을 거라 오해를 하고 고향에서 함께 자라온 추이즈와 결혼하기로 한다. 그는 추이즈와 결혼 준비를 하면서 만전과 있을 때의 막연함에서 모든 것이 실감이 난다고 하며 "아무튼, 매우 행복하다."라고 생각한다. 그러나 개작에서는 이 말이 삭제되었다. 이는 추이즈와의 애정이 없는 안정만을 추구하는 결혼관을 삭제함으로써 만전과 관련한 불가능하고도 열정적인 사랑의 긴

146 "'简直像野兽一样!'他却没想到这'兽性'的形容词通常是应用在他这一方面的." 张爱玲, 『十八春』, 『张爱玲文集』 第3卷, 安徽文艺出版社, 1995, 170쪽.

147 "他被她拖着从床上滚下来, 一跤掼得不轻, 差点压不住, 让她跑了, 只觉得鼻尖底下一阵子热, 鼻血涔涔的流下来. 被她狂叫得心慌意乱, 自己也被她咬得叫出声来, 结果还是发狠一把揪住她头发, 把一颗头在地板上下死劲磕了几下, 才把她砸昏了过去. 当时在黑暗中也不知道她可是死了, 死了也要了他这番心愿. 事后开了灯一看, 还是口气, 乘着还没醒过来, 抱上床去脱光了衣服, 像个艳尸似的, 这回让他玩了个够, 恨不得死在她身上, 料想是最初也是最后的一夜." 张爱玲, 『半生缘』, 北京十月文艺出版社, 2012, 199쪽.

장을 강화시켰다.

스쥔과 결혼한 추이즈는 그녀의 진실된 마음을 고백한다. 다음은 원작과 개작에서의 추이즈의 말이다.

> "어떡해요? 당신은 나를 좋아하지 않잖아요. 나도- 나도 당신을 좋아하지 않아요. 이젠 늦었죠? 말해 봐요. 정말 늦은 거예요?"[148]

> "어떡해요? 당신은 나를 좋아하지 않잖아요. 나도 많이 생각했어요. 안 그랬으면 벌써 파혼을 했을 거예요. 그랬으면 사람들이 나더러 그러겠죠. 왜 번번이 파혼을 하냐고……, 말도 안 된다고……, 이젠 늦었죠? 말해 봐요. 정말 늦은 거예요?"[149]

개작 후 추이즈의 입장이 구체적으로 드러난다. 추이즈에게는 사랑보다는 체면이 중요한 것이다. 이는 만전에 대한 스쥔의 사랑이 앞으로 더 커질 수 있게 하는 잠재적 요소가 된다. 이는 개작 전보다 만전과의 이미 늦어버린 사랑에 대한 스쥔의 집착을 강화하는 것이다.

다음으로 스쥔의 친구 수후이가 서북(원작)/미국(개작 후)을 떠나기 전 만전을 만난다. 이때의 만전은 겨우 언니 만루와 훙차이에게 탈출해서 나온 상태였다. 수후이는 만전에게 스쥔이 결혼했다는 소식을 전한다.

---

148 "'世钧, 怎么办, 你也不喜欢我, 我也－我也不喜欢你. 现在已经来不及了吧, 你说是不是来不及了?"
张爱玲, 『十八春』, 『张爱玲文集』 第3卷, 安徽文艺出版社, 1995, 208쪽.

149 "'世钧, 怎么办, 你也不喜欢我, 我想过多少回了, 要不是从前已经闹过一次－待会人家说, 怎么老是退婚, 成什么话? 现在来不及了吧, 你说是不是来不及了?"
张爱玲, 『半生缘』, 北京十月文艺出版社, 2012, 243쪽.

"나는 당신이 이미 알고 있는 줄 알았어요."

만전은 웃으며 말한다. "난 모르고 있었어요."[150]

개작 전에는 수후이의 이야기를 듣고 만전이 그런 사실을 몰랐다며 수후이와 이야기를 나누는 대목이 있었지만 개작 후에는 이런 대화 부분이 삭제되었다. 그 같은 소식을 듣고도 만전이 수후이와 이야기를 나눌 수 있다는 것은 만전이 그만큼 사랑에 덜 집착하고 있는 것이 된다. 만전은 수후이와 헤어진 후 길거리에서 충격에 휩싸인다. 이 같은 만전의 충격을 강화하려면 수후이와의 대화를 삭제해야 했을 것이다. 그래야 만전의 사랑이 강렬했음이 더 확실히 드러나기 때문이다.

다음으로 스쥔이 결혼 후에 새벽 2시까지 만전의 편지를 읽던 장면은 3시까지 읽는 것으로 고쳐졌다. 그리고 앉아서 편지를 읽던 스쥔이 아내 추이즈의 부름소리에 그냥 일어났다는 데서 개작 후에는 다리에 쥐가 나서 겨우 일어났다는 것으로 수정했다.

그는 일어나서 편지를 책 사이에 끼워 넣은 후 책을 덮고 여전히 원래 자리에 갖다 놓았다. "당신 지금이 몇 신 줄 알아요? 2시예요."[151]

그는 다리에 쥐가 나서 제대로 설 수가 없었다. 그는 편지를 책 사이에 끼워 넣은 후 책을 덮고 여전히 원래 자리에 갖다 놓았다. "당신 지

---

150 "'我还以为你一定知道呢.' 曼桢笑道:'我不知道呀.'"
张爱玲, 『十八春』, 『张爱玲文集』 第3卷, 安徽文艺出版社, 1995, 220쪽.

151 "他站起来, 把那张信笺一夹夹在书里, 把书合上, 依旧放还原处. 翠芝道:'你晓得现在什么时候了 一都快两点了!'"
위의 책, 287쪽.

금이 몇 신 줄 알아요? 3시예요."[152]

이는 이미 늦어버려 불가능한 사랑에 대한 집착을 강화하는 것으로써 '사랑의 강화'에 해당한다.

다음으로 원작에서는 수후이가 서북에서 기술공과 결혼했고 혼자 상하이를 잠깐 들르게 되는 것으로 되어 있던 것이 개작 후에는 미국에서 10년 만에 수후이가 상하이로 돌아온 것으로 바뀌었다. 개작된 작품에는 그 동안 수후이가 중국 유학생과 결혼했다가 이혼을 한 것으로 나온다.

"수후이 결혼했나요?"

그러자 쉬 부인이 웃는 얼굴로 대답했다. "결혼했다가 이혼했대. 이년 전의 일이었어."

수후이의 매부가 잠깐의 침묵을 깨뜨렸다. "미국에서 이런 일은 보통 일이잖아요."

"미국인이었나요?"

"중국인이야."

스쥔은 중국인 부부가 외국에서 이혼하는 일은 많지 않다는 걸 알고 있었다. 그러나 근래에 와서는 또 다를 수도 있다고 생각했다. 혹은 미국화된 화교 아가씨인지도 모른다. 그런데 쉬 부인이 금방 그의 궁금증을 풀어주었다.

"유학생이래."[153]

---

152 "他脚都坐麻了, 差点站不起来, 因将那张信笺一夹夹在书里, 把书合上, 依旧放还原处. 翠芝道:'你晓得现在什么时候了? 都快三点了!'"
张爱玲, 『半生缘』, 北京十月文艺出版社, 2012, 327쪽.

153 "'他结了婚没有?' 许太太轻声笑道:'结了婚又离了吧? 还是好两年前的事了, 他信

스쥔은 수후이의 이혼을 생각하며 미국의 문화를 받아들인 남성과 여성 모두가 사랑에 있어 개방적인 것을 확인한다. 수후이의 이혼은 여성문제에 있어서 장아이링의 입장을 드러낸다. 장아이링은 개작을 통해 원작에서의 여성기술공이라는 사회주의로 인한 직업적 양성평등을 삭제하는 대신 자본주의 국가에서의 사랑의 자유와 그에 대한 양성평등을 삽입한 것이다. 이는 사회주의의 삭제인 동시에 직업적 양성 평등보다는 사랑의 자유에 관한 양성평등을 중시하는 것으로써 장아이링이 얼마나 사랑의 문제를 중시하는지를 드러낸다.

이상과 같이 '사회주의 찬양 삭제와 자본주의에 관한 리얼리티 강화', '사랑의 긴장 강화'는 장아이링 자신의 본래 의도를 회복시키는 일종의 '복권'에 해당한다. 그러나 이 복권은 『원녀』의 복권처럼 '관용적 윤리관의 박탈'이라는 의미에까지는 이르지 않는다. 『원녀』에서는 중편을 장편으로 바꾸고 서술자를 크게 변화시키며, 인물의 핵심적 요소인 히스테리를 줄이는 등의 대대적 개작을 함으로써 일종의 창작을 이뤘다. 이에 반해 『반생연』은 『십팔춘』에서 제목만 바꿨지 대대적 수정을 이룬 것은 아니기 때문에 창작적 요소가 매우 적은 것이라 할 수 있다. 이에 따라 『반생연』에는 1960년대의 핵심적 주제인 '관용적 윤리관'의 박탈 문제가 나타나지 않는다. 대신, '관용적 윤리관'의 박탈문제라는 주제를 형성하는 도구로 쓰였던 복권(회복)의 형태가 발견된다.

그렇다면 소설 창작의 전성기 때 수많은 호평을 받은 「황금족쇄」를 『원녀』[154]로 개작한 이유는 무엇일까. 이는 시대수용에 의한 것이

上也没多说.' 大家不由得寂然了一会, 他妹夫便道:'现在美国还不都是这样.' 世钧便也随口轻声问了声:'是美国人?' 许太太悄悄的笑道:'中国人.'"
张爱玲, 『半生缘』, 北京十月文艺出版社, 2012, 315쪽.

154 『원녀』는 영문소설 *Pink Tears*(『粉泪』)로 출판되었다가 이후에 *Rouge of North*

라 할 수 있다. 개작의 과정은 장아이링이 친절하고 직접적인 글쓰기로 변화하고 있다는 것을 보여준다. 그녀는 '소설 창작→ 영화 극본 창작→ 이전 작품의 개작' 과정을 거치면서 대중에게 친절하고도 직접적인 화술을 강화시켜왔다. 장아이링은 1950년대와 1960년대에 대중성이 강한 여러 편의 영화 시나리오[155]를 썼다. 그 결과 『원녀』는 여주인공에 대한 설명 방식을 바꿨다. 「황금족쇄」와는 다르게 여주인공의 선택에 대한 고민, 여주인공의 내면을 직접 전달했다. 예전의 간접 전달 방식에서 직접 전달 방식으로 장아이링의 소설적 형태가 변모한 것이다. 이 같은 변화는 여주인공의 등장 장면에서부터 시작된다. 「황금족쇄」에서 치챠오의 등장 장면은 간접적인 묘사로 이루어져 있었지만 『원녀』에서 인띠(銀娣)의 등장은 처음부터 직접적인 묘사로 이루어졌다.

> 달빛은 장(姜) 씨 집안 새로 들어온 셋째 며느리의 하녀 펑샤오(鳳簫)의 베개에 비쳐졌다.
>
> (…중략…)
>
> 샤오쐉(小双)은 신발을 벗고 펑샤오를 지나서 창문가에 다가서며 "너도 일어나 달을 봐봐."라고 소곤거렸다.
>
> 펑샤오는 일어나서 샤오쐉한테 물었다. "벌써부터 둘째 부인에 대해서 묻고 싶은 것 있었는데……"

(『北地烟脂』)로 다시 제목이 바뀌어 1966년 홍콩의 『성도석간신문(星島晚報)』에 연재되었다. 이후 1968년 타이완 황관출판사(皇冠出版社)에서 출판되었다.

155 장아이링은 1956년부터 1964년까지 8편의 영화 대본을 쓴다. 1957년의 「사랑은 전쟁처럼(情場如戰場)」, 1958년 「인재양득(人才兩得)」, 1959년의 「좋은 운수(桃花運)」, 1960년의 「유월 아가씨(六月新娘)」, 1962년의 「남북이 한 집안(南北一家親)」, 1963년의 「작은 아들 딸(小兒女)」, 1964년의 「잊을 수 없는 노래(一曲難忘)」와 「남북이 기뻐 만나다(南北喜相逢)」 등이 있다.

샤오쐉은 외투를 걸쳐주었다. “감기 걸리지 말고.”

펑샤오는 단추를 채우며 “안 돼, 나한테 알려줘야 해!”라고 했다.

“다 내가 주의하지 않아서 일을 저질렀네.”

“우리는 다 한집 식구 아닌가. 말 못 할게 뭐가 있어.”

“절대로 네 셋째 부인한테 알려주면 안 돼! 우리 둘째 부인은 기름장사하는 집안 딸이야.”

“기름장사? 어떻게 그런 집안 사람을? 네 첫째 부인도 관리집안의 아가씨고 우리 셋째 부인도 네 아가씨만큼은 못하지만 그래도 괜찮은 집안의 사람이잖아-”

“우리 둘째 도련님은 네가 봤듯이 불구자잖아. 관리집안의 아가씨는 누가 시집 오겠어? 노부인은 마지못해 첩을 구하다가 매파가 이 차오(曹) 씨 집안을 찾았어. 칠월에 태어났다고 치챠오(七巧)라고 부르거든.”[156]

상하이에서는 그때 모두 일찍 잤다. 특별히 도시에서는 아직 전등을 달지 않았다. (…중략…)

가게는 모두 문을 닫았다. 자갈길에서는 그만 비틀거리며 자유롭게

---

156 “月光照到姜公馆新娶的三奶奶的陪嫁丫头凤箫的枕边. …… 小双脱下了鞋, 赤脚从凤箫身上跨过去, 走到窗户跟前, 笑道: ‘你也起来看看月亮.’ 凤箫一骨碌爬起来, 低声问道: ‘我早就想问你了, 你们二奶奶……’ 小双弯腰拾起那件小袄来替她披上了, 道: ‘仔细着了凉.’ 凤箫一面扣钮子, 一面笑道: ‘不行, 你得告诉我!’ 小双笑道: ‘是我说话不留神, 闯了祸!’ 凤箫道: ‘咱们这都是自家人了, 干嘛这么见外呀?’ 小双道: ‘告诉你, 你可别告诉你们小姐去! 咱们二奶奶家里是开麻油店的.’ 凤箫哟了一声道: ‘开麻油店! 打哪儿想起的? 像你们大奶奶, 也是公侯人家小姐, 我们那一位虽比不上大奶奶, 也还不是低三下四的人-’ 小双道: ‘这里头自然有个缘故. 咱们二爷你也见过了, 是个残废, 做官人家的女儿谁肯给他? 老太太没奈何, 打算替二爷置一房姨奶奶, 做媒的给找了这曹家的, 是七月里生的, 就叫七巧.’”
张爱玲, 「金锁记」, 『倾城之恋』, 北京十月文艺出版社, 2009, 216~217쪽.

걷고 있었다.

(…중략…)

"아가씨! 아가씨!"

"누구세요?" 위층에 어느 남자가 묻고 있었다.

"아가씨! 기름을 사러 왔어요. 아가씨!"

(…중략…)

"누구야?"

"누구겠어요? 그 죽일 놈의 목수예요. 오늘 정말 재수 없어. 귀신을 만나다니. 혼자 거울을 쳐다보지도 않고."

"됐어, 됐어. 다 이웃이잖아."

"이웃사람? 낯이 있는 거예요? 밤중에 와서 문을 두드리다니. 다음에 또 오게 되면 내가 빗장으로 때리지 않는가 봐. 오늘 정말 다행인줄 알아요." 그녀는 계속 욕을 하고 있었다.

오빠는 듣다못해 끝내 말을 했다. "됐어, 됐어. 그렇게 와자지껄 떠들면 다른 집에서 다 들리잖아. 체면 서는 일도 아닌데."

"오빠는 체면 있어요? 오빠네가 나 몰래 하는 일들 내가 모를 줄 알아요? 어떻게 다른 집에서 나를 비웃을까봐 염려해요?"

"계속 떠들고 있네. 어떻게 젊은 아가씨가 창피스럽지도 않아?"

빙파(炳發)는 이미 목소리를 낮추고 있었지만 인띠(銀娣)는 도리어 목소리를 한층 높였다.[157]

---

157 "上海那时候睡得早, 尤其是城里, 还没有装电灯. …… 小店都上了排门, 石子路上只有他一个人踉踉跄跄走着, 逍遥自在, …… '大姑娘! 大姑娘! ' '谁?' 楼上有个男人发声喊. '大姑娘! 买麻油, 大姑娘!' …… '是谁?' '还有谁? 那死人木匠. 今天倒楣, 碰见鬼了. 猪猡, 瘪三, 自己不撒泡尿照照.' '好了, 好了,' 她哥哥说. '算了, 大家邻居.' '大家邻居, 好意思的? 半夜三更找上门来. 下趟有脸再来, 看我不拿门闩打他. 今天便宜他了, 瘪三, 死人眼睛不生.' 她骂得高兴, 从他的娘操到祖宗八代, 几条街上都听得见. 她哥哥终于说, '好了好了, 还要哇啦哇啦, 还怕人家

「황금족쇄」에서 치챠오는 오빠에 의해 강제로 장(姜) 씨 집안 둘째 아들인 불구자의 첩으로 팔려가지만 『원녀』에서의 인띠는 자신의 결혼의 선택에 대해 스스로 고민한다. 인띠는 원래 약방 점원 샤오류(小劉)한테 호감이 있었다. 샤오류의 어머니는 인띠의 외할머니에게 인띠와 샤오류의 혼인을 제안했다. 인띠는 일종의 '희열'을 느꼈지만 성에 차지 않아 샤오류와의 사랑을 그리며 부부가 된 것을 상상한다. 같은 날 저녁 인띠의 집에는 매파가 찾아왔다. 매파는 예전에 야오(姚) 씨[158]의 큰 아들의 첩자리를 소개했으나 거절당했었다. 야오(姚) 씨의 집안은 부유했으나 큰 아들은 장님이었다. 매파는 과거와 달리 정실의 자리를 권유했다. 인띠는 두 남자를 두고 상상을 했다.

> 그녀는 그의 어머니와 함께 시골에서 농사를 지으며 살기 원하지만 이런 점은 생각해 본 적이 없었다. 그는 1년에 단지 며칠만 집으로 돌아올 것이다. 똥을 퍼낸 후 흙을 뒤엎어 마치 똥이 겹겹이 쌓여 있는 듯한 땅이 저 끝까지 펼쳐질 것이고, 누런 진흙 담장이 둘러진 초가에 살면서 노부인을 봉양할 것이다. 1년 내내 다만 계절의 변화와 해 그림자의 이동만 보며 하루하루 시간을 보낼 것이다. 시간이란 것은 그저 그녀를 노부인으로 만드는 데만 전력할 것이다.[159]

不晓得? 又不是什么有脸的事.' '你要脸?' 她马上掉过来向楼上喊. '你要脸? 你们背后鬼头鬼脑的事当人不知道? 怎么怪人家看不起我.' '还要哇啦哇啦. 怎么年纪轻轻的女孩子不怕难为情?' 炳发已经把声音低了下来, 银娣反而把喉咙提高了一个调门, "

张爱玲, 『怨女』, 『怨女』, 北京十月文艺出版社, 2009, 99～102쪽.

158 「황금족쇄」에서의 장(姜) 씨 집안이 『원녀』에서는 야오(姚) 씨로 변경되었다.

159 "她要跟他母亲住在乡下种菜, 她倒没想到这一点. 他一年只能回来几天. 浇粪的黄泥地, 刨松了像粪一样累累的, 直伸展到天边. 住在个黄泥墙的茅屋里, 伺候一个老妇人, 一年到头只看见季侯变化, 太阳影子移动, 一天天时间过去, 而时间

앞으로 그녀의 삶은 무대 위에서 보낼 것이다. 발밑은 조명등으로 가득하고 동작 하나하나를 할 때마다 음악 반주가 있을 것이다. 그리고 그에 따라 등갓에 그려진 미인처럼 붉은 소매도 불빛을 받아 오렌지색이 될 것이다.[160]

두 남자를 저울질한 결과, 인띠는 가난한 샤오류와의 행복한 삶보다는 부유한 장님 남편을 맞이하기로 결정한다. 여기서 주인공의 내면세계가 직접적으로 독자들에게 전달되고 있다. 「황금족쇄」에서는 치챠오가 이미 쟝 씨 가문에 시집온 후의 내용부터 시작되었으며 치챠오가 결혼한 날의 묘사는 없었다. 반면 『원녀』에서는 인띠가 결혼하던 날의 묘사, 그리고 그녀의 심리묘사까지 섬세하게 그려졌다.

모든 맑고 검은 눈동자들은 마치 파리가 상처를 쏘는 것만 같았다. 그녀는 이 관문을 넘는다는 것이 어려운 일이라는 것을 모르지 않는 것은 아니다. 하지만 반드시 견뎌내야 한다.[161]

결혼 후 인띠는 안락한 생활을 하면서 즐겁기도 하고 때로는 허영심을 채울 수 있어서 좋아하면서도 혼인은 사실 사기에 불과하다고 생각하기도 하는 모순된 내면을 보여준다.

这东西一心一意，就光想把她也变成个老妇人."
张爱玲，『怨女』，『怨女』，北京十月文艺出版社，2009，110쪽.

160 "她以后一生一世都在台上过，脚底下都是电灯，一举一动都有音乐伴奏. 又像灯笼上画的美人，红袖映着灯光成为淡橙色."
위의 책，113~114쪽.

161 "所有这些一对对亮晶晶的黑眼睛都是苍蝇叮在个伤口上. 她不是不知道这一关难过，但是似乎非挺过去不可."
위의 책，118쪽.

옥불사에서 장인어른의 환갑이 진행될 예정이다. 수레마차를 탄 가족의 부녀들은 꼬리에 꼬리를 물고 욕불사로 향한다. 남의 눈을 끌도록 과시하며 지나가는 양이 마치 데모하는 듯하다. 남자들은 먼저 가 있었다. 인띠는 하녀를 데리고 유모(乳母)는 아이를 안고 함께 수레마차를 탔다. 그녀의 변색 족제비 안감이 나온 동그란 칼라의 순백의 외투털은 붉은 연지를 바른 얼굴을 더욱 받쳐주었다. 거리의 행인들은 모두 놀란 듯이 그녀를 뒤돌아보았다. 앞의 몇 대의 차량이 이미 지나갔음에도 불구하고, 젊은 얼굴들이 똑같이 머리에 진주를 달고 두 줄기의 붉은 연지를 발랐음에도 불구하고 말이다……

그러나 이렇게 연지를 바르니 공연하는 것만 같았다. 그녀는 자신들이 공연단과 비슷해 보이는 것 같다. 진주비취들이 머리에 달려 있고 햇빛에 드러내니 너무 튀어서인지도 모른다. 분장을 한 공연단이 거리에서 항행하는 듯하다. 그녀도 연극을 하고 있다. 아주 기쁘게 연극을 하고 있나. 손경스럽고 사랑스러운 사람을 연기하는 것만 같았다.[162]

'피난'이란 비록 재난이긴 하지만 너무 보편화되어서 별로 느껴지지도 않았고 젊은 며느리들은 의당 더욱 마음에 두지 않았다. 그러나 인띠는 야오 씨네가 이후로는 전과 같지 않을 것이란 느낌이 들었다……

인띠는 아무래도 자신의 아들이 장래에 그들과는 다를 것이라고 여겨

162 "在浴佛寺替老太爷做六十岁阴寿, 女眷一连串坐着马车到庙里去, 招摇过市像游行一样. 家里男人先去了. 银娣带着女佣, 奶妈抱着孩子, 同坐一辆敞篷车. 她的出锋皮袄元宝领四周露出银鼠里子, 雪白的毛托着浓抹胭脂的面颊. 街上人人都回过头来看, 吃了一惊似的, 尽管前面已经过了好几辆车, 也尽有年轻的脸, 嵌在同样的珍珠头面与两条通红的胭脂里. …… 但是搽这些胭脂还是像唱戏, 她觉得他们是一个戏班子, 珠翠满头, 暴露在日光下, 有一种突兀之感; 扮着抬阁抬出来, 在车马的洪流上航行. 她也在演戏, 演得很高兴, 扮做一个为人尊敬爱护的人."
위의 책, 152쪽.

졌다. 지금 눈앞에는 여전히 떠들썩한 광경이다. 친척이 더 생겨서 더 시끌벅적하게 됐다. 그러나 그녀는 약간 한기가 느껴진다. 오빠의 자식들은 장래에도 희망이 없을 것이다. 어쨌거나 그녀의 결혼은 완전히 사기극이 되고 만 셈이다.[163]

이 같은 변화는 시대의 변화에 따른 독자의 이해 방식, 수용방식의 변화를 반영한 것이라 할 수 있다. 과거에는 히스테리를 부리는 극단적 인물(치챠오)의 행동을 독자에게 납득, 감정이입을 시킬 수 없었기에 치챠오의 고민을 드러내거나 직접적으로 그녀의 사정을 드러내지 않았다. 1960년대에 들어서서 여성의 지위가 어느 정도 상승함에 따라서 자유도 신장되어 스스로의 고민을 독자들에게 말할 수 있게 되었다. 장아이링은 예전의 극단적 인물을 '보여주기'에 그치지 않고 '해명'을 시도하고 있다. 따라서 인띠의 사정에 대한 설명이 많아지므로 과거의 괴기스런 극단적 행동들도 약화되었다. 또한 『원녀』에서 장아이링은 딸 창안이라는 인물마저 없애버렸다. 이는 딸에 대한 치챠오의 광기를 삭제함으로써 인띠의 극단적 행동들도 따라서 줄어들게끔 만든 것이다.[164]

1960년대 중국과 한국에서의 여성의 지위는 모두 어느 정도 상승되었고 여성의식도 예전 시기에 비하면 많이 높아졌다. 따라서 장아이링은 독자들의 이해, 수용방식의 변화를 수용하여 극단적 행동을

163 "'跑反' 虽然是一劫, 太普遍了, 反而不大觉得, 年轻的媳妇们当然更不放在心上. 银娣倒是有点觉得姚家以后不比从前了. …… 银娣总以为她的儿子将来和他们不同. 现在眼前还是一样热闹, 添了许多亲戚更热闹些, 她却觉得有一丝寒意. 她哥哥那些孩子将来也没指望了. 她的婚姻反正整个是个骗局."
위의 책, 154쪽.

164 장아이링은 늘 인간의 '다층성, 그것들의 충돌'을 대부분의 작품에서 또 하나의 주제로 삶고 있어서 반복적으로 히스테리 현상이 작품 속에 나온다.

하는 여성인물의 사정에 대해서 해명을 시도하였다. 그 결과 이상 행위들도 줄어들었다. 최정희는 예외적으로 어느 정도 사회 제도적 억압에서 벗어난 여성인물들을 등장시켰다. 그녀들은 남자들을 비교하면서 자신과 잘 맞는지 재어 보기도 하고 자신의 취향에 따라 선택하며 바람 필 권리까지 가지고 있다. 하지만 이러한 자유 앞에는 여전히 선택지의 불안정성이 놓여 있었다. 자유가 불안정하기에 삶에 대한 선택지도 따라서 온전하지 못하고 2분법 혹은 3분법적 극단적 선택의 제한이라는 문제가 발생한다.

2) 회귀의 방식

이 시기에 최정희와 장아이링은 모두 여성의 이상 행위, 즉 비정상성을 해명하는 단계에 이르렀다. 윤리적 정상성의 범위에서 벗어나는 비정상적 행위에는 그 원인이 있기 마련이다. 만약 그 원인이 이미 비정상적이었다면 이때의 원인에 의해 일어난 비정상적 행위는 윤리적 잣대에 의해 비정상성으로 판별되지 않아도 된다. 비정상성에 대한 일종의 복권이자 해명인 셈이다. 1960년대 이전에는 사회제도적인 면에서 남녀의 동등한 권리를 주장하였다면, 1960년대에 들어서서는 그것을 넘어서서 더 추상적인 영역, 남성에게만 주어졌던 관용적 윤리관, 즉 비정상적 행위를 판단하기에 앞서 원인의 검토를 해보는 관용적 윤리관[165]에 두 작가가 모두 주목하기 시작했다. 이 같은 두 작가의 관심은 양국 사회의 높아진 의식의 수준을 반영한 것이라 할 수 있다.

---

165 여기서 말하는 윤리는 한 사회의 범주에서의 규범을 포함한 인류의 범주에서의 규범을 말한다.

장아이링은 극단적 행동을 하는 비정상적인 여자를 해명하기 위해 차오치챠오라는 '철저한' 인물을 끌어왔다. 장아이링이 "극단적으로 병태적이고 극단적으로 깨달은 사람은 많지 않다. …… 그래서 내 소설에서 「황금족쇄」의 차오치챠오를 제외하고는 모두 불철저한 인물이다. …… 보통 사람이 영웅보다 더욱 시대 전체를 대표할 수 있다."[166]라고 한 말에서 알 수 있듯이 그녀에게 가장 '극단적이고 병태적'인 인물은 치챠오이다. 개작된 작품 『원녀』에서는 본래 이렇게 극단적이고 병적이었던 인물의 비정상성에 대한 해명을 담고 있다. 인띠의 고민들이 직접적으로 드러나기 때문이다. 항일시기에는 히스테리를 부리는 인물에 대한 그 필연적 사정을 설명할 수 없었지만, 1960년대에는 설명할 수 있게 되었다. 치챠오는 '영웅', 특수한 인간에서 보통 인간이 된 것이다.

한편 장아이링과 같이 최정희도 여성의 비정상성을 해명한다. 그런데 그 해명의 방식이 조금 다르다. 장아이링은 '극단적이고 병적'이었다는 '오명'을 썼던 과거의 대상 치챠오를 끌어왔다면, 최정희는 자신의 작품에서 그 대상을 찾지 않고 과거의 시대에서 그 대상을 찾아온다. 최정희의 작품에서는 치챠오만큼 극단적 행동을 하는 인물이 없었던 것이다. 식민지 시대의 이상행동을 한 채희와, 이상한 선택을 계속해서 보여주는 강주라는 대상을 선택해 해명하고 있다. 최정희가 식민지 시대의 배경과 인물을 끌어오는 과거로의 회귀는 보편성의 획득을 위한 것이다. 과거의 윤리관은 현재의 윤리관보다는 복잡하지 않고 단순해서 보편적으로 이해되는 데 더 용이하기 때문이다. 한마디로 모두가 인정하는 '오명'이 필요했던 것이다. 채희

---

166 "极端病态与极端觉悟的人究竟不多. …… 所以我的小说里, 除了「金锁记」里的曹七巧, 全是些不彻底的人物. …… 这些凡人比英雄更能代表这时代的总量." 张爱玲, 「自己的文章」, 『流言』, 北京十月文艺出版社, 2012, 92~93쪽.

와 강주로 대표되는 여성인물들은 가부장제의 제도적 억압에서 벗어났지만 선택지의 불안정성에는 여전히 노출되어 있었다. 그 당시 사회는 제도적 억압에서 벗어나고도 비정상 행위를 보이는 여성들을 단편적으로 판단했기에 '선택지의 불안정성'이라는 억압을 해소하지 못했다. 최정희는 여성인물들의 비정상성이 '선택지의 불안정성'이라는 원인에 의해 이루어졌다고 해명하고 있다. '선택지의 불안정성'을 제시하는 것은 그들의 비정상성은 결국 선택지의 불안정한 세계 속에서 필연적일 수밖에 없다는 의미를 담고 있는 것이다.

여성에게도 관용적 윤리관이 적용되어야 한다는 주장을 담기 위해 두 작가는 꽤 복잡한 과정을 보여준다.

첫째, 두 작가는 비정상성에 대한 해명을 한다.

둘째, 이 해명에는 비정상성으로 규정되었던 사건을 필요로 한다. 때문에 이들은 작품에 과거의 여성을 등장시킨다. 즉 명확한 비정상성, 오명을 찾기 위해 두 작가는 과거로의 회귀를 하는 것이다.

셋째, 최정희는 과거 시대에서의 보편적 비정상적 인물을 찾아오고, 장아이링은 과거 자신의 작품에서의 비정상적 인물을 찾아온다.

이 같은 과정을 통해 두 작가는 관용적 윤리관에 대한 공평한 적용을 주장하고 있는 것이다. 관용적 윤리관은 곧 맥락적 윤리관을 의미하는 것이다. 맥락적 윤리관이란 하나의 결과를 평가할 때 그 결과에 이르게 한 원인들, 그 결과의 맥락에 대해 분석하는 윤리관이라 할 수 있다. 맥락적 윤리관에 대한 설명을 위해 두 작가는 소설 속 여성인물의 행동에 대한 맥락을 설명하고 있는 것이다. 이 같은 설명은 해명 혹은 복권에 해당한다. 두 작가의 인물들의 비정상성은 그 원인과 맥락이 설명됨으로써 비정상성에서 탈피하기 때문이다. 결과적으로 회귀는 과거의 여성에 대해서는 복권을 이루며, 현재의 여성에 대해서는 관용적 윤리관의 공평한 부여를 이룬다.

두 작가는 과거의 인물을 끌어들이는 공통점을 보이며 그 공통점 안에서의 차이점도 보여준다. 최정희는 과거사회에서의 보편적 인물을 끌어왔고 장아이링은 개인이 창조한 과거작품에서의 '철저한' 인물을 끌어왔다. 해명의 대상이 사회적인 것과 개인적인 것으로 나뉘는 것이다. 이 같은 회귀 '방식의 차이'는 두 작가의 근원적 의식인 '사회적 의식'과 '개인적 의식'을 드러내기도 한다.

5. 1970년대: 종료에 대한 의식

1) 인간적 쓸쓸함과 개인의 욕망

노년기에 들어선 최정희와 장아이링이 이 시기에 발표한 작품들에서는 모두 인간적 쓸쓸함과 종료에 대한 의식이 짙게 깔려 있다.

최정희의 「205호 병실」(『현대문학』, 1970.5)은 죽어가는 병자를 바라보는 '나'의 이야기를 담고 있다. '나'의 옆방 환자는 암 선고를 받았다. '나'는 암환자의 고통스런 신음소리를 들었다. 간호사는 '내'가 시끄러워 할까봐 병실을 옮기겠느냐고 물어왔지만 나는 거절한다. 간호사는 병자의 생사보다 '나'의 휴식을 더 중요하게 생각하는 듯하다. 그 환자가 숨을 거두자 의사와 간호사는 사무적으로 들어가서 체크하고 나온다. 무슨 구경거리라도 되듯 위층 환자는 내려다보고, 어린 아이들은 눈길을 모으다가 다시 노는 데 정신이 팔린다. 주검이 된 옆방 환자가 실려 나갔다. 옆방 환자는 죽었지만 모든 것은 다 원래대로 흘러간다. 이에 주인공은 쓸쓸함을 느낀다.

「바다」(『현대문학』, 1970.4)에서 여주인공 해월은 어머니와 동생이 죽자 "돈궤짝의 돈을 꺼내 싸가지구" 무조건 배를 탔고, 그 후 "도라

꾸에 실구두 남아 돌아갈 남잘 거쳐" 왔다. 그러다가 해월은 제주도 호텔에서 고용원으로 일하게 된다. 주인여자가 아들을 낳으러 산중 기도를 간 어느 날, 고향에서 같이 소꿉장난도 하던 동갑 친구 강학봉과 해후한다. 해월은 30년 만에 만난 학봉을 반가워하고, 학봉은 해월을 여자로 대하며 구애를 한다. 그렇게 그들은 같이 밤을 보내게 되었고, 그 날 학봉은 이 호텔이 해월이가 경영하는 것이 아니라는 것과 해월이가 어머니의 유산을 "몇 해를 흥청망청 잘 썼"다는 사실을 알게 된다. 그러자 학봉은 매정하게 떠나버린다. 이 작품에서는 여주인공이 여러 남자와 관계를 맺을 수 있는 사회 환경의 변화가 드러난다. 반면 남성은 돈 때문에 몸을 파는 위치에 처해 있다. 사회적으로 여성의 위치가 상승되었음을 상징한다. 「산」(『문학사상』, 1976.1)에서는 여주인공 '나'가 수화 김환기 화백의 죽음 소식을 듣고 아내 향안 여사와 함께 그의 무덤에 찾아가면서 수화와 얽힌 과거를 회상하는 것이 주 서사를 이루고 있다. 수화는 낮은 산중턱에 이국인들 비석이 잔뜩 서 있는 속에 홀로 묻혀 있었다. 비석에는 '樹話金煥基之墓'라 새겨져 있고, 그 아래로 '1916년생 金東林(향안)'이 새겨져 있는 것이었다.

> 남의 나라 남의 흙에 묻혀서 홀로 외로울 수화를 달래느라고 향안여사는 이런 짓을 한 것일까.
>
> 남의 나라 땅에 혼자 달룽 남아 살기가 싫고 두려워서 향안여사는 하루 바삐 수화 곁에 가고자 해서 이런 짓을 한 것일까.[167]

남편이 죽은 후에도 무덤을 통해 귀속되려는 여성의 뼛속 깊은 의

---

167 최정희, 「산」, 『문학사상』, 1976.1, 51쪽.

식에 대하여 '나'는 여유 있는 비판을 하고 있는 것이다. 이 작품과 「바다」에서는 모두 의제 설정만을 통한 메시지 전달의 수법을 사용하였다.

「탑돌이」(『현대문학』, 1975.12)에서의 주인공 보화는 출생한 지 삼일 만에 모친을 잃었고, 소학을 배우고 사서를 익힐 무렵에는 또 부친마저 여의었다. 그 후 조모 밑에 자라다가 조모가 임종하기 직전의 유언대로 민성환 씨의 아들과 혼사를 치른다. 그러나 결혼한 지 석 달이 못되어 남편은 죽고 그 후 시부모도 이어서 죽는다. 보화의 아들 형오는 그의 나이 열아홉 살 때 손자 탁을 안고 보화에게 맡기며 생모는 죽었다고 한다. 탁의 생모는 '대형(大型)의 여자'였고 학생모에 망토를 쓰고 남자로 변장하여 두 번이나 형오의 방에서 자고 간 적이 있었다. 그 때 보화는 큰 키에 속하는 탁의 어머니를 사내로서도 조금도 어색스럽지 않게 여겼던 것이다. 이런 일이 있은 이후로 보화는 혼기가 가까워오는 탁에게 '수탉 같지 아니한 옳은 집 규수에게 장가를 들어야 한다고 몇 번이나 일러' 주었다. 그러나 탁은 자기의 아버지가 그랬듯이 생모가 누군지 보화에게 알리지 않고 태어난 지 며칠 되지 않은 자기의 딸 재실을 맡기고서 떠난다. 그는 그 먼저 월북한 그의 부친을 모시고 오겠다고 6.25 사변 때 의용군으로 나갔다. 증손녀 재실은 올해 23세로서 서울에서 대학을 졸업하고도 내려오지 않았다. 그러던 어느 날, 재실은 '미스터 유'라는 사내와 같이 보화를 찾아왔다. 보화는 이년 만에 만나게 된 재실을 반가워하지만 "어쩌다 오는 걸음에 사내친구를 데리고 올게 뭐냐"고 동네에서 웃음거리가 될까봐 재실을 나무란다. 재실은 미스터 유와 서울에서 결혼식을 하게 되니 할머니는 집에서 축복해주시고 비용만 대주시면 된다고 한다.

형오와 탁의 사건, 이어서 재실까지 충격을 주어 보화는 시름시름

앓게 되었다. 그들의 세계관과 충돌하고 있는 보화의 구시대적 여성관은 이미 낡았다는 메시지를 전달하고 있다. 또한 키 큰 며느리는 외모로서 남녀 차이 없다는 것, 즉 육체적으로 남녀 평등하다는 신시대적 여성의 모습을 상징한다. 남자의 방에 들어가서 자는 행위 역시 신시대적 여성의 모습을 상징한다. 그리고 보화한테는 결혼식을 통보만 하고 매우 간단한 절차로 자기의지로 결혼하는 증손녀 재실을 통해 새 시대의 혼인, 사랑에 관한 문화와 이 문화가 전제하는 남녀의 평등을 보여주었다. 할머니의 입장에서 이 같은 새로운 문화는 여성의 완전한 해방을 의미하게 된다. 새로운 문화, 자유는 할머니에겐 문화적 충격에 해당하기 때문이다. 이는 여성주의의 상승, '완료'를 드러내는 것이다.

「화투기」(『현대문학』, 1980.8)는 최정희가 74세에 쓴 소설로 그녀의 마지막 작품이다. 김윤식은 이 작품의 중요성이 '순진성'에 있다고 보고 노작가의 인생을 사는 순수함, 꾸밈없음, 허위성이 없음을 그 순진성이라 했다.[168] 주인공 '나'는 화투판에서 아차같이 이기기 위해 공산 스무끗을 치마폭에 감춰두고 치사하게 임하다가 그것마저 버리고 당당하고 솔직한 것을 선택한다. 이에 대해 유남옥은 '작가 자신의 위치와 정체성을 확인하는 결단의 부분으로', '허위와 허식을 벗고 진정한 자유와 해방에 다가서려는 몸짓'이라 한다.[169] 그러나 이런 주제보다는 이 주제를 설명하는 방식에 주목할 필요가 있다. '나'가 여러 문인들과 화투판을 벌이면서 겪게 되는 여러 가지 에피소드를 통하여 투쟁적이고 열정적인 삶이 사실 도박과 같다는 메시지를 전달하려고 하는 것이다. 이로써 여성주의의 종료, 완결에 대한 작가의

---

168 김윤식, 「모녀가 완성한 어떤 소설의 미학」, 『문학사상』, 1980.9, 237쪽.
169 유남옥, 「최정희 노년기소설 연구」, 『어문논집』 제7집, 1997, 250쪽.

의식을 드러낸다. 여성주의가 완결, 마무리되고 있다고 느끼는 것이다. 그러나 정말로 여성의 사회지위의 상승이 완료된 것이 아니라, 노년기 작가의 마음속의 열떤 의지가 가라앉고 이제는 현시대에 만족하고 있다는 것이다. 노년기의 쓸쓸함과 무관하지 않은, 여성주의에 대한 작가의 가라앉은 시각이 읽혀진다.

사랑할 대상이 사라진 상태에서의 장아이링의 쓸쓸함이 묻어나는 작품으로는 「해후의 기쁨(相見歡)」[170], 「학창 시절(同學少年都不賤)」[171], 「머나먼 여정(浮花浪蕊)」[172]이 있다. 「해후의 기쁨」은 우 부인(伍太太)과 쉰 부인(荀太太), 그리고 우 부인의 딸 위엔메이(苑梅)가 몇 번 함께 모이면서 가정의 일상적인 일을 한담하는 이야기이다. 위엔메이는 아랫세대 사람으로서 관찰자의 입장에서 우 부인과 쉰 부인 사이의 이야기를 듣고 있다. 그래서 이 소설은 사실 윗세대 여자들의 이야기를 한 셈이다. 그녀들은 젊었을 때 매우 친한 친구였으며 오랫동안 못 보다가 다시 상하이에서 모이게 되었다. 그녀들은 자주 만날 수 있게 되었지만 이미 나이가 많이 든 상태였다. 만날 때마다 소소한 가정 일을 비롯해서 젊을 때의 추억들을 이야기한다. 우 선생(伍先生)은 결혼할 때부터 아내를 사랑하지 않았다. 그는 회사를 경제적으로 상황이 좋은 홍콩으로 옮기고는 아내를 혼자 상하이에 남기고 떠났다. 그는 홍콩에서 비서와 동거하며 아들을 낳았고 우 부인에게는 다만 생활비를 보내고 있었다. 그들의 부부관계는 사실상 유명무실하게 되었다. 홀로 지내는 우 부인은 쉰 부인을 자주 만

170 1978년 12월 타이완 『황관(皇冠)』 잡지에 발표되었으며, 1983년 6월 소설집 『망연기(惘然記)』에 수록되었다.

171 1973~1978년 사이에 창작되고, 2004년 2월 臺灣 皇冠出版社에서 창립 50주년을 기념하기 위하여 번체본 단행본을 출간하였다. 같은 해 3월 天津 人民出版社에서 간체본 단행본을 발간하였다.

172 1983년 6월 소설집 『망연기(惘然記)』에 게재되었다.

나 담소를 나누며 자신의 공허한 생활에 대한 심리적인 만족을 채우고자 한다. 하지만 쉰 부인의 생활도 이미 퇴색되어 있었다. 쉰 부인의 남편은 그녀를 늘 아끼고 사랑하지만 그녀는 늘 농담으로 남편이 죽으면 어떻게 생활할 것인지를 담담하게 이야기하곤 한다. 이는 남편에 대한 사랑이 조금도 없다는 것을 보여준다. 유일하게 그녀의 흥미를 끄는 것은 과거에 한 젊은 남자가 그녀를 몰래 따라다녔다는 이야기이다. 그녀는 당시 "살도 찌지 않고, 머리도 길게 땋아 늘어뜨렸으며, 발그레한 얼굴에 비단 치파오를 입은 몸매가 보기 좋게 풍만"했다면서 그 이야기를 여러 번 우 부인에게 들려주기도 한다.

위엔메이는 별로 대수롭지 않게 그녀의 말을 듣고 있었다. 하지만 그녀는 쉰 부인이 다만 자신이 겪었던 과거사를 이야기할 뿐이지 결코 수다스러운 사람이 아니라는 걸 잘 알고 있었다. 게다가 쉰 부인은 자신이 겪은 일에 대해서는 우 부인이 늘 관심을 갖는다는 걸 알고 있었다. 지난날 함께 있던 날들보다는 떨어져 지낸 날들이 많았기 때문에 그녀들은 그간의 공백을 다 채워야 했다. 위엔메이는 학교에서 동성 간의 이런 순수한 감정을 많이 봐왔다. 그녀 역시 한때 음악 선생님을 많이 좋아했었고, 집안사람들도 그녀가 음악 선생님을 짝사랑한 걸 알았다. 중학교 졸업하고 나서는 음악 선생님께 정성이 담긴 선물도 보냈었다. 어머니가 그녀 자신에게 직접 선물을 고르게 한 것은 그런 감정을 굳이 말리지는 않겠다는 걸 의미했다. 그것은 심각한 감정이라기보다는 그냥 한순간 연예인을 좋아하는 것과 마찬가지 현상이었다. 그러나 그녀보다 윗세대 사람들은 이성과 연애를 할 기회가 없었기 때문에 동성에게 느낀 그런 감정을 더 오래 가지고 갔다.[173]

173 "苑梅没留神听，但是她知道荀太太并不是唠叨，尽着说她自己从前的事．那是因

우 부인과 쉰 부인의 결혼생활은 모두 결여상태에 있기 때문에 두 여자는 서로를 자신의 지기로 여기며 비슷한 운명을 공유하는 가운데 노년기의 공허함을 달래는 것이다. 지나간 과거를 떠올리며 이미 끝나버린 사랑에 대한 욕망, 다시 찾아오지 않는 이성과의 연애에 대하여 쓸쓸함을 느낀다. 오래된 친구와의 해후에서 두 여인은 수다스러운 대화로 '기쁨(歡)'을 표시하는 듯하지만 그 내면에는 이미 지나간 세월에 대한 비애가 들어 있다. 이런 쓸쓸함은 상하이문단에서의 왕성한 창작활동에 대한 장아이링의 욕망이 더 이상 실현될 수 없어서 느끼는 감정과 맥을 같이 한다. 그녀가 전성기를 누렸던 상하이문단은 이미 지나간 과거이고, 현재에서는 기억하고 한담만 할 수 있는 과거일 뿐인 것이다.

「학창 시절」은 상하이 여학교시절에 같은 기숙사 생활을 하는 4명의 여학생들의 이야기, 특히 주인공 조우줴(趙珏)와 은쥐안(恩娟)의 서로 다른 생활 경력을 그린 이야기이다. 소녀시절의 조우줴와 은쥐안의 우정이 세월의 흐름과 인생역정의 차이로 다시 돌아갈 수 없게 되는 이야기이다. 소설은 조우줴가 미국에서 우연히 타임(時代周刊)에서 은쥐안의 유태인 남편, 즉 처음으로 내각(內閣)에 들어간 이민(移民)의 기사와 그의 가족사진을 보고 여학교시절의 생활을 회상하는 데서 시작한다. 같은 기숙사에서 생활했던 4명의 여학생들은 서

为她知道她的事伍太太永远有兴趣. 过去会少离多, 有大段空白要补填进去. 苑梅在学校里看惯了这种天真的同性恋爱. 她自己也疯狂崇拜音乐教师, 家里人都笑她简直就是爱上了袁小姐. 初中毕业送了袁小姐一份厚礼, 母亲让她自己去挑选, 显然不是不赞成. 因为没有危险性, 跟迷电影明星一样, 不过是一个阶段. 但是上一代的人此后没机会跟异性恋爱, 所以感情深厚持久些."

张爱玲, 「相间欢」, 『怨女』, 北京十月文艺出版社, 2011, 277쪽. (장아이링, 김은신 옮김, 「해후의 기쁨」, 『색, 계』, 랜덤하우스, 2008. 본 저서의 「해후의 기쁨」 번역은 모두 이 책을 기초로 인용했다. 문맥상 어울리지 않는 부분은 본 저서에서 직접 번역했다.)

로 속마음을 나누면서 우정을 유지해왔다. 그 당시 가끔 좌파인사가 학교에 와서 연설을 하는데 조우쉐는 "정치에 관심이 없었다. 그녀의 좌파친구 허쑤룽(赫素容)이 하는 말도 그녀는 들리지 않았다."[174] 그 후 은쥐안은 유태인과 결혼을 하고 미국으로 이민 갔고 조우쉐도 미국으로 가서 결혼하게 되었다. 그러나 조우쉐의 생활이 넉넉하지 못한 탓으로 그녀는 은쥐안한테 일자리를 부탁하게 되었다. 은쥐안은 도움을 주긴 하였지만 조우쉐는 은쥐안과의 감정이 옛날 같지 않다는 것을 느낀다. 은쥐안의 남편의 사회적 지위가 높아짐에 따라 은쥐안과 조우쉐의 왕래도 뜸해지게 된다. 그로부터 또 오랜 시간이 흘러간 어느 날 조우쉐는 타임에서 은쥐안이 대통령의 배에서 찍힌 사진을 보았다. 배 위에서 어떤 사람과 인사하는 모양인데 여전히 작은 얼굴에 큰 보조개, 조금 갸름해진 얼굴 등 모습은 조우쉐와의 거리가 하늘과 땅의 거리라는 느낌을 주었다. 사진은 현재공간에서의 먼 곳이며, 과거의 가까운 자신의 공간이기도 하다. 과거 가깝게 지내던 친구가 이미 먼 곳에 있으며 그녀들의 정의(情誼)는 다시 살아날 수 없다. 상하이에 있었던 시절에 정치에 관심이 없었고 미국으로 간 후 옛날 기억을 떠올리며 다시 되돌아갈 수 없는 것에 쓸쓸함을 느끼는 주인공은 바로 작가 자신이기도 하였다.

「머나먼 여정」은 주인공 뤄전(洛貞)의 의식의 흐름을 중심으로 구성되어 있다. 뤄전의 의식은 상하이와 홍콩에서의 인생을 회상하다가도 일본으로 가는 배 안의 일들을 쫓아간다. 장아이링의 자전적인 이야기를 담고 있는 이 소설에서 뤄전은 상하이에서 자랐지만 홍콩으로 이주했고 다시 일본으로 이주하기 위해 배에 올랐다. 뤄전은

174 "赵珏对政治不感兴趣，就连说赫素容的话都没听进去，"
张爱玲，「同學少年都不賤」，『怨女』，北京十月文艺出版社，2011，323쪽.

일본으로 가는 배에서 화려한 과거의 파티 같은 시절에 대한 아쉬움, 쓸쓸함을 느낀다. 뤄전에게 배라는 공간은 파티하기에 좋은 유희적 공간이다. 이는 사랑과 유희의 중심에서 멀어진 뤄전의 쓸쓸함을 극명히 대조하여 보여주는 공간이기도 하다.

이러한 쓸쓸함 때문에 장아이링의 사랑에 대한 종료의식이 드러나는 것이다. 사랑의 기회가 더 이상 없다는 생각, 젊음이 끝났다는 것이다.

「해후의 기쁨」, 「머나먼 여정」은 1950년대에 초고가 완성된 작품이며 그 후 여러 차례 수정하여 각기 1978년, 1983년에 발표되었다. 여기에서는 이 작품들의 면면 중에서 장아이링이 1970년대에 쓴 작품에 드러나는 '종료'에 관한 것과 궤를 같이하는 면만을 분석했다. 「해후의 기쁨」, 「머나먼 여정」은 1970년대 당시의 장아이링 자신의 의식을 그 두 작품이 대변한 것일 수 있다. 그 대변의 흔적은 본 저서에서는 '사랑의 종료'에 관한 주제를 통해 추적했다.

이 시기의 두 작가는 '종료'라는 공통성을 보여준다. 이 공통점 안에서 종료되는 대상에 차이점이 있다. 종료되는 대상은 '욕망'이다. 최정희는 여성주의 투쟁 욕망의 실현 가능성이 종료되었다는 것이고, 장아이링은 사랑에 대한 욕망의 실현 가능성이 종료되었다는 것이다. 최정희는 사회적 투쟁의 종료를, 장아이링은 개인적 사랑의 종료를 드러낸다.

2) 모국을 떠난 장아이링의 망명의식

여기서 다루는 장아이링의 소설들은 1950년대에 쓰인 것이다. 이 중 1950년대에 발표한 것(「오사가 남긴 일(五四遺事)」)도 있지만, 수차례 다듬는 과정을 거쳐 1970년대에 발표한 것(「해후의 기쁨」, 「색, 계

(色, 戒)」, 「머나먼 여정」)도 있다. 이 작품들은 장아이링이 망명을 겪으면서 썼던 것들이다. 이에 따라 이 시기에 창작된 장아이링의 작품은 최정희의 작품과 구체적으로 비교하지 않는다. 1950년대 최정희와의 공통점이었던 이중구조는 반복되어 이 시기의 소설에서도 발견되기 때문이다. 다만 망명시기 이전의 소설들과는 다르게 장아이링의 이중구조는 다면구조로 변화했다. 이에 따라 여기에서는 장아이링의 다면구조를 분석한다. 또한 망명시기에 썼던 소설들인 만큼 망명의식에 관해서도 추적해 본다.

중화인민공화국 성립 후 장아이링은 '사회주의소설' 『십팔춘』과 『소애』를 발표함으로써 대륙에 적응하기 위한 노력을 하였지만 대중들의 호응을 별로 얻지 못하였다. 또한 이념에 대한 강요와 감시가 커서 더 이상 자유로운 창작은 불가능해졌다. 장아이링은 미국으로 갈 기회를 잡으려고 1952년 7월부터 홍콩에서 머물게 된다. 미국 신문사 홍콩지사에 취직하면서 『앙가』와 『적지지련』을 연재한다. 반공을 전면에 드러낸 두 작품은 큰 주목을 받는다. 그러나 중국 내륙에서의 경우처럼 두 작품은 외부의 압력에 의해 쓰인 것이었다. 장아이링은 결국 미국으로 망명을 떠났고 평생 모국으로 돌아가지 못한다. 망명시기에 창작한 소설로는 「오사가 남긴 일」[175], 「해후의 기쁨」, 「색, 계」[176], 「머나먼 여정」 등이 있는데, 이들은 망명자로서의 작가의 의식이 들어 있는 작품으로 볼 수 있다. 그 중 「해후의 기쁨」, 「색, 계」, 「머나먼 여정」은 모두 1950년대에 초고를 완성하였으며 '그 후 다듬고 고치기를 여러 차례' 하여 1978년에 「해후의 기

175 1956년 9월 미국 *The Reporter* 잡지에 발표한 「Stale Mates」를 중국어로 번역하여 1957년 1월 臺灣 『文學雜誌』 第一卷第五期에 발표하였다.

176 1953년 초고를 완성하고, 그 후 여러 차례 수정하여 1978년 4월 11일 타이완 『中國時報』의 「人間副刊」에 발표하였다.

쁨」과 「색, 계」를 타이완에 발표하였고 소설집 『망연기(惘然記)』에 수록하였다. 「머나먼 여정」은 '마지막에 대대적으로 손을 본 후에' 1983년 6월 소설집 『망연기』에 게재하였다.

> 이 소설집에 실린 세 편의 작품은 사실 1950년대에 완성한 것으로 그 후 다듬고 고치기를 여러 차례 한 작품들이다. 「해후의 기쁨(相見歡)」과 「색, 계(色, 戒)」는 발표 후에도 다시 여러 곳을 수정했다. 「머나먼 여정(浮花浪蕊)」은 마지막에 대대적으로 손을 본 후에야 겨우 사회소설기법을 응용할 수 있었던 실험적 작품으로 소재가 근대 단편소설보다 흩어져 있다고 할 수 있다.
>
> 이 세 작품은 모두 나를 충격 속에 몰아넣었던 이야기들로 오랜 세월이 흐르는 동안에도 아주 기꺼운 마음으로 한 번 또 한 번 세심하게 수정했다. 심지어 처음 소재를 얻었던 그때의 기쁨과 새롭게 매만지고 다듬기를 반복한 과정을 떠올리면 언제 30년이란 세월이 흘러갔는지조차 전혀 느낄 수가 없다.[177] (밑줄 강조는 인용자)

장아이링은 소설집 『망연기』의 서언(序言)에서 「해후의 기쁨」, 「색, 계」, 「머나먼 여정」 세 편은 30년에 걸쳐 두고 두고 고치고 다듬기를 반복하면서도 장구의 세월이라고 느끼지 못할 만큼 애정이 들어 있는 작품이라고 한다. 그러나 '애정은 서서히 추억으로 남지만 당시는 참으로 망연(惘然)했다'[178]며 망명자로서의 심정을 토로하고

---

177 "这小说集里三篇近作其实都是一九五零年间写的, 不过此后屡经彻底改写, 「相见欢」与「色, 戒」发表后又还添改多处. 「浮花浪蕊」最后一次大改, 才参用社会小说做法, 题材比近代短篇小说散漫, 是一个实验. 这三个小故事都曾经使我震动, 因而甘心一遍遍改写这么些年, 甚至于想起来只想到最初获得材料的惊喜, 与改写的历程, 一点都不觉得这其间三十年的时间过去了."
张爱玲, 「惘然记」, 『重访边城』, 北京十月文艺出版社, 2012, 147쪽.

있다. 망명시기에 장아이링은 다면적인 상징수법을 쓰고 있다. 1950년대의 이중구조보다 더 적극적으로 상징, 해석을 다면화하는 것이다. 이 시기의 소설들은 망명과정에 생성되는 여러 감정들을 담고 있다. 어떤 작품은 망명에 관해 여전히 들끓는 정서를 담아내고 어떤 작품은 망명에 대한 감정의 격렬함을 충분히 가라앉힌 정서를 보이기도 한다. 본 저서는 망명에 대한 감정의 격렬함의 정도에 따라 순서를 정해 작품을 나열한다.

「색, 계」[179]는 상하이에서 일어난 실화로서 '사교계의 꽃'으로 불렸

178 위의 책, 12쪽.

179 장아이링의 소설 「색, 계」는 한국에서나 중국에서나 모두 타이완 출신 리안(李安) 감독의 영화 〈색, 계〉로 먼저 대중들에게 널리 알려졌다. 영화와 소설의 차이는 다음과 같이 몇 가지를 들 수 있다.
우선, 일본술집에서 왕지아즈(王佳芝, 탕웨이 湯唯 분)와 이 선생(易先生, 량차오웨이 梁朝偉 분)의 밀회 장면은 소설에 없는 내용이다.
다음으로, 원작 소설은 섬세하고 감상적으로 다루었던 사랑을 영화에서는 성과 사랑으로 채워 세 번의 격렬한 정사장면을 포함한 왕지아즈와 이 선생의 정욕과 사랑을 길고 선정적이며 농밀하게 담았다.
또한 소설에서는 보석가게에서 왕지아즈가 이 선생한테서 다이아몬드 반지를 선물 받으며 사랑을 느끼는 순간, 이념과 사랑 사이에서 느꼈던 갈등이 모두 해소해버리며 "어서 가요!"라고 소곤거리듯 외쳤다. 그리고 왕자이즈는 이 선생이 계단으로 내려가는 구두소리, "탕"하고 총소리인지 차문 닫는 소리인지 분간 못하는 소리가 들렸다는 것이 소설에서의 서술이다. 하지만 영화에서는 이 선생이 좁은 계단에서 허겁지겁 내려가는 모습, 기사가 차를 급후진하고 이어서 이 선생이 차안으로 점프하는 모습으로 그가 탈출하는 장면이 역동적으로 그려졌다.
그리고 소설에서는 보석가게에서 암살계획이 실패한 후 왕지아즈는 인력거를 타고 위위엔루(愚園路)에 있는 친척집으로 피신하려는 것과 달리 영화에서 그녀는 이 선생과 가려고 했던 퍼거슨 거리로 향한다.
마지막으로, 소설에서 이 선생은 도망친 후에 당장 현장을 봉쇄하고 지아즈를 포함한 관련자를 모두 붙잡아 처형하도록 명령한다. 집으로 돌아와서 그는 왕지아즈 일당의 즉각적인 처형결정에 대해, 자신의 냉혹함이 바로 자신의 매력이며 그녀도 이런 자신을 사랑했을 것이라고 위안한다. 지아즈의 진심을 확인한 그는 그녀가 살아서도 죽어서도 영원히 자신의 여자임에 득의만만한 심정을 보이기도 한다. 그러나 영화에서는 왕지아즈와 동료들이 체포되었을 때 이 선생은 비서관이 내미는 처형 서류에 어쩔 수 없이 서명한다. 집에 돌아와서 그는 불도

던 국민당 정보기관 소속 정보원 정핑루(鄭平如, 1918~1940)가 친일 괴뢰정권의 비밀 정보기관 최고 책임자인 딩뭐춘(丁默邨, 1901~1947)을 암살하려다가 미수에 그친 사건을 소재로 창작한 소설이다.[180] 이 소설이 발표되자, 당시 '한간을 찬양하는 문학'이라는 비판을 많이 받았다. 역외인(域外人)이 쓴 평론이 그 대표적 예이다. 그는 "한간을 찬양하는 문학으로, 설령 애매한 찬양이라 할지언정 이는 절대로 가치를 인정받을 수 없는 것이며, 이로써 문학적 명성에 흠집을 내는 일은 하지 말기를 바란다"[181]고 냉혹한 비판을 했다. 이에 대해 장아이링은 여주인공이 "전문적인 훈련을 받은 비밀 정보 기관원이 아니라 정상적인 인간의 약점을 지니고 있는 사람을 묘사했을 뿐"[182]이라며 반발했다. 장아이링은 실제 있었던 사건에 대한 반영을 통하여 사랑에 약한 인간의 일면을 그려내고자 한 것이었다. 다시 말해, 개인의 삶의 반영을 통한 자기변명을 하고자 한 것이었다.

딩뭐춘 암살 사건과 소설에서는 몇 가지 차이가 있다. 소설에서의 암살기도 장소는 보석 가게로 나왔지만 실제 장소는 모피 상점이었다. 소설에서는 왕지아즈(王佳芝)에 의해 이 선생(易先生)이 위험을 빠져나갔지만 실제 딩뭐춘은 스스로 눈치를 채고 도망쳤다. 정핑루는 딩뭐춘의 아내 자오후이민(趙慧敏)에 의해 죽임을 당하지만 소설에서 왕지아즈는 이 선생에 의해 죽임을 당한다는 점 등이다. 본래 딩뭐춘은 정핑루를 잡았다가 아까운 마음에 놓아주지만 딩뭐춘의 아

들어오지 않은 마이 부인(麥夫人), 아니 왕지아즈가 사용하던 방의 침대 위에 앉아 주름이 잡혀있는 침대를 만진다. 자신의 지기로, 연인으로 여겼던 그녀의 흔적을 만지고 있는 것이었다.

180 蔡登山, 『传奇未完:张爱玲』, 云南出版社, 2004, 220~221쪽.

181 域外人, 「不吃辣的怎么胡得出辣子?－评「色, 戒」」, 『中國時報』, 1978. 10.1.

182 张爱玲, 「羊毛出在羊身上－谈「色, 戒」」, 『重访边城』, 北京十月文艺出版社, 2012, 118쪽.

내 자오후이민이 정핑루를 다시 잡아 살해한다. 실제 사건의 이야기와 다른 소설에서의 차이는 「색, 계」의 그 의도를 드러나게 한다. 특별히 왕지아즈에 의해 이 선생이 위험에서 빠져나갔다는 점은 지아즈가 이념과 사랑의 갈등 속에서 최종적으로 사랑을 선택하였다는 것을 드러낸다. '이념'과 '사랑'의 대립구조 혹은 그것들을 상징하는 의미가 작품 곳곳에서 발견할 수 있다.

여주인공 왕지아즈는 링난(嶺南)대학 극단의 일원이다. 광저우(廣州)가 점령되기 전 링난대학이 홍콩으로 이전한 후 극단 단원들은 계속 공연활동을 진행하였다. 그러나 그들은 나라가 어떻게 돌아가는지에 대해 별 관심을 보이지 않는 대다수 홍콩 사람들의 태도를 보며 분개했다. 그 때 왕징웨이 일행이 홍콩에 도착했다. 그 중 부관(副官) 한 명이 극단 동기인 쾅위민(鄺裕民)과 같은 고향사람이었고 쾅위민은 그를 찾아가 친분을 쌓으며 적지 않은 정보들을 캐내왔다. 극단의 단원들은 왕징웨이의 직속부하인 이 선생에게 접근하는 미인계를 쓰기로 결정했다. 그 역할은 물론 극단의 가장 인기 있는 미녀 지아즈에게 주어졌다. 부관의 연결로 지아즈는 이 부인과 친해질 수 있는 기회가 생겼고 이 부인의 집에서 마작을 칠 때 이 선생과 몇 차례 부딪치기도 했다. 그러나 난징조직정부로 귀환하려는 계획이 미뤄지면서 이 선생 부부는 곧 상하이로 떠나게 되었다. 단원들의 암살계획도 수포로 돌아가고 말았다. 진주만 공습이 일어난 후 단원들은 모두 상하이로 전학을 갔다. 그동안 동료들은 오히려 상하이에서 지하공작원 우(吳) 선생과 선이 닿았다. 우 선생은 그들이 그토록 중요한 끈을 갖고 있다는 사실을 알자 당장 미인계를 다시 진행하라고 밀어 붙였다. 그들은 지아즈를 다시 찾아갔고, 그녀는 다시 동참하기로 했다.

> 사실, 이 선생과의 밀회는 매번 뜨거운 물로 샤워를 한 것처럼 그녀 안에 쌓인 우울함을 씻어주었다. 물론 그녀의 모든 행동에 목적이 있기 때문이기도 했다.[183]

두 번째의 암살계획은 지아즈에게 있어서 이 선생에 대해 직접적으로, 구체적으로 생각하게 되는 계기가 되었다. 또한 이 선생과의 만남이 간접적인 데서 직접적, 구체적인 쪽으로 이동하였다는 것을 드러낸다. 처음에 홍콩에서 있었던 지아즈→광위민→부관→이 선생의 간접적 만남이 상하이에서는 지아즈→이 선생의 직접적 만남으로 변화된다. 지아즈와 이 선생 사이에 놓였던 '타인이라는 연결고리'가 사라지고 지아즈는 스스로 직접 이 선생을 만나는 것이다. 직접 만나는 것의 동기에는 '우울함을 씻어주'는 개인적 욕망이 포함되어 있다.

만남의 동기가 '간접화'로부터 '직접화'로 변화하는 것은 증오의 대상인 한간에 대한 시각도 '막연함'으로부터 '구체적'으로 변화한다는 것을 드러낸다. 즉 '상상'에서 '실제'로 이동하는 것이다. 지아즈가 이념으로 규정된 한간이라는 한 인간의 실제를 알아가는 과정이 소설의 여러 부분에서 나타난다.

> 그가 처음으로 함께 앉아 마작을 칠 때 그녀는 그가 자신에게 전혀 관심이 없는 것이 아님을 알았지만 섣불리 단언할 수도 없었다. (…중

183 "事实是, 每次跟老易在一起都像洗了个热水澡, 把积郁冲掉了, 因为一切都有了个目的."
张爱玲, 「色, 戒」, 『怨女』, 北京十月文艺出版社, 2011, 249쪽. 장아이링, 김은신 옮김, 「색, 계」, 『색, 계』, 랜덤하우스, 2008. 본 저서의 「색, 계」 번역은 모두 이 책을 인용했다. 앞으로 「색, 계」의 번역에 대한 각주는 생략한다.)

략…) 그가 지금 아주 신중하고 조심스러운 태도를 취하고는 있지만 집에만 처박혀 지내기 답답하고 우울할 게 뻔했다. 그는 고민이 많고 생각이 복잡해도 마음 놓고 해소할 방법이 없는데다 왕징웨이가 언제 자신을 찾을지 모르기 때문에 술조차 마음 놓고 마실 수 없는 형편이었다. 같은 일을 하는 두 부부가 함께 임대한 건물에서 문을 꼭 걸어 잠근 채 마작이나 하는 게 고작이었다.[184]

자리에 앉자 그는 곧 팔짱을 끼었다. 그의 한쪽 팔꿈치가 정확하게 그녀의 유방에서 가장 살이 오른 남반구 주변을 눌렀다. 이런 행동은 그의 상투적 습관이었다. 겉으로는 단정하게 앉아 있으면서 남몰래 뼈를 녹이고 혼을 빼앗으며 스스로 흥분했다.[185]

그는 그녀를 보고 있지 않았다. 얼굴에 담긴 미소가 왠지 슬퍼 보였다. 그는 중년이 지난 자신이 지금 이런 만남을 가질 수 있게 되리라고는 생각지도 못했다. 물론 권력의 마술이었다. 그가 가진 권력과 그의 존재는 원래 완벽하게 떼어낼 수는 없었다. 그의 생각에 여자에게는 반드시 선물을 해야만 했다. 하지만 너무 빨리 선물을 주는 것은 그녀를 무시하는 것처럼 생각될 수 있었다. 그런 일에 일가견이 있는 그였기에 자신의 자신감을 확보하기 위해서라도 가끔 스스로 자아도취할 필요가

184 "这天第一次坐下来一桌打牌, 她知道他不是不注意她, 不过不敢冒昧. (…중략…) 虽然他这时期十分小心谨慎, 也实在憋狠了, 蛰居无聊, 心事重, 又无法排遣, 连酒都不敢喝, 防汪公馆随时要找他有事. 共事的两对夫妇合凭了一幢旧楼, 至多关起门来打打小麻将."
위의 책, 247쪽.

185 "一坐定下来, 他就抱着胳膊, 一只肘弯正抵在她乳房最肥满的南半球外缘. 这是他的惯技, 表面上端坐, 暗中却在蚀骨销魂, 一阵阵麻上来."
위의 책, 251쪽.

있었다.

(…중략…)

그러나 이 순간의 미소에는 어떤 비웃음도 담겨 있지 않았다. 하지만 조금 서글퍼 보이는 미소였다. 스탠드에 비친 그의 옆모습에서 그녀는 부드러움과 왠지 모를 연민의 기운을 느꼈다. 그의 시선은 아래를 향해 있었는데 그의 속눈썹은 나방의 미색 날개처럼 여윈 그의 두 뺨 위에서 휴식을 취하고 있었다.

'이 사람 나를 진심으로 사랑하고 있구나!'[186]

지아즈에게 원래 한간은 막연한 증오의 '대상'이었지만 점점 구체적이고 실제적인 '인간'이 되어간다. 그리고 그 '인간'으로 지아즈의 마음의 추는 기운다. 장아이링에게 있어서 이념은 사랑보다 비실제적인 것이다. 사랑은 실제고 이념은 허구라는 의미를 내포하고 있다.

지아즈는 이 선생을 만나기 전에 연극 동료 쾅위민을 내심 좋아했었다. 하지만 이 선생과 육체적인 면으로부터 시작한 사랑이 승리를 거둔다. '정신적 사랑'과 '육체적 사랑'의 대립은 후자의 승리로 끝난다. 이 역시 '이념'과 '사랑'의 대립을 상징하며 이 대립 속에서 사랑의 승리를 의미한다.

이 소설에서의 '사랑'은 또한 물질적 욕구를 상징하는 요소이기도 하다. 지아즈가 암살계획에 동참하는 것은 물론 애국심으로 한간을

---

186 "他不在看她, 脸上的微笑有点悲哀. 本来以为想不到中年以后还有这样的奇遇. 当然也是权势的魔力. 那倒还犹可, 他的权力与他本人多少是分不开的. 对女人, 礼也是非送不可的, 不过送早了就像是看不起她. 明知是这么回事, 不让他自我陶醉一下, 不免怃然. (…중략…) 此刻的微笑也丝毫不带讽刺性, 不过有点悲哀. 他的侧影迎着台灯, 目光下视, 睫毛像米色的蛾翅, 歇落在瘦瘦的面颊上, 在她看来是一种温柔怜惜的神气. 这个人是真爱我的, "
위의 책, 257쪽.

제거하려는 마음에서이다. 그러나 이외에 부차적으로 가난에 의한 물질적 욕구를 충족시켜줄 수도 있기 때문이다.

지아즈는 마작 테이블이 반지 전시장을 방불케 한다고 생각했다. 마작을 하는 여인들 가운데 그녀만이 유일하게 다이아몬드 반지를 끼지 않고 있었다. 비취 반지를 끼고 있던 그녀는 사람들이 자신을 무시하며 깔볼 줄 알았다면 비취 반지조차 끼지 않았을 것이라고 생각했다.[187]

핑크 다이아몬드 반지라면 돈을 주고도 못 구한다고 하지 않았던가? 어리둥절하던 그녀는 잠시 동안 자신의 어깨를 무겁게 짓누르고 있던 짐을 벗어버린 듯했다. 이런 집에 이런 물건이 있을 줄이야. 그녀는 그제야 겨우 자신의 체면이 서는 것만 같았다. 이게 없었으면 이런 볼품없고 초라한 집에 그를 데려온 자신이 남자한테 선물을 사달라고 떼를 쓰면서도 적절한 장소조차 모르는 어수룩한 여자에다 광둥에서 상하이로 건너온 촌닭이 되었을 판이었다.[188]

핑크 다이아몬드 반지를 손에 낀 후 손을 이리저리 돌려가며 바라보았다. 장밋빛 붉은색 매니큐어에 비하면 약간 붉은 빛에 크기도 그다지 크지 않았지만 반짝이며 찬란하게 쏟아내는 광채만큼은 별과 같았다. 물론 그 붉은 빛도 신비로웠다. 하지만 애석하게도 이것 역시 무대 위의

---

187 "牌桌上的确是戒指展览会, 佳芝想. 只有她没有钻戒, 戴来戴去这只翡翠的, 早知不戴了, 叫人见笑－正都看不得她."
위의 책, 241쪽.

188 "不是说粉红钻也是有价无市? 她怔了怔, 不禁如释重负. 看不出这爿店, 总算替她争回了面子, 不然把他带到这么个破地方来－敲竹杠又不在行, 小广东到上海, 成了'大乡里'."
위의 책, 254쪽.

소도구에 불과했다. 단 한 번의 찰나에 쓰인다는 게 참으로 서글플 뿐이었다.[189]

이 부인집에서 마작을 칠 때 지아즈는 자신 혼자만 다이아몬드 반지가 없음을 매우 부끄러워하였고, 이 선생과 들른 보석가게의 초라함이 마치 자신의 체면과 관계되는 듯이 속상해 했다. 그러나 가게 주인이 고가의 다이아몬드 반지를 그들에게 보여주자 지아즈는 비로소 이 선생 앞에서 자신의 체면이 섰다며 안도한다. 그리고 이 선생이 사주려고 하는 화려한 반지를 자신이 실제로 소유할 수 없다는 사실에 매우 서글퍼 한다. 이처럼 지아즈가 이 선생에게 접근하는 이유에는 부차적으로 물질적 욕구도 들어 있는 것이다.

이렇게 이 소설은 '이념'과 '사랑'에 대한 상징과 이 둘의 대립구조가 여러 군데 있음을 볼 수 있다. 지아즈가 이 선생을 만나는 동기의 '간접화'와 '직접화', 지아즈가 증오하는 한간에 대한 '막연함'과 '구체적임', '상상'과 '실제', 지아즈의 '정신적 사랑'과 '육체적 사랑' 등은 모두 '이념'과 '사랑'에 대한 상징적 요소이며 그 둘의 대립구조를 보여주기도 한다. 또한 '사랑'은 '물질적 욕구'를 상징하기도 한다.

그러나 '이념'과 '사랑'을 상징하는 요소들은 시간이 흐름에 따라 후자로 기울어진다. 이는 지아즈가 한간을 증오하는 마음에 암살하려다가 마음에 변화가 생기면서 최종적으로 사랑을 선택하였다는 것을 드러내고자 한 것과 관련이 있을 수 있다. 사랑은 인간의 가장 깊은 곳에서 작용하는 정치나 이념보다 중요한 것이라는 것이다. 이

189 "她把那粉红钻戒戴在手上侧过来侧过去的看, 与她玫瑰红的指甲油一比, 其实不过微红, 也不太大, 但是光头极足, 亮闪闪的, 异星一样, 红得有种神秘感. 可惜不过是舞台上的小道具, 而且只用这么一会工夫, 使人感到惆怅."
위의 책, 255쪽.

념과 사랑을 대립시키고 사랑의 승리로 끝을 맺는다. 최종적으로 사랑에 주목한 것은 또한 작가의 일관된 개인적 애욕과 결핍에 집중하는 의식의 반영이기도 하다. 그리고 작가의 탈이념적 입장을 증명해 주기도 한다.

이 작품에서는 '이념'과 '사랑'을 상징하는 요소들과 그들의 대립구조에서도 알 수 있듯이 친일파 이 선생을 증오하면서도 사랑하게 된 여주인공 왕지아즈의 이중성이 잘 구현되어 있다. 즉 친일파를 증오하면서도 사랑하는 애증의 감정이 잘 드러난다. 이는 작가 개인의 애증이라 할 수도 있다. 실제 사건과 다르게 소설에서는 지아즈가 이 선생에 의해 죽임을 당한다는 점에서도 한간(첫 번째 남편 후란청)에 대한 증오의 감정을 드러낸다. 애증의 이중의식은 작가의 망명의식과도 관련이 있다. 즉 모국을 사랑하면서도 떠나게 만든 데 대해서 증오의 감정도 있는 이중성의 반영이기도 하다. 소설에서의 정서가 긴장, 불안, 초조한 감정이 주를 이루는 것에는 망명 초기의 불안, 초조한 작가의 상태가 반영됐을 가능성이 크다.

작가의 망명자로서의 이중의식, 즉 애증의 감정은 「해후의 기쁨」에서도 드러난다. 주인공 우 부인(伍太太)의 남편 우 선생(伍先生)은 아내를 혼자 상하이에 남기고 비서와 홍콩에서 아들을 낳고 동거하고 있다. 우 부인에게는 다만 생활비를 보내고 있으며 그들의 부부관계는 사실상 유명무실하다. 홀로 지내는 우 부인은 자신의 공허한 생활에 대한 심리적인 만족을 채우고자 자주 쉰 부인과 만나서 옛날 이야기들을 한다. 지나간 과거를 떠올리는 것에는 이미 끝나버린 사랑에 대한 욕망과 다시 찾아오지 않는 남편에 대한 증오의 감정이 섞여 있다. 이런 애증의 감정은 작가의 망명의식의 애증의 반영이기도 하다.

「오사가 남긴 일」에서는 1919년 5.4 신문화운동에서부터 1936년까지를 시대적 배경으로 하고 있다. 개성해방과 자유연애를 추구하는 남자주인공 루오원토우(羅文濤)가 자신이 사랑하는 여자 미스후안(密斯范)과 결혼하기 위해 십여 년의 이혼소송을 거쳐 결국 그녀와 결혼하였지만, 이상적인 신부로 여겼던 그녀는 사실 평범하고 게으른 여성임을 알고 실망한다. 낙담해하는 동안 주변 사람들의 권유로 그는 이혼했던 두 부인을 선후로 데리고 와 세 명의 부인 모두와 함께 살게 된다.

5.4 운동은 제1차 세계대전시기 전승국들이 베르사유 강화조약을 통해 일본이 산동반도를 차지하는 것에 반발한 베이징대학 학생들에 의해 시작되었다. 이후 이 운동은 중국 인민들에게까지 확산되었고 중국 군벌에 대한 저항으로 이어졌다. 1919년 5월 4일 수천 명의 학생들이 거리로 나와 시위를 벌였으며 국민적 각성과 민족생존을 외쳤다. 5.4 운동은 중국인민들의 제국주의와 봉건주의에 맞선 애국운동이며 중국 신민주주의의 시작점에 해당한다. 제국주의에 대한 저항은 국가의 독립을 뜻하며, 봉건주의에 대한 저항은 기존의 유교적, 집단성의 질서에서의 개인의 독립을 뜻한다. 후자의 경우는 개인의 개성을 중시한다는 점에서 개인의 독립을 뜻하며 당시 '자유연애', '신식결혼'은 지식인들이 찬미하는 생활패턴이었다. 이 소설은 바로 후자에 초점을 맞추었다.

남주인공 루오원토우는 항저우(杭州) 중학교 교사이다. 그는 동료 궈쥔(郭君)의 먼 일가 사촌 여동생 미스저우(密斯周)를 통하여 여주인공 미스후안을 알게 되었는데, 그들 네 사람은 늘 시후(西湖)에서 뱃놀이를 하며 함께 시를 읽었다. 이렇게 그는 미스후안과 가까워지면서 사랑이 싹트기 시작했다. 그러나 루오는 고향에 정략 결혼한 부인이 있었고, 후안은 아직 항저우 여학교를 다니는 미혼녀이다. 그는 대화가 통하는 후안과 결혼하기 위해 부인과 이혼하기로 결심하였다. 그러나 모친의 반대로 이혼은 생각보다 쉽지 않았으며 6년이란 세월이 흘러갔다. 고향에 있는 모친도 부인도 이혼사건에 시달려 모두 지쳐 이제 곧 루오의 승리로 끝나갈 무렵, 후안은 세월과 집안의 압력에 못 이겨 부모의 강권으로 약혼하게 된다. 이 사실을 알게 된 루오는 많은 위자료를 주고 부인과 이혼한 후 홧김에 항저우 제일미녀 왕 씨 집안의 아가씨와 결혼을 한다. 그러나 루오는 후안이 결혼을 안 한 사실을 알게 된다. 여전히 아름다운 후안을 본 그는 옛정이 다시 되살아났고 다시 두 번째 이혼을 감행하려고 한다. 그러나 왕가네는 딸을 이혼녀로 만들려고 하지 않는다. 루오는 있는 돈을 다 모아 5년의 이혼소송을 거쳐 결국 성공하였다. 그는 후안과 결혼하고 나서 계획대로 시후의 옆에 하얀 집을 짓고 기다리고 기다리던 신혼생활을 시작하였다. 그러나 그는 부인이 더는 옛날의 아름답고 시를 즐겨 읽었던 후안이 아니라는 것을 느낀다. 그녀는 완전히 다른 사람이 되어 있었다.

> 모임이 없는 날에는 하루 종일 침대에 누워 과쯔(瓜子)를 까고, 낡고 더러운 옷을 입고, 찢어진 곳도 깁지 않으며 단추가 떨어지면 옷핀으로 끼운다. 외출할 때는 여전히 결혼할 때 입었던 붉고 푸른 옷을 입어 누렇고 여윈 얼굴이 더 선명해 보인다.[190]

후안은 여성주의에 관한 5.4 운동의 허상을 드러낸다. 후안의 결혼은 표면적으로만 자유연애와 신여성운동을 취할 뿐 내실이 전혀

---

190 "没有牌局的时候, 她在家里成天躺在床上嗑瓜子, 衣服也懒得换, 污旧的长衫, 袍叉撕裂了也不补, 纽绊破了就用一根别针别上. 出去的时候穿的仍旧是做新娘子时候的衣服, 大红大绿, 反而更加衬出面容的黄瘦."
张爱玲, 「五四遺事」, 『怨女』, 北京十月文艺出版社, 2011, 96쪽.

없다. 결혼을 마친 그녀가 집에만 처박혀 목표도 없이 자신을 꾸미지도 않으며 나태한 생활을 하는 것은 과거 봉건제도 속의 여성처럼 능동적 역할에 나서지 않는 수동적 일면을 보여준다.

> 그녀들은 늘 학교 숙소에 가서 그들을 찾는다. 그리고 늘 해왔던 것처럼 새로 출판된 서적을 가지고 호수에서 뱃놀이를 한다. 그들 넷은 함께 밖에서 식사하기도 하고 저녁에 달이 밝으면 또 뱃놀이를 한다. 배가 조용한 곳에 닿을 때 그녀들은 거리낌 없이 루오와 궈 앞에서 책을 펼치고 달빛 아래에서 퍼시 셸리의 시를 읽는다.[191]

결혼 전 책도 자주 읽는 등 지적 열망이 있던 그녀가 결혼 후에 놀기만 했던 것은 여성의 목표가 자아실현에 있었던 것이 아니라 결혼에 있었던 것임을 드러낸다. 이는 그녀가 봉건적 여성에서 근본적으로는 벗어나지 못했음을 드러내는 것이다.

> 그녀는 그의 변화하는 마음 상태에 따라 맞추려고 노력한다. 그러나 무작정 순종적이지는 않는다. 그가 선물한 책이라면 그녀는 처음부터 끝까지 읽어본다. 그녀는 십 년을 하루 같이 퍼시 셸리를 숭배한다.[192]

그녀의 근대적 신여성주의가 남성에 의해 주체성 없이 주입된 것

---

191 "两位密斯也常常联袂到宿舍来找他们, 然后照例带着新出版的书刊去游湖, 在外面吃饭, 晚上如果月亮好, 还要游夜湖. 划到幽寂的地方, 不拘罗或是郭打开书来, 在月下朗诵雪莱的诗."
위의 책, 88쪽.

192 "她迎合他的每一种心境, 而并非一味地千依百顺. 他送给她的书, 她无不从头至尾阅读. 她崇拜雪莱, 十年如一日."
위의 책, 95쪽.

이라는 점은 그녀의 여성주의가 근본부터 잘못되어 있었음을 드러낸다. 이러한 후안의 모습은 5.4 운동의 여성문제에 관한 실제는 껍데기에 불과한 것이었다는 것을 의미한다.

한편 후안과 결국 결혼하게 된 로우는 그녀가 환상 속의 이상적인 부인이지, 사실 집안일도 잘 돌보지 못하고 나태한 여자일 뿐이라는 것을 깨닫는다. 그러는 사이 그는 주위의 친척들의 부추김을 받아 두 번째 부인을 데리고 와 함께 살게 된다. 그러자 주변 사람들은 두 번째 부인도 데려왔는데 고향에 있는 첫 번째 부인은 왜 데려오지 않느냐고 한다. 결국 첫 번째 부인도 데리고 와 세 부인이 함께 살게 된다. 이혼했던 두 부인은 모두 로우보다 돈이 많았다. 왜냐면 이혼할 때 그에게 많은 위자료를 받았기 때문이다. 그러나 그녀들은 종래로 그에게 경제적 지원을 하지 않는다. 그는 혼자서 세 부인과 그녀들의 하인을 먹여 살려야 했다. 주변 사람들은 그가 드문 여복을 지녔다고 부러워하기도 하고 다른 사람 찾을 필요 없이 네 식구가 마작을 하면 딱 맞겠다고 비웃듯이 얘기한다.

> "적어도 너는 친구 찾을 필요 없이 문 닫으면 마작판을 벌일 수 있지 않은가."[193]

5.4 운동은 결국 일부다처제라는 우스운 결과물을 낳았으며[194], 계몽사상을 받은 지식인들이 오히려 일부다처제의 구식 결혼생활을 하고 있다는 강렬한 대조를 통하여 5.4 계몽운동을 풍자[195]하였다고 볼

---

193 "'至少你们不用另外找搭子, 关起门来就是一桌麻将.'"
위의 책, 98쪽.

194 冯黎明, 「启蒙现代性之尴尬」, 『湖北大学学报(哲学社会科学版)』 第34卷 第3期, 2007, 28쪽.

수 있다. 남자주인공은 물론 여자주인공 역시 주체성이 없는, 주입된 5.4 정신을 흉내내는 사람에 불과하였다. 5.4 계몽사상의 영향으로 많은 사람들이 일부일처제를 주장하게 되었기는 하지만, 봉건제도의 축첩은 이름만 바뀌었을 뿐 여전히 존재한다는 점을 장아이링이 비판하고 있는 셈이다.

5.4 운동의 근본을 비판하는 일면은 기존 논의에서 많이 다루어 왔다. 그러나 이 소설은 또 다른 의미들을 내포하고 있다. 그것은 장아이링 개인의 상황에 대한 상징과 국가의 정세에 관한 상징으로 드러난다. 먼저, 국가에 대한 상징을 살펴본다.

이 작품에서 장아이링은 상징수법으로 화해를 주장하는 의식을 명확히 드러내었다. 첫 번째 부인은 중국 대륙을 상징한다. 그녀와의 강제 정략결혼은 작가의 모국 선택의 태생적 강제성을 의미한다. 두 번째 부인은 당시 영국 식민지였던 홍콩을 상징한다. 괜찮은 집안에서 태어난 반듯한 그녀의 이미지로 인해 루오가 급하게 결정하고 선택할 수 있었다. 장아이링이 미국으로 가기 위해 거쳐야 할 제일 적합한 곳이 홍콩이었던 것이다. 세 번째 부인은 그와 말이 잘 통하는 인텔리 여성으로서 미국을 상징한다. 그녀는 작가가 원하는 자유를 상징하며 억압에서의 탈출을 의미한다. 마지막에 세 부인과 화해하고 함께 한 집에서 생활하는 것은 장아이링이 대륙에서 홍콩을 거치며 마지막에 미국에 도달했지만 이 세 곳은 모두 자신의 국가, 정체성임을 상징한다. 삼자 간의 평화를 주장하는 것이다. 자신은 이념의 어느 쪽에도 서지 않았고 화해의 의지를 표명하였다.

이 소설에서는 또한 장아이링의 개인 망명에 대한 상징이 드러난

---

195 杨甜, 「反讽式的消解:解读张爱玲「五四遗事－罗文涛三美团圆」」, 『神州文学』, 2013, 13쪽.

다. 루오는 첫 번째, 두 번째 부인과의 결혼생활 그리고 이혼소송 등 문제에서 많이 힘들어 했고, 결국 많은 위자료를 주고 빈털터리가 되었다. 이는 신중국 건립 후 장아이링이 대륙에서 살아남기 위해 사회적 분위기에 맞춰 창작을 하였고, 홍콩에서는 미국 신문사에서 시키는 대로 창작을 하다가 모두 논쟁을 불러일으켰으며 힘들기만 했던 상황을 상징한다.

「머나먼 여정」에서 주인공 뤄전은 배라는 공간에서 지난날을 떠올린다. 이는 곧 작가가 모국에서의 삶의 기억들을 떠올림으로써 그리움, 아쉬움을 드러내고 있다는 것이기도 하다.

이렇게 모국을 떠난 장아이링의 망명의식은 격렬함의 정도에 따라 변화되어 드러난다. 격렬함이 클 때는 모국을 사랑하면서도 증오하는 이중의식으로부터 평화를 주상하는 화해의 의지를 드러내는 쪽에 가깝고, 격렬함이 약할 때는 그리움 · 아쉬움의 감정을 드러내는 쪽에 가까워진다.

제III장

시대별 작품의 변화양상과 최정희·장아이링 의식의 관계

여성의식을 중심으로 한 최정희와 장아이링의 비교는 이들의 작품을 새롭게 해석할 수 있게 한다. 이는 이들에 대한 새로운 정보를 제공해주며 아직은 밝혀지지 않은 이들의 의식을 드러낸다. 먼저 두 작가의 1945년 이전 시기 작품들에서는 폭력의 방향에 관한 새로운 의미를 발견했다. 또한 폭력의 방향에 대한 분석을 통해 장아이링의 경우 여성인물들에게 억압이 내재되어 있음을 확인하였다. 이로써 최정희에게서는 사회성의 경향을, 장아이링에게서는 개인성의 경향을 읽어낼 수 있었다. 이 같은 '최정희의 사회성, 장아이링의 개인성'이라는 특징은 이후 모든 시대의 공통점 내에서의 차이점을 통해 드러난다. 다음으로, 두 작가의 1945~50년 작품들에서는 비교를 통해 비주체성의 문제를 발견했다. 이를 통해 기존의 최정희 연구에는 제시되지 않았던 본능의 박탈이라는 문제를 찾았으며 이 시기 최정희의 작품이 점차 구체성을 찾아가고 있음을 확인하였다. 장아이링의 경우에는 통속소설로 평가되는 작품에 비주체성의 문제에 관한 비판적 의미가 들어 있었음을 찾아냈다. 이로써 이들 두 작가의 주제가 1945년 이전 시기의 가부장제에 대한 억압에서 '비주체성' 문제로 이동하고 있음을 밝혔다. 1950년대에는 1, 2차의 이중구조가 이들의 작품에 공통적으로 나타나는 특징임을 밝혔다. 이들 작품의 2차 상징은 지금까지는 제시되지 않은 것으로서 2차 상징은 작품의 심층에 여성의 정체성에 관한 부조리의 인식이 담겨 있음을 드러내는 기제가 되었다. 이로써 1950년대에 들어 두 작가의 여성의식이 한층 심화되었다는 것을 발견할 수 있었다. 1960년대에는 두 작가를 비교함으로써 '관용적 윤리관'의 개념과 관련된 문제를 추출할 수 있었다. 이는 두 작가의 여성의식이 계속해서 심화되고 있는 점을 드러내기도 한다. 한편 '관용적 윤리관'은 기존의 연구에서는 제시되지 않은 것으로서 이들 두 작가 여성문제의 구조적 측면에 초점을 맞추고 있음을 드러낸다. 1970년대에는 두 작가에게서 '종료에 대한 의식'이라는 공통점을 발견할 수 있었다. 이를 통해 이들 작가 개개인이 어떤 욕망을 가지고 있었는지가 확인되었다.

이들 두 작가의 심층의 의식들은 기존의 연구에서 제시된 해석과는 전혀 다른 해석을 도출시킨다. 심층에 가까울수록 도출된 해석도 그만큼 새롭다. 비교를 통해 도출된 이들의 공통성과 공통성 내에서의 차이는 이들의 여성의식이 지속적으로 심화되어 왔다는 사실을 드러낸다. 이는 최정희의 사회적 의식, 장아이링의 개인적 의식이라는 차이가 양국 사회의 차이에서 기인했는지, 작가의 개인적 성향에서 기인했는지를 추정할 수 있게 하는 하나의 자료가 된다. 또한 '장아이링의 히스테리에 관한 추이', '최정희의 극단성에 관한 추이'도 최정희의 사회적 의식, 장아이링의 개인적 의식이 어디에서 기인했는지를 추정할 수 있게 하는 하나의 자료가 된다. 위의 네 가지 추이, 즉 '공통점에 관한 추이', '공통점 내에서의 차이에 관한 추이', '최정희의 극단성에 관한 추이', '장아이링의 히스테리에 관한 추이'에 관한 분석을 하기에 앞서 이들 두 작가의 전반적 의식 변화과정을 살펴볼 필요가 있다.

두 작가의 의식 차이는 개인적 성향의 차이에 의한 것일 수도 있고 각 사회의 성향의 차이에 의한 것일 수도 있으며 두 가지 모두에 의한 차이일 수도 있다. 그러나 이들의 이러한 차이와 차이 이전의 공통점들이 모두 그들이 속한 사회에 대한 비판이란 점은 변함이 없다. 이들의 공통점과 차이를 구성했던 의미들이 어떤 비판을 제기하고 있는지에 대해서는 앞서 제Ⅱ장에서 살펴보았다. 이런 비판들의 내용은 최정희와 장아이링의 근본적 의식을 분석할 수 있게 한다. 이들의 여성문제에 관한 시대별 공통점과 공통점 내에서의 차이의 추이는 이들의 의식이 어떻게 변화하고 있는지를 드러낸다. 특히 공통점에 관한 추이와 공통점 내에서의 차이에 관한 추이가 일치한다는 점은 이들의 의식 변화가 그만큼 일관성 있게 형성되어 있다는 증거가 된다. 이들의 여성주의는 시대마다 이들이 주목했던 여성의 박탈, 억압문제와 직결된다. 또한 이들의 근본적 의식은 이들이 소설에서 '여성문제에 접근하는 방식', '의미를 담아내는 방식'과 긴밀하게 연결된다.

1945년 이전 시기 최정희와 장아이링은 모두 봉건적 가부장제에 따른 여성의 억압의 문제를 그 중심 주제로 하였다. 이 시기의 여성이 처한 현실에는 탈출구가 없었기 때문에 분명하고 효과적인 해소의 방향이 발견되지 않았다. 이에 따라 두 작가는 억압을 받는 여성들의 충동이 발현되고 폭력과 히스테리가 분출되는 장면을 그림으로써 가부장제를 비판하고 거기에 저항했다.

여성인물의 충동은 그 목적, 즉 노정 자체의 목적을 통해 여성으로서 결혼에 대한 자유, 선택권을 원하고 있다는 것을 확인할 수 있게 한다. 최정희가 일부종사의 사상에 초점을 맞추어 당시의 결혼풍속을 비판하였다면, 장아이링은 재력과 권력이 우선이 되는 당시의 결혼풍속을 문제시하였다. 이 점은 각 사회의 문제되는 결혼풍속을 반영한 것이라 할 수 있다.

일제강점기의 한국은 여전히 유교적인 전통 관념이 사람들 마음속에 뿌리내려져 있는 반면, 중국은 8국 연합군이 청나라를 침략한 이후로 자본주의 사상이 유입되어 유교사상이 상대적으로 완화되었고 재력으로 사람을 평가하는 경향이 상대적으로 강했기 때문이다.

다시 말하면, 최정희는 유교사상, 집단주의에 초점을 맞추었고, 장아이링은 상대적으로 물질 만능주의에 초점을 맞추었다. 결혼에 관한 전통적 관습, 물질 만능주의는 모두 풍습이라는 사회적 현상과 관련된 것이지만 이 두 가지 풍습은 그 층위를 달리한다. 전통적 관습에 대한 추구는 집단의 규율에서 벗어나지 않으려는 것이고, 물질에 대한 추구는 개인의 욕심에 관한 것이기 때문이다. 이 둘의 차이는 사회성 혹은 집단성과 인간성 혹은 개인성의 차이를 드러낸다. 이는 두 작가가 전체 연대를 관통해서 보여주는 핵심적인 차이 중의 하나이다.

또한 최정희는 그 억압적 폭력과 히스테리의 중심지점에 사회적 대상, 즉 남성, 남성중심주의를 지목하였고, 장아이링은 폭력과 히스테리의 중심지점에 개인의 내면적 대상, 즉 여성 억압적 관념, 시각의 내면화를 지목하였다.

이에 따라 최정희의 작품에서는 여성이 폭력과 히스테리를 가하는 대상이 분명하다. 남성에게 향해 있거나 가부장제를 상징하는 대상(집)에 향해 있다. 반면 장아이링의 작품에서는 여성이 폭력과 히스테리를 가하는 대상이 불분명하다. 그것은 무분별한 관념의 내면화라는 인간의 습관, 스스로의 문제를 겨냥하고 있기 때문에 여성 자신은 물론이고 또 다른 여성, 남성, 자신의 아들에 이르기까지 무차별적 대상에 향해있다.

이 같은 차이는 두 작가의 바탕이 되는 의식, 즉 근본적 의식이 다르기 때문에 형성된 것이라 볼 수 있다. 최정희는 사회성이 강조된 의식을 가지고 있고, 장아이링은 상대적으로 개인성(인간, 사랑에 관한)이 강조된 의식을 가지고 있다. 따라서 전체 창작기간의 작품을 살펴보면, 인간을 탐구하는 쪽에 중심을 둔 장아이링의 작품에서는 사회를 탐구하는 데 중심을 둔 최정희의 작품에 비해 변화의 폭이 적게 나타난다. 인간의 본질은 잘 변하지 않지만 사회는 급변하고 있었기 때문이다.

1945~50년의 시기에 들어와 최정희와 장아이링은 여성문제에 있어서 구체성에 주목하기 시작하였다. 최정희는 이 시기에 여러 편의 단편을 발표했고 이에 따라 작품에 다양한 주제가 공존하게 되며 들쑥날쑥한 변화가 있었다. 하지만 이 파편적 분포 속에서도 역할문제라는 범위에서의 주제로 일관성이 도출된다. 반면 장아이링은 세계관의 문제에 집중하였다. 역할 문제와 세계관 문제로의 집중은 여성억압의 구체성을 확립하는 것이자 남성과의 구체적 비교를 가능케 하는 문제이다.

역할문제는 최정희의 사회적 의식에서, 세계관문제는 장아이링의 개인적 의식에서 파생된 것이라 볼 수 있다. 최정희의 이 시기 작품은 대체적으로 전반기와 후반기로 나누어볼 수 있는데 전반기에서는 사회문제와 여성문제를 함께 탐구하였다. 그러면서도 사회문제에 한층 더 관심을 기울인 셈인데 그렇게 한 이유는 해방 이후 역사의식을 증명해야 하는 사회적 분위기와 스스로의 욕구(해방감) 때문이며 꿈꾸었던 세계에 대한 반성의 소산일 것이다. 최정희는 전반기를 거치면서 더 구체적이고 심층적인 '박탈'에 대한 문제인식을 느꼈다.

그래서 '본능'의 박탈문제에 집중하기 시작하였다. 이 후반기 소설에서는 여성의 본능이 수동적 역할만을 부여받고 있으며 남성의 본능에 관한 역할에 비해 박탈되고 억압받고 있는 것을 비판한다.

장아이링이 세계관 문제에 주목한 이유는 최정희의 경우와 마찬가지로 구체성의 확립이라는 과제를 먼저 꼽을 수 있다. 그러나 장아이링은 친일이라는 스스로의 죄의식과 사회의 시선으로 인해 비판을 적극적으로 할 수 없었기 때문에 여성의 고통을 직접 드러내기보다는 소설의 표면에는 잘 드러나지 않는 세계관 문제를 통해 간접적으로 드러낸 것이기도 하다. 의도한 행위는 아니었겠지만 친일파와 연애하는 과정에서 그는 엄연히 편익을 얻었을 것이다. 그래서 비판의 강도를 올릴 수 없었고 너무 자극적이지 않은 비판을 써야 했다.

1945~50년에 최정희와 장아이링의 작품에서 이전 시기에 비해 두드러지게 나타난 변화는 여성인물들의 히스테리 현상이 사라진 것이었다. 해방을 맞이하면서 최정희는 전반기에 그간 기대했던 사회가 실현되지 않고 그 기대가 붕괴되자 소설에서 사회적 문제에 대한 관심을 강화하였고 후반기에 들어서서는 점차 여성문제의 구체화를 시도하였다. 최정희는 여성문제에서 본능의 세계에 주목하였기에 이 시기의 여성 인물들에게서는 히스테리 현상이 발생할 수 없었다. 최정희에게 있어서 히스테리 현상은 폐쇄적 억압이라는 주제에 맞춰서 식민지시기에만 특수하게 활용된 인물의 특성이다. 최정희는 주제에 따라서 소설의 형태, 인물의 특징을 크게 변화시키는 특징이 있다. 이로 인해 식민지시기에 등장했던 여성인물의 특징이 사라지는 것은 당연한 현상이라 볼 수 있다.

이 시기 장아이링은 친일파와의 연애로 죄의식을 느꼈을 것이고 이 때문에 문제비판을 강하게 할 수 없어서 소설에서 여성인물의 히스테리 현상이 줄어들은 것으로 볼 수 있다. 또한 장아이링은 후란청과 이혼함으로써 남편으로부터 일종의 해방감을 느꼈을 것이다. 즉 남편으로부터 받았던 억압이 사라졌을 것이다. 이 해방감으로 인해 소설에서의 히스테리 현상이 줄어들 수 있었다. 그러나 이것보다는 이 시기에 장아이링이 받은 억압이 다른 시대에 받은 억압과 성질이 다르다는 점이 의미하는 바가 더 크다. 왜냐하면 앞서 언급했던 친일이라는 낙인의 억압에 스스로의 죄의식이 포함되어 있다는 점이 히스테리를 줄게 만든 더 큰 원인이었을 것으로 추정되기 때문이다. 이 같은 히스테리는 1945~50년을 제외하고 전체 연도를 보면 점차 줄어드는 추이를 보인다. 점차 개성적 인물을 친절하게 해명하거나 대변해주는 쪽으로 장아이링의 소설이 변하기 때문에 인물들의 히스테리가 줄어드는 추이를 보인 것이다. 인물의 이질적 고민, 행위가 설명되면 그 인물은 히스테리와 같은 극단적 행위로 스스로의 상태, 고민을 드러낼 필요가 없다. 인물의 강한 개성, 이질성은 히스테리의 원인에 해당하고 히스테리는 그 이질성이 스스로에게든 타인에게든 이해되지 않을 때 나타날 수 있는 일종의 표면적 증상이기 때문이다.

최정희의 소설에서 히스테리현상이 줄어든 것은 그 비판의 층위가 바뀌었기 때문에 이뤄진 것이라고 볼 수 있다. 장아이링 소설 속의 히스테리는 장아이링 개인이 얼마나 억압받고 있는지에 따라 그 정도가 비례관계를 띤다. 최정희는 장아이링과는 다르게 각 시대의 사회적 핵심 쟁점에 따라 그 소설의 형식을 바꾸어가고 있다. 그러나 이 시기 최정희의 소설에는 '극단성'이라는 특징이 발견되며 시대에 따라 그 정도가 달라진다. 최정희 소설에서의 '극단성'은 주목하는 여성문제의 층위가 심층화되는 정도와 비례관계를 띤다. 식민지 시기를 제외하고는 소설에 드러나는 극단성은 여성문제의 층위가 심층화되어 감에 따라 강화되는 현상을 보인다. 따라서 이 시기는 최정희 소설에서의 극단성이 가장 약화되어 있는 시기라 할 수 있다.

해방 직후는 최정희에게 있어서 식민지시기에서 1950년대로 이행하는 과도기라고 할 수 있다. 최정희는 여성문제를 더 구체적이고 심층적으로 주목하기 시작하였고 이런 과정을 거치면서 1950년대에 들어서서는 여성의 내면의 문제들을 발견했으며 이 문제를 효과적으로 다루기 위해 우회적 표현을 활용했다. 한편 장아이링은 늘 우회적 표현을 활용했다. 장아이링은 늘 내면의 문제에 집중했기 때문이다.

1950년대에 들어서서 최정희와 장아이링은 모두 장편소설을 쓰기 시작했다. 그리고 이들은 모두 여성문제에 접근하는 방식에서 이중구조, 즉 1차와 2차의 배치를 활용하고 있다. 기존의 의식구조와 여타 개념적 틀을 뒤집음으로써 새로운 문제제기를 한다. 1차적 · 표피적 해석을 낯익은 것으로 볼 때, 2차적 · 심층적 해석은 낯선 것으로 볼 수 있다. 이렇게 낯익은 것과 낯선 것이 공존함으로써 기이한 느낌을 전해준다.

이 시기에 특히 이러한 면모가 두드러지게 된 이유를 다음과 같이 볼 수 있다.

한국은 6.25 전쟁 후 가치의 혼돈 상태를 겪었다. 해방과 전쟁을 거치며 꿈꾸어왔던 세계는 좌절을 맞이했다. 가치의 혼돈 상태는 최정희에게 기존의 젠더에 관한 재인식을 하게 되는 계기가 되었다. 그래서 젠더에 대해 좀 더 구체적이고 근본적인 문제를 찾아간 결과 여성에 대한 기초의식에 모순점을 발견했다. 이때 찾은 새로운 인식은 기존의 인식과 너무 큰 격차를 지니고 있었다. 이에 최정희는 낯선 것과 낯익은 것을 공존시키는 이중구조의 우회적 수법을 통해 낯선 '새 인식'을 전달한다.

장아이링은 늘 인간의 다층적 면모를 리얼하게 포착하고 기괴한 분위기를 얼마만큼 만들어내지만, 이 시기엔 더욱 기괴한 형태를 보인다. 중국은 일제가 투항하자 곧 국공전쟁이 발발하였고, 1949년 공산당의 승리로 새 중국이 건립되었다. 공산당의 사회주의 강화로 인해 장아이링은 사회의 감시에 따라 사회가 요구하는 글을 써야만 했다. 또한 대륙을 떠난 후 홍콩에서 창작된 자유진영에게 '위임받은 고정된 이야기'는 공산당의 감시보다 더욱 삼엄한 감시에 의해 강제로 쓰인 작품이다. 장아이링은 직·간접적으로 외부 억압의 환경에 놓여 있었기 때문에 그의 소설이 더욱 기이해지는 현상이 발생된 듯하다. 한편 장아이링 소설 속의 히스테리는 1945~50년에 사라졌다가 1950년대에 들어서서 다시 살아났지만 1945년 이전 시기에 비해서는 약화되었다. 억압의 강도가 제일 높아졌지만 감시에 의해 여성문제를 전면에 내세울 수가 없어 약화된 것이다.

또한 1950년대의 최정희와 장아이링은 소설에서 모두 이념(남성)과 여성(문제)을 분리시켰다. 최정희의 소설에서 남성의 역사와 여성 공동체가 분리되는 현상이 나타난다면, 장아이링의 소설에서는 이념 문제가 표면적으로 드러나 있고 여성문제에 대한 작가의 의식은 은폐되어 있는 것으로 분리가 나타난다.

이런 현상이 발생한 이유는, 일제강점기의 민족주의와 제국주의, 6.25 전쟁의 사회주의와 자유주의 등 이념투쟁의 역사가 잠시 소강상태를 보였을 때, 최정희가 소설에서 이념을 '남성'으로 상징시켜 이들의 비고정적으로 교체되어가는 모습을 담아낸 데 있다. 그는 이런 방식으로 국가·이념의 역사를 담아낸 것이다. 이 과정에서 남성의 역사에 여성이 제외되어 있음을 확인할 수 있으며 이에 대한 최정희의 비판의식도 엿볼 수 있다. 장아이링은 중화인민공화국이 성립된 후 사회주의에 의한 압력을 느껴서 사회주의에 대한 밝은 전망을 담아내어야 하였고, 홍콩으로 간 후에는 자유주의에 의한 압력에 놓여 있어서 그들이 이미 짜놓은 이야기를 써야 했다. 이와 같은 외부 억압에 의해 표면적으로는 그들의 취향에 맞는 글을 쓴 동시에 작가의 내적 욕망은 은밀히 은폐되어 있었다. 그래서 표면적으로 드러난 이념문제와 은폐된 여성의식이 분리되어서 이중구조를 형성하였다.

1960년대에 들어서서 한국과 중국에서의 여성의 지위는 모두 어느 정도 상승되었고 여성의식도 예전 시기에 비해 높아졌다. 뿐만 아니라 사회의 의식수준도 변화했다. 그것을 가늠할 수 있는 근거로 한국의 4.19와 중국의 '정책을 바꾸려는 움직임'을 들 수 있다. 발전된 의식수준에 따라 장아이링은 독자들의 이해, 수용방식의 변화를 수용하여 극단적 행동을 하는 여성인물의 사정에 대해서 해명을 시도하였다. 그 결과 히스테리나 폭력과 같은 이상 행위들도 줄어들었다. 장아이링 작품에서의 히스테리는 장아이링 개인의 억압과 비례관계를 띠는데 이때의 사회의 성숙과 미국이라는 환경은 장아이링에게 가해지는 억압이 매우 적어졌음을 확인할 수 있게 한다.

최정희는 예외적으로 어느 정도 사회 제도적 억압에서 벗어난 여성인물들을 등장시켰다. 그녀들은 남자들을 비교하면서 자신과 잘 맞는지 재어 보기도 하고 자신의 취향에 따라 선택하며 바람을 피울 권리까지 가지고 있다. 하지만 이러한 자유 앞에는 여전히 '선택지의 불안정성'이 놓여 있었다. 자유가 불안정하기에 삶에 대한 선택지도 따라서 온전하지 못하고 2분법 혹은 3분법적 극단적 선택의 제한이라는 문제가 발생한다. 최정희는 어느 정도 자유가 주어졌지만 그 자유의 이면에 또 다른 억압이 있음을 비판하고 있다.

이 시기에 최정희와 장아이링은 모두 여성의 이상 행위, 즉 비정상성을 해명하는 단계에 이르렀다. 윤리적 정상성의 범위에서 벗어나는 비정상적 행위에는 그 원인이 있기 마련인데 그 원인에 의한 비정상성이 필연적이라면 이때의 비정상성은 윤리의 엄격한 잣대에 의해 비정상성으로 판별되지 않아도 된다. 비정상성에 대한 일종의 복권이자 해명인 셈이다. 1960년대 이전에는 사회제도적인 차원에서 남녀의 동등한 권리를 주장하였다면, 1960년대에 들어서서는 그것을 넘어서서 더 추상적인 영역, 남성에게만 주어졌던 관용적 윤리관, 즉 비정상적 행위에 대해 맥락적으로 원인의 검토를 하는 윤리관에 두 작가가 모두 주목하기 시작했다. 한국의 4.19 혁명과 중국의 자본주의 정책의 일부를 채용한 정책은 모두 사회의식 수준이 높아졌다는 것을 의미한다. 두 작가가 주목하는 부분에 대한 변화는 이런 역사적 배경이 뒷받침하고 있기 때문이다.

1970년대에 이르러 모두 노년기에 들어선 최정희와 장아이링이 발표한 작품들에서는 인간적 쓸쓸함과 작가의 종료에 대한 의식이 묻어난다. 최정희에게서는 여성지위의 상승에 대한 완료의식이 드러나고 장아이링에게서는 사랑에 대한 종료의식이 드러난다. 그러나 정말로 여성의 사회지위의 상승이 완료된 것이 아니라, 노년기 최정희의 마음속의 열띤 의지가 가라앉고 이제는 현시대에 만족하고 있는 것이다. 장아이링은 그답게 사랑과 젊음에 대한 아쉬움을 짙게 드러낸다. 그녀가 1950년대에 썼던 세 편의 작품이 1970년대에 발표되었다. 이 망명의식과 종료의식은 유사한 점이 많다. 모국을 떠난 장아이링의 망명의식은 점차 변화를 거치면서 드러난다. 처음에는 모국을 사랑하면서도 증오하는 애증이라는 이중의식으로 시작해, 평화를 주장하는 화해의 의지로, 마지막에는 그리움·아쉬움의 감정으로 그 망명에 관한 의식이 드러난다.

두 작가의 작품에 드러나는 여성 형상과 여성문제가 매 시대마다 그 형태가 달라지며 심층화되는 것을 확인할 수 있다. '결혼자유의 박탈', '주체성의 박탈', '정체성의 박탈', '관용적 도덕관의 박탈'로 그 층위가 이동한다. 점차 관념적이고 기초적인 문제로 그 박탈의 층위가 심층으로 이동하고 있는 것이다. 여성문제에 관한 층위가 동일한 것은 두 작가의 비판의식이 동일했음을 드러내며 두 작가가 속한 사회의 문제가 동일했음을 드러낸다. 따라서 그 동일성 내에서의 차이에는 두 국가의 차이가 어느 정도 개입되었을 가능성이 있다. 사회의 여성문제의 점층적 해소와 사회의 여성의식의 발전은 두 작가의 비판지점이 그 발전과 궤를 같이 하기 때문이다.

위의 공통성 내에서는 '대상의 차이', '분야의 차이', '핵심의 차이', '방식의 차이', '욕망의 차이'가 나타난다. '대상의 차이'는 폭력의 대상 차이를 뜻한다. '분야의 차이'는 여성이 중심이 되지 못하는, 비주체가 되는 영역의 차이를 뜻한다. 또한 '대상'은 문제되는 그 지점 자체를 지목하는 것으로서의 대상이다. 이에 반해 '분야'는 문제를 일으킨 영역을 지목하는 것으로서의 분야이다. 즉 '대상'은 대상을 그 자체로 지목하는 것을 통해 문제의식을 전할 때 쓰이는 것이고, '분야'는 대상이 속한 분야를 지목함으로써 문제의식을 전할 때 쓰이는 것이다. 문제가 벌어진 원인을 규명할 때 문제를 일으킨 대상을 찾는 것보다 문제를 일으킨 바탕이 된 환경이나 분야를 지목하는 것은 더 심화된 문제의식에 해당한다. 예를 들어 도박판에서 사기꾼이 발견되었을 때의 상황을 가정해보면 위의 구조는 쉽게 이해가 간다. '대상'은 도박꾼을, '분야'는 도박판이 문제의 핵심이었다고 볼 때의 도박판을 의미한다. 즉 '대상의 차이'에서 '분야의 차이'로의 이동은 문제를 발생시킨 원인지점을 향해 점차 심층으로 이동하는 것을 의미한다. 이 같은 이동은 전체 연도에 걸쳐 발생한다. 후기로 갈수록 차이의 층위는 심층으로 이동하는 것이다.

'핵심'은 문제 발생의 시발점을 뜻한다. 즉 '핵심'은 문제 발생의 근본적 원인에 더 가까운 것이기 때문에 심층화된 것이라 할 수 있다. 그러나 이렇게 심층화되었어도 소설 내 '사건'의 범위에서 이 문제발생의 지점이 존재하는 것은 변함이 없다. 이 시기 이후로는 이것조차 변하기 시작한다.

'대상의 차이', '분야의 차이', '핵심의 차이'는 작품 속 사건에 관련된 것이고, '방식의 차이'는 서술방식과 관련된 것이다. 이는 두 작가의 공통점 내에서의 차이가 내용·사건의 범위를 벗어나 형식의 범위에까지 이르고 있음을 의미한다. 여기서부터의 차이는 그 발생의 원인에 개인적 성향의 개입이 있었을 가능성이 커진다. '방식의 차이'는 소설 내 사건의 범위에서 벗어난 사건 밖의 문제에 관한 것이기 때문이다. 1960년대에 나타나는 '방식의 차이'는 부정적으로 평가되었던 과거의 인물을 끌어오는 방식의 차이를 말하는 것이다. 최정희는 과거의 시대에서 인물을 끌어왔고 장아이링은 과거 자신의 작품을 개작하는 것을 통해 인물을 끌어왔다. 장아이링은 과거 자신의 소설 속에서 인물을 끌어온 것이다. 이는 이 시기 두 작가의 공통점인 '관용적 윤리관'의 차별 문제를 최정희는 '형식·구조'라는 작품 내에서 다루고 있고 장아이링은 그녀의 '기존 창작 활동 이력의 스토리'라는 한 작품의 바깥 영역, 상대적으로 사적인 영역에서 다루고 있음을 드러낸다. 즉 이들의 공통점 또한 작품 내부에서의 공통점이 아니게 된 것이다. 그러나 두 작가가 의미를 담아내는 지점이 소설 내 사건 바깥의 영역에서 다루어지고 있음은 동일하다.

1970년대의 '작가 개인 욕망의 실현 가능성 박탈'이라는 공통점과, 이 공통점 내에서의 차이인 '욕망의 차이'에는 시대에 대한 반영보다는 작가 개인에 대한 반영에 의해 이뤄진 것이다. 이 시기의 작품에 드러나는 욕망은 작가 개인의 욕망이기 때문이다. 이는 이들의 공통점이 사회의 반영보다는 개인의 반영에 의한 쪽으로 기울어 졌음을 드러낸다. 이는 또한 이들 두 작가의 공통점과 차이점이 작품밖에 있는 작가 개인에 관한 것으로 이동했음을 드러낸다. 작가 개인의 욕망은 앞서 언급했던 모든 공통점 내에서의 차이를 생성시켰던 일종의 동기에 해당한다. 그렇기 때문에 욕망의 차이는 가장 심층에 위치한 차이라 할 수 있다.

이들의 공통점 내에서의 차이점은 시대의 흐름에 따라 사회적 반영에 의한 것, 즉 보편적인 것에서 개인의 반영에 의한 것, 즉 사적인 것으로 이동한다.[1] 최정희 작품의 사회성, 장아이링 작품의 개인성은 초기에는 사회의 반영에 의해 이루어진 것이었지만 후기로 갈수록 개인의 반영에 의한 것으로 이동하고 있는 것이다. 이는 이들 작품의 여성에 관한 주제가 점차 작품 내적인 지점보다는 점차 소설의 형식이나 구조에 따른 외적인 지점에 담겨져 가는 것과 관계된다. 내적인 지점보다 외적인 지점에 그 주제, 의미가 담기게 되면 작가의 사적인 의식이 개입할 가능성이 커지기 때문이다. 이에 따라 이들의 작품에 주제, 의미가 담기는 지점의 시대별 변화를 분석할 필요가 있다.

1945년 이전 시기 이들 소설의 저항의 직접적 상징이었던 '폭력'의 경우에는 그 의미가 내용의 층위, 소설 속 사건의 대상에 직접적으로 담겨 있었다. 1945~50년의 '비주체성'의 경우에는 그 의미가 소설 속 사건의 대상보다는 사건의 인물들 간(남녀간)의 관계에 담겨져 있다. 1950년대 2차적 의미가 담당했던 '기초적 관념의 문제'의 경우에는 소설 속 사건의 1차적 의미를 넘어선 2차 의미에 담겨져 있었다. 2차적 의미는 관계를 통해 드러난다.[2] 2차의 '관계'는 1차의 사건, 인

1 소설 내 사건에 담겨진 의미는 가시적으로 분명하며 물질적인 것에 해당한다. 반면 소설 내 사건과 떨어진 형식·구조 혹은, 그보다 떨어진 소설 바깥에 담겨진 의미는 불분명하고 관념적인 것에 해당한다. 상대적으로 전자에는 객관성, 보편성이 크게 작용하고 후자에는 주관성, 자의성이 크게 작용한다. 후자가 겉으로 잘 드러나지 않는다는 점에서 명확한 확인도 어렵기 때문이다. 명확히 드러나지 않는 것은 작가의 사적인 무의식과 관계될 가능성이 크다.

물, 의미와도 관계되어 있다는 측면에서 이 시기 작품의 의미가 소설의 형식·구조에 담겨져 있음을 드러낸다. 이 시기의 두 작가의 작품의 '기초적 관념문제'라는 주제는 '겉으로 드러나지 않는 낯선 문제'에 대한 것이라는 점에서 형식·구조에 의한 의미 전달 방식은 필수적으로 요구되는 것이기도 하다. 본 저서에서 망명의식으로 다뤘던 50년대 후기 장아이링의 소설의 경우에는 50년대 초기의 이중구조를 넘어 다면구조로까지 확대되었다. 이는 작품의 의미가 얼마만큼 형식·구조에 담겨지는지를 드러낸다.

1960년대 '관용적 도덕관의 박탈'의 경우에는 소설의 형식·구조에 전적으로 의존해 의미를 전달한다. 최정희의 경우에 '선택지의 불안정성'의 경우에는 전체 소설의 전체적 구조와 인물이 처한 상황의 구조가 조감되어야 그 의미가 전달된다. 그렇지 않고서는 소설 속 사건은 파편적으로 보이며, 인물은 일관성 없는 극단성을 드러내는 것으로 보인다. 이 시기 개작만을 했던 장아이링의 경우에는 한 소설의 범위를 넘어서 작가 개인의 이전 소설과의 관계에서 의미를 드러낸다. 작가의 작품 이력에 그 의미가 담기는 것이다.

이처럼 이들 두 작가의 의미를 담아내는 지점은 점차 소설 속 사건의 내부에서 빠져나와 외부로 향하고 소설 바깥으로 나가기도 한다. 작가가 전달하고자 한 의미가 소설 속 사건의 내부에서 빠져나

---

2 최정희의 『끝없는 낭만』에서는 양공주에 편견을 지닌 과거 자아와 스스로가 양공주가 된 현재 자아의 모순적 관계를 통해 그 주제와 의미를 전달한다. 또한 『녹색의 문』에서는 여성이 남성을 지나치게 의식하는 관계를 통해 그 주제와 의미를 전달한다.
장아이링의 『십팔춘』에서는 만루와 그의 남편 홍차이, 그리고 동생 만전의 복잡한 심리적 관계 속에 주제와 의미가 담겨있다. 또한 『적지지련』에서도 황쥐안과 그의 애인 류취안 그리고 거산의 관계 속에 주제와 의미가 담겨 있다.
이들 작품의 주제와 의미는 2차적·심층적인 관계 속에 담겨 있다.

와 소설 바깥으로 향해서 도달할 수 있는 지점은 작가 개인의 영역에 있다. 객관적으로 전달하고자 한 의미가 객관적으로 확인되기 쉬운 소설 속 사건의 영역에 있는 것이 아니라는 점은 그 의미가 작가에게서 멀리 떨어지지 않은 지점에 있다는 것을 의미한다. 이들 두 작가가 전달 하고자한 의미가 담기는 지점이 객관적인 영역에서 점차 작가의 사적인 영역으로 이동하고 있는 것이다.

이 같은 사적인 영역으로의 이동 추이는 이들 두 작가의 여성의식에 관한 공통적 주제가 점차 심층으로 이동하는 추이와도 관련된다. 이들 두 작가의 주제의 층위가 심층으로 이동하는 것은 주제가 겉으로는 잘 드러나지 않는 관념적인 것으로 이동하는 추이를 보이기 때문이다. 관념적인 것은 물질적인 것에 비해 객관성·보편성에서는 멀고 주관성·특수성에 가깝다. 객관적이고 보편적인 것은 공적인 것에 가깝고 주관적이고, 특수한 것은 사적인 것에 가깝다. 이들 두 작가의 시대별 주제, 의미의 층위와 이 주제, 의미가 담기는 층위가 점차 심층으로 이동함으로써 그 주제와 의미가 점차 사적 경향을 보이는 것이다.

1970년대에는 '종료에 대한 아쉬움'은 구조에 의존하기도 하지만 담담히 소설 속 사건 자체에서 개인의 욕망을 드러내며 그 아쉬움에 대해 토로하기까지 한다. 이렇게 사적 욕망을 주제로 삼기까지 한 것은 이들 두 작가에게 사적인 경향이 점차 강화되어 왔음을 드러낸다.

한편 사적 경향이 강화되는 추이는 최정희의 극단성 추이, 장아이링의 히스테리 추이와도 관계된다. 최정희의 극단성은 식민지 시대를 제외하고 보면 점차 강화되어간다. 최정희 작품의 극단적 면모의 원천은 1970년대 작품에 드러난 '투쟁적 욕망'에서 확인된다. 특히 「화투기」에서 자신의 일생을 화투에 비유한 점은 최정희가 승부 혹은 투쟁에 얼마나 민감했는지를 드러낸다. 실제로 최정희는 도박에

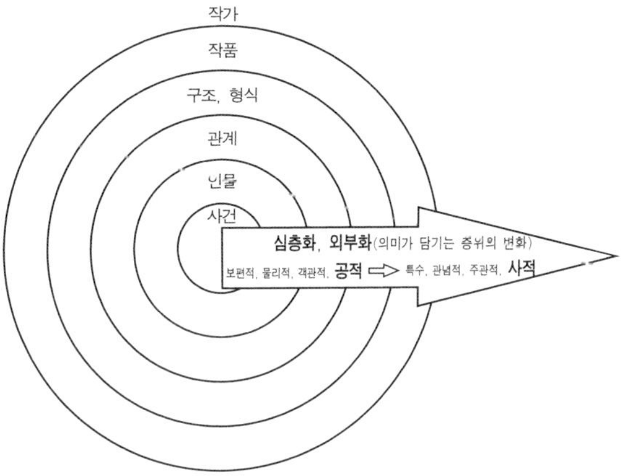

빠지기도 했다. 그의 초기 작품의 폭력의 방향에서도 그의 투쟁적 면모는 여실히 드러나며 과거 여타 여류 작가들에 비해 활발했던 기자로의 경력과 사회주의 단체에 관련한 경력 등에서도 그 투쟁적 면모의 근거들이 드러난다. 이 같은 투쟁적 면모 혹은 승부에 대한 면모는 여성문제에 관련해서도 발휘될 수밖에 없다. 최정희의 이러한 투쟁적인 면모는 작품 속에서 극단성으로 연결된다.[3] 최정희는 비판을 강렬하게 하기 때문이다. 그의 작품이 비판의 지점에 따라 소설의 형식·구조를 탈바꿈하는 것은 그만큼 비판을 강렬하게 하려는 최정희의 의지를 드러낸다. 최정희의 극단성은 식민지시기를 제외하고는[4] 비판의 지점이 심층화되어 점차 잘 드러나지 않을수록 강해진다. 투쟁하고 비판하려는 것이 잘 드러나지 않는 것에 대한 해결책으로 극단성을 강화하는 것이다. 이러한 과정으로 최정희는 작가로

3 최정희의 극단성은 장아이링의 히스테리와는 달리 인물에게만 드러나는 것이 아니라 작품의 사건이나 인물 등에 드러난다.

4 식민지 시기는 탈출구가 없는 억압을 주제로 하기에 극단성이 유독 강했던 것이다.

서의 투쟁성을 강화해 간다. 이는 최정희의 사적 특성, 경향이 점차 강화되고 있음을 의미한다.

장아이링 여성인물의 히스테리는 장아이링의 개인사에 관한 요소들을 제외하고[5] 작품만 놓고 보면 점차 그 강도가 줄어드는 추이를 보인다. 전체 연도에 걸쳐 장아이링의 소설에는 인물의 입장을 대변하는 부분이 평균적으로 점차 많아지기 때문이다. 1960년대에 개작된 「황금족쇄」의 '철저한 인물'로써의 치챠오가 『원녀』에서의 평범한 인물인 인띠로 변한 것이 그 증거이기도 하다. 장아이링은 시대변화에 따라 인물의 개성을 낯선 것이 아닌 이해될 수 있는 것으로 점차 그 인물을 이해받을 수 있는 것으로, 즉 인물의 고립성을 극복시켜나가고 있는 것이다. 이는 장아이링이 스스로의 개성이 타인에게 이해될 수 있다는 자신감을 찾아가고 있음을 의미한다. 물론 장아이링이 여성인물에 대한 이질성을 충분히 해명할 수 있다는 자신감을 찾아가고 있는 것이기는 하다. 그러나 현실에서의 장아이링이 작품 속 여성인물처럼 개성이 넘치는 사람으로 유명했던 점을 고려하면 개성에 관한 자신감의 회복이 장아이링 스스로에게도 있었음을 짐작할 수 있다.

사적 경향의 강화라는 추이는 반대로 이들 두 작가의 초기작품에 이를수록 사적 경향이 약화되어 있음을 증명한다. 이는 최정희 작품

5 앞서 언급했듯이 1945~50년에 히스테리가 줄어든 것은 장아이링의 개인사로 인한 부분이 컸다. 1945~50년만 제외하고 보면 장아이링의 히스테리는 점차 줄어드는 추이를 보인다. 장아이링의 여성인물에게 나타나는 히스테리의 변화를 일으키는 요소는 작품 외적인 것과 작품 내적인 것 두 가지가 있다. 여기에서는 이 둘 중에 외적인 요소를 제외시킨 것이다. 작품 내적 요소만 따졌을 때 히스테리는 점차 줄어들어왔다. 그것이 확실히 드러나는 기점이 1960년대의 개작과정에 있다. 개작 전 작품에 비해 개작 후에는 히스테리가 줄어들었음을 확인한 바 있다.

의 사회성, 장아이링 작품의 개인성이 상대적으로 초기에 가까울수록 사회적 성향의 반영인 것으로, 상대적으로 후기에 가까울수록 개인의 성향의 반영인 것으로 추론될 수 있다는 것을 의미한다.

장아이링과 최정희의 이 같은 개성의 강화, 사적 경향의 강화는 시대마다 지속되다가 급격한 제약을 받게 된다. 그것은 이들이 노년의 기로에 섰을 때 마주하게 된다. 이들 두 작가는 더 이상 그들의 사적 경향을 현실에서 실현할 수 없는 상태에 놓이게 된 것이다. 이때 두 작가에게는 그 아쉬움이 두드러질 수밖에 없고 이 같은 심리는 1970년대 작품의 표면에 그대로 나타난다.

지금까지 두 작가의 '공통점에 관한 추이', '공통점 내에서의 차이에 관한 추이', '장아이링의 히스테리에 관한 추이', '최정희의 극단성에 관한 추이', '의미를 담아내는 지점에 관한 추이'의 관련성을 분석했다. 이 관련성의 분석은 작품에서 드러나는 두 작가의 핵심적 차이인 '사회적 의식'과 '개인적 의식'의 차이가 사회적 성향의 반영에 의한 것인지, 개인적 성향의 반영에 의한 것이지를 추정하기 위한 것이었다. 작가의 근본적 의식, 작품의 심층적 성향에 대한 영향 요인을 직접적으로 확인하기는 어렵다. 이에 따라 간접적 방식으로 이루어진 단순한 '추정'을 객관적 '추론'의 영역으로 끌어올리기 위해 다섯 가지 추이를 분석했고 사적 경향의 강화에 관한 일관된 상관성을 도출했다. 그러나 이 같은 도출은 직접적 증명에 해당하지 않기 때문에 추정에 머문다. 본 저서의 이 같은 도출은 본 저서와 같은 여러 작가에 관련한 여러 편의 비교논문이 만들어내는 통계를 위한 하나의 자료가 될 수 있다. 그 자료의 내용은 아래와 같이 축약된다.

최정희의 작품에 나타난 사회성, 장아이링의 작품에 나타난 개인성이라는 특징은 상대적으로 초기에 가까울수록 사회의 성향의 반영이라는 측면이 강하며, 상대적으로 후기에 가까울수록 개인의 성향의 반영이라는 측면이 강하다. 이는 초기 작품에서 나타나는 최정희의 사회적 의식은 한국 사회의 의식에 대한 반영으로 인한 것이고, 장아이링의 개인적 의식은 중국 사회의 의식에 대한 반영으로 인한 것이라는 사실을 의미한다. 후기는 반대로 개인에 의한 반영으로 인한 것이라는 사실을 의미한다. 그러나 이들 두 작가의 심층적, 근원적 의식이 각각 사회성, 개인성으로 전체 연대에 걸쳐 드러난다는 점은 변하지 않는다.

한편 이들 작가 각각의 사회성, 개인성이라는 특징이 사회에 의해 형성된 것인지 사회와는 무관한 개인의 기질에 의해 형성된 것인지를 따져 보아야 한다. 사회에 의해 어린 시절부터 영향 받아 형성된 기질은 한편으로는 개인의 것이자, 또 다른 한편으로는 사회의 것에 해당한다. 후기 작품으로 갈수록 사적 경향이 강화되는 와중에도 두 작가의 '사회성, 개인성'이라는 근원적 의식이 변화하지 않은 것은 '사회성, 개인성'이 한편으로는 개인의 것이자, 또 다른 한편으로는 사회의 것이라는 점을 증명한다. 원론적으로 두 작가의 '사회성, 개인성'은 모두 사회의 반영이자 개인의 반영에 의해 이루어진 것으로 간주되어야 한다. 다만 사적 경향 강화의 추이를 통해 창작의 직접적 '동기'에 있어서는 최정희의 작품 속 '사회성', 장아이링의 작품 속 '개인성'이 사회 반영 동기에 의한 것인지, 개인 반영의 동기에 의한 것인지는 알 수 있다. 이들의 작품이 보여주는 '최정희의 사회성, 장아이링의 개인성'이라는 특징에 있어서 초기에는 상대적으로 사회적 반영의 동기에 의한 것이라는 측면의 비중이 크고, 후기에는 상대적으로 개인 반영의 동기에 의한 것이라는 측면의 비중이 크다고 할 수 있다.

제IV장

결론

본 저서는 여성의식을 중심으로 최정희와 장아이링의 전체 창작 기간 즉 40여 년간의 소설을 수직 비교 분석하였다. 방법으로는 일반적인 분석 방식인 해체를 활용하였다. 해체는 비교를 통해 추출한 공통점과 공통점 내에서의 차이를 기준으로 두고 이루었다. 본 저서는 이 같은 과정을 통해 작품의 논리적 구조를 분석함으로써 작품의 근원에 접근하였고 새로운 해석을 추출했으며 시대의 변화에도 불구하고 변하지 않는 최정희의 사회적 의식, 장아이링의 개인적 의식을 찾아냈다.

제II장 제1절에서는 1945년 이전 시기 한국과 중국에서 여성의 자유를 속박하는 결혼풍속을 조명하였다. 결혼의 자유를 박탈당한 여성인물들은 모두 충동을 보였다. 이는 이들이 삶과 사랑에 대한 자유, 선택권을 원하고 있었던 것을 드러냈다. 작품 속 여성인물들은 '사랑에 관한 상상적 욕망'에는 충족되었지만 '삶에 관한 실제적 욕망'에는 충족되지 못했다. 한편 최정희는 결혼한 여성이 한 남편의 정숙한 아내여야 한다는 일부종사의 사상에 초점을 맞추었고, 장아이링은 재력과 권력이 우선이 되는 당시 결혼풍속을 문제시하였다. 가부장제의 억압적 상황에서 여성인물들에게서는 모두 폭력과 히스테리 현상이 나타났고 이는 두 작가의 작품에 공통적으로 두드러지게 나타난다. 폭력과 히스테리는 가부장제에 대하여 은밀히 거부를 표시하는 수단이 된다. 두 작가의 여성인물들이 폭력을 행사하는 대상·방향은 각기 차이를 보인다. 최정희 작품의 여성인물의 폭력은 (가부장제를 상징하는) 남성을 향해 있고 그 대상이 분명하다. 장아이링의 작품 속 여성인물의 폭력은 남성, 여성, 그리고 자신에게까지 무차별적으로 향해 있고 대상이 불분명하다.

최정희와 장아이링의 소설에 드러나는 위의 요소들은 두 작가의 성향의 차이를 드러낸다. 최정희의 경우에는 사회적 성향이, 장아이링에게는 개인적(인간적) 성향이 두드러진다. 이 같은 차이는 두 작가의 여성의식에 관한 공통점 내에서의 차이를 통해 추출한 것이다.

제Ⅱ장 제2절에서 다룬 1945~50년 소설에서는 여성의 비주체성 문제가 공통적으로 드러나는데, 그 분야가 각기 다르다. 최정희는 여성의 역할 문제에, 장아이링은 세계관 문제에 주목하였다. 또한 기성세대에 대한 거부방식으로 최정희의 여성인물은 성적 본능에 대한 욕구로써 거부를 표시하였고, 장아이링의 여성인물은 자기를 억압함으로써 저항을 표출하였다.

최정희가 주목한 억압받는 여성의 본능은 수동적 역할을 부여받고 있었다. 능동적 역할을 부여받은 남성에 의해 여성의 본능은 억압받는 것이다. 최정희는 이 시기의 초기에는 여성에게 박탈된 것에 대한 구체적 접근을 하지 않았다가 후기에 이르면서 그 박탈의 구체성을 확립해갔다. 이 같은 최정희의 구체성 확립은 곧 심층화로 이어지고 1950년대의 창작의 밑거름이 된다. 또한 이 시기 장아이링의 소설에는 유독 여성의 히스테리가 나타나지 않는다. 본 저서는 장아이링의 히스테리에 관한 추이를 살펴봄으로써 이 시기 장아이링의 죄의식이 작품에 영향을 끼친 것으로 본다. 최정희의 경우에는 장아이링의 히스테리 대신 소설 전반에 극단성이 나타나고 이 극단성은 시대에 따라 강화된다. 장아이링과 마찬가지로 이 시기 최정희의 극단성은 전체연대 중에 가장 약화되었다. 비판하는 지점이 심층으로 이동함에 따라 최정희는 식민지시기를 제외하고서는 극단성을 강화해 간다. 이러한 최정희의 극단성, 장아이링의 히스테리의 시대별 추이는 최정희의 '극단성－투쟁성－사회성', 장아이링의 '히스테리－개성－개인성'을 확실히 드러내는 자료가 되기도 하며 두 작가의 작품에 사적 경향이 강화되어가고 있음을 드러내는 자료가 된다.

이 시기에서도 최정희의 '사회적 의식'과 장아이링의 '개인적 의식'이 드러난다. '비주체성'이라는 공통적 문제를 해결하는 방법으로 최정희는 여성 본능의 긍정을 통해, 즉 여성 전체의 욕망을 긍정하는 것을 보여줬고, 장아이링은 여성인물 개인의 희생을 보여줬기 때문이다.

제Ⅱ장 제3절에서 논한 1950년대 소설에서는 여성문제에 접근하는 데 있어서 우회적 표현, 즉 이중구조가 공통적으로 발견되었다. 두 작가가 모두 이중구조 수법, 즉 1차와 2차 의미의 배치로 우회적 표현을 하였다. 그리하여 '이중구조의 여성주의'를 창출해냈다. 최정희의 소설에서 남성의 역사와 여성 공동체가 분리되는 것으로 나타나고, 장아이링의 소설에서는 이념문제가 표면적으로 드러나 있고 여성문제에 대한 작가의 의식은 은폐되어 있는 것으로 분리되어 나타난다. 두 작가는 공통적으로 사랑문제가 경제문제를 낳고 다시 경제문제가 사랑문제를 낳는 사랑과 경제문제의 순환을 그리고 있다. 이 사랑과 경제의 관계를 중심으로 해서 볼 때 최정희는 최종적으로 경제문제에 집중하였고 장아이링은 사랑문제에 집중하였다. 이는 최정희 소설에서는 사회적 역할과 지위의 욕망과 결핍에 주목하였고 장아이링 소설에서는 상대적으로 개인적 애욕과 결핍에 집중하였다는 점의 반영이다. 이는 최정희에게는 '사회적 의식', 장아이링에게는 '개인적 의식'이 작가의식의 근본에 자리잡고 있음을 드러낸다.

제Ⅱ장 제4절에서 논의한 1960년대 소설에서 두 작가는 예전의 비정상적 인물을 복권시키고 해명을 하였다. 두 작가의 인물들의 비정상성은 그 원인과 맥락이 설명됨으로써 비정상성에서 탈피하기 때문이다. 여기서 여성에게도 관용적 윤리관이 적용되어야 한다는 주장이 나타난다. 그런데 그 해명의 방식이 조금 다르다. 장아이링은 '극단적이고 병적'이었다는 '오명'을 썼던 과거 자신의 소설 속 대상 치챠오를 끌어왔다면, 최정희는 자신의 작품에서 그 대상을 찾지 않고 과거의 시대에서 그 대상을 찾아온다. 최정희가 식민지시대의 배경과 인물을 끌어오는 과거로의 회귀는 보편성의 획득을 위한 것이다. 이 회귀의 방식의 차이는 최정희의 '사회적 의식', 장아이링의 '개인적 의식'을 드러낸다.

제Ⅱ장 제5절에서 다룬 1970년대의 작품에서는 두 작가의 종료에 대한 의식이 공통적으로 드러난다. 최정희에게서는 여성주의 심화에 대한 완료의식이 드러나고 장아이링에게서는 사랑에 대한 종료의식이 드러난다. 종료를 맞이하는 근본적 대상을 통해 두 작가의 근본적 욕망이 드러난다. 이렇게 드러난 욕망은 두 작가의 개인적 성향을 엿보게 해준다. 최정희의 성향은 사회적인 것에 있었고, 장아이링의 성향은 사랑에 관한 것에 있었다.

이렇게 해서 두 작가의 작품에 드러나는 여성 형상과 여성문제는 매 시대마다 그 형태가 달라지는 것을 확인할 수 있었다. 시대 변화에 따라 두 작가에게서는 '대상의 차이', '분야의 차이', '핵심의 차이',

'방식의 차이', '욕망의 차이'가 드러나고 있다. 차이의 층위가 점차 심층으로 이동하는 추이를 보인다. 이는 두 작가의 여성문제 인식이 점차 심층적인 층위로 이동하고 있음을 드러낸다. 양국 사회의 여성의 자유가 점차 발달되어가고 확대되어가고 있는 현실의 반영이기도 하고 양국 여성지위의 상승에 대한 반영이기도 하다.

두 작가의 전 생애의 작품에 나타나는 공통점, 공통점 내에서의 차이점은 두 작가의 의식의 근원을 드러낸다. 본 저서에서 찾아낸 이들의 의식의 근원은 1970년대 이들의 작품이 드러내는 '욕망'과 일치한다. 그러나 작품에 드러나는 '사회적 의식'과 '개인적 의식'이 두 작가가 속한 각 사회의 반영에 의한 것이지, 작가 개인의 반영에 의한 것인지는 직접적으로 확인되기는 어렵다. 다만 추정될 수 있을 뿐이다. 그럼에도 불구하고 두 작가가 매 시기마다 그 층위를 변화시키며 여성주의를 심화시켜 왔다는 점은 두 작가의 성실성과 시대변화에 민감하게 반응하는 시대반영의 의지를 확인케 한다. 이들 두 작가의 사회성, 개인성이라는 심층의 의식이 작품과 어떤 관련을 맺으며 두 작가가 속한 사회의 성향과 어떤 관련을 맺는지는 직접적으로 확인되기 어렵다. 원론적으로 두 작가의 '사회성, 개인성'은 모두 사회의 반영이자 개인의 반영에 의해 이루어진 것으로 간주되어야 한다.

제Ⅲ장에서는 두 작가의 '의미를 담아내는 지점에 관한 추이'를 포함해 두 작가의 '공통점에 관한 추이', '공통점 내에서의 차이에 관한 추이', '장아이링의 히스테리에 관한 추이', '최정희의 극단성에 관한 추이'를 정리했다. 이 추이들의 관계를 분석함으로써 최정희와 장아이링의 근원적 의식을 다른 각도로 확인하고 나아가 이들의 소설 속 의식의 반영이 어떻게 이루어졌는지 추론하였다. 추론의 결과로 이들 두 작가의 초기에서 후기에 이를수록 두 작가의 작품에 드러나는 작가의 심층의식에는 작가 개인의 성향의 반영이 더 크게 이루어지고 있는 것을 확인했다.

본 저서에서 추론한 위의 결과는 어디까지나 간접적인 '추정'에 불과하다. 따라서 본 저서와 같은 여러 편의 논문이 모여 형성하는 통계의 한 자료로써 본 저서의 의미가 설정된다. 또한 이와는 별개로 본 저서의 여성주의를 중심으로 한 비교를 통해 도출한 두 작가의 작품에 대한 새로운 해석은 본 저서의 가장 중심적 의미가 된다.

참고문헌

1. 기본자료

최정희, 『젊은 날의 증언』, 육민사, 1962.

______, 『강물은 또 몇 천리』, 『현대문학』 1964.5~1966.4.

______, 『한국대표문학전집』 4, 삼중당, 1974.

______, 『최정희 선집』, 어문각, 1974.

______, 「산」, 『문학사상』, 1976.1.

서영은, 『강물의 끝』, 문학사상사, 1984.

장아이링, 김은신 옮김, 『색, 계』, 랜덤하우스, 2008.

_______, 김순진 옮김, 『첫번째 향로』, 문학과지성사, 2005.

_______ _________, 『경성지련』, 문학과지성사, 2005.

_______, 권효진 옮김, 『반생연』, 문일, 1999.

_______, 임우경 옮김, 『적지지련』, 시공사, 2012.

张爱玲, 『十八春』, 『张爱玲文集』 第3卷, 安徽文艺出版社, 1995.

______, 『倾城之恋』, 北京十月文艺出版社, 2009.

______, 『流言』, 北京十月文艺出版社, 2009.

______, 『怨女』, 北京十月文艺出版社, 2009,

______, 『红玫瑰与白玫瑰』, 北京十月文艺出版社, 2012.

______, 『重访边城』, 北京十月文艺出版社, 2012.

2. 연구논문 및 평론

강이수, 「해방 후 한국경제의 변화와 여성의 노동경험」, 『여성과 역사』, 2006.

강진구, 「국제결혼과 혼혈의 탄생」, 『현대문학의 연구』 제45집, 2011.

구인환, 「한국여류작가의 기법」, 『아세아 여성 연구』 9집, 1970.12.

______, 「한국 여류 작가의 문체」, 『아세아 여성 연구』 11집, 1972.12.

김광섭, 「人間 崔貞熙 女史」, 『조광』, 1939.3.

김금란, 「장애령과 최정희의 소설에서의 여성비극의식 비교연구」, 서울여자대학교 연변대학교, 석사학위논문, 2011.
김동리, 「女性作家의 回顧와 展望」, 『문화』, 1947.7.
김동식, 「여성과 모성을 넘어서」, 『한국소설문학대계』 31, 동아출판사, 1995.
김복순, 「범주 우선성의 문제와 최정희의 식민지 시기 소설」, 『상허학회』, 2008.
______, 「소녀의 탄생과 반공주의 서사의 계보」, 『한국근대문학연구』 18호, 2008.
______, 「전향자의 역사 다시쓰기」, 『여성문학연구』 24호, 2010.
김순진, 「張愛玲 소설 연구 - 여성주의 시각으로 본 몸·권력구조·서사를 중심으로」, 한국외국어대학교 박사학위논문, 2001.
김양선, 「일제 말기 여성작가들의 친일담론 연구」, 『어문연구』, 2005, 가을호.
______, 「'한국여류문학상'이라는 제도와 1960년대 여성문학의 형성」, 『여성문학연구』 第31호, 2014.
김연숙, 「저널리즘과 여성작가의 탄생 - 1920~30년대 여기자 집단을 중심으로」, 『여성문학』 14집, 2005.
김윤경, 「1950년대 미국문화의 유입과 여성의 근대경험」, 『비평문학』 34호, 2009.
김윤식, 「인형의식의 파멸」, 『한국문학사논고』, 법무사, 1974.
______, 「모녀가 완성한 어떤 소설의 미학」, 『문학사상』, 1980.9.
김윤환, 「경제체제개혁과 여성의 경제활동참가」, 숙명여자대학교 아세아여성문제연구소, 『중국여성연구』, 숙명여자대학교, 1989.
김은주, 「張愛玲 『十八春』의 여성 형상」, 『중국어문논총』 제22집, 2002.
김인철, 「장애령의 반공소설 - 『앙가』·『적지지련』」, 『중국인문과학』 제28집, 2004.
김정숙, 「최정희의 해방기 소설과 『녹색의 문』에 나타난 현실 인식의 변화」, 『비평문학』 제34호, 2009.
김주리, 「비체화한 모성의 우울증과 육친애」, 『인문연구』 55, 2008.
김재용, 「여성성과 국민주의의 결합으로서의 친일문학」, 『실천문학』, 2004, 봄호.
김현주, 「최정희 친일과 불안의식의 대응 양상 연구」, 공주대학교 석사학위논문, 2013.

김형자, 「최정희 소설의 바람 공간적 의미」, 『한국 여성 소설 연구』, 민지사, 1991.
김혜정, 「최정희의 '天脈'에 나타난 여성성」, 『개신어문학』, 1992.8.
김홍월, 「최정희와 장아이링의 여성의식 비교 연구」, 『중국인문과학』 57집, 2014.
곽종원, 「崔貞熙論」, 『문예』, 1949.8.
노승희, 「레즈비언 · 게이 이론」, 김성곤 편저, 『21세기 문예이론』, 문학사상, 2005.
박금주, 「한국 근대 여성소설의 타자적 여성성 연구」, 한남대학교 박사학위논문, 2002.
박재섭, 「해방 직후 소설에 나타난 선택적 행위」, 이우용, 『해방공간의 문학연구』, 태학사, 1990.
박정애, 「최정희 소설에 나타난 여성적 글쓰기의 특성 연구」, 서울대학교 석사학위논문, 1998.
박죽심, 「최정희 문학연구」, 중앙대학교 박사학위논문, 2010.
방민호, 「1930년대 후반 최정희 소설에 나타난 여성의 의미」, 『현대소설연구』 30, 2006.
서여진, 「해방 후 최정희 소설 연구: 여성 목소리의 재현양상을 중심으로」, 서울대학교 석사학위논문, 2010.
서영인, 「순응적 여성성과 국가주의」, 『현대소설연구』, 2005.3.
서정자, 「일제강점기 한국 여류소설 연구」, 숙명여자대학교 박사학위논문, 1987.
신동욱, 「崔貞熙의 作品에 나타난 女性과 人間意識」, 『청파문학』 13집, 1980.2.
신양숙, 「여자의 병: 해체 페미니즘과 히스테리아」, 『외국문학』 43, 1995.
신영희, 「태평양전쟁기 최정희의 '군국모성'에 대한 고찰」, 경성대학교 석사학위논문, 2004.
______, 「식민지 조선에서의 징병제와 군국모성; 최정희의 1940~1945 작품을 매개로」, 『성균관대 대동문화연구원』, 2007.
신춘호, 「해방 직후 농민소설연구」, 『학술지』 29집, 건국대 인문사회과학편, 1985.

심진경, 「여성작가 친일소설 연구」, 『배달말』, 배달말학회, 2003.
______, 「최정희 문학의 여성성 - 여성작가로 산다는 것」, 『한국근대문학연구』 제7집, 2006.
엄미옥, 「한국 전쟁기 여성 종군작가 소설 연구」, 『한국근대문학연구』 21집, 한국근대문학회, 2010.
여성신문사, 「가난과 눈물의 시대를 이겨내고」, 『이야기 여성사』 2, 여성신문사, 2000.
유남옥, 「최정희 노년기소설 연구」, 『어문논집』 제7집, 1997.
이병순, 「최정희 소설에 나타난 모성 연구」, 『여성문학연구』 13, 2005.
______, 「현실추수와 낭만적 서정의 세계」, 『현대소설연구』 26호, 2005.
______, 「최정희 소설에 나타난 전쟁의 의미」, 『한국사상과 문화』 제50집, 2009.
이상경, 「식민지에서의 여성과 민족의 문제 - 일제 파시즘하의 최정희와 임순득」, 『실천문학』, 2003, 봄호.
이상신, 「최정희의 『풍류잡히는 마을』에 나타난 쪽제비와 닭의 표상」, 『장안논총』 13집, 1993.
이선옥, 「평등에 대한 유혹 - 여성 지식인과 친일의 내적 논리」, 『실천문학』, 2002, 가을호.
이재선, 「전쟁체험과 50년대 소설」, 『현대문학』, 1989.1.
이혜숙, 「최정희 소설의 여성의식 연구」, 대전대학교 석사학위논문, 2004.
이호숙, 「결백한 도전과 수용: 최정희론」, 『페미니즘과 소설비평』, 한길사, 1995.
______, 「페미니스트 시각에서 본 '여성다움' - 모계 사회적 자궁 이미지」, 『문학사상』, 1998.5.
임선애, 「최정희 소설 연구」, 『국문학연구』 제13집, 1990.
임진영, 「8 · 15직후 단편소설 연구」, 『해방공간의 문학연구』 II, 태학사, 1990.
전혜자, 「母權에의 유토피아 지향 - 해방기 최정희 소설 연구」, 『어문논집』, 1994.8.
정영자, 「최정희 소설연구 - 내용적 특성을 중심으로」, 睡蓮語文論集 제13집, 1986.

성은아, 「張愛玲과 최정희 소설의 비교연구: 1930~40년대 소설의 여성 형상을 중심으로」, 고려대학교 석사학위논문, 2006.
정창범, 「결백의 정신」, 『한국단편문학대계』 5, 삼성출판사, 1969.
조병무, 「최정희론」, 『탑돌이』, 범우사, 1976.
조연현, 「感銘의 所在 「風流잡히는 마을」을 읽고」, 『문예』, 1949.10.
천이두, 「원숙과 패기」, 『문학과 지성』, 1976.6.
최경희, 「친일 문학의 또 다른 층위 - 젠더와 〈야국초〉」, 『해방전후사의 재인식』 1, 책세상, 2006.
최정아, 「최정희의 『녹색의 문』에 나타난 여성 정체성 탐구 양상」, 『현대소설연구』 44집, 2010.
최정희, 「나의 문학생활자서」, 『백민』, 1948.3.
______, 「나의 소녀시절」, 『동아일보』, 1958.7.2.
______, 「최정희 여사」, 『조선일보』, 1976.4.22.
______, 「나의 人生, 나의 文學」, 『월간문학』, 1976.9.
함인희, 「한국전쟁, 가족, 여성의 다중적 근대성」, 『사회와 이론』 2호, 2006.
홍기삼, 「최정희와 그 문학」, 『신한국문학전집』 12, 어문각, 1970.
홍석표, 「장아이링과 최승희, 한국전쟁 서사 그리고 김일성 사망 소식」, 『중국어문학지』 제48집, 2014.
홍순애, 「국민문학에 나타난 파시즘 양상연구; 최정희와 野菊抄」, 『한민족문화학회』, 2004, 봄호.
황수남, 「최정희 소설 연구」, 충남대학교 박사학위논문, 2001.
황수진, 「최정희론 - '녹색의 문'과 '끝없는 낭만'을 중심으로」, 『겨레어문학』 제21집, 1997.
______, 「최정희론」, 『건국어문학』 21・22집, 1997.
황유정, 「한국의 여성고용정책 변화에 관한 연구」, 이화여자대학교 박사학위논문, 2014.
陈思和, 「民间和现代都市文化 - 兼论张爱玲现象」, 『上海文学』, 1995年 10期.
倪立秋・林金枝, 「张爱玲笔下的阳台意象透析」, 『华文文学』, 2013年 1期.
冯黎明, 「启蒙现代性之尷尬」, 『湖北大学学报(哲学社会科学版)』 第34卷 第3期, 2007.

傅雷,「论张爱玲的小说」,『张爱玲文集』 第4卷, 安徽文艺出版社, 1996.
胡凌芝,「张爱玲的小说世界」,『抗战文艺研究』, 1987年 1期.
黄德志・郁颖,「张爱玲小说中的公馆意象分析」,『中国现代文学研究丛刊』, 2013年 8期.
黄静,「消解“五四”爱情神话:「伤逝」与「五四遗事」比较」,『安庆师范学院学报(社会科学版)』 第22卷 第5期, 2003.9.
李梅, 「张爱玲的小说传统与文学中的日常叙事」, 暨南学报(哲学社会科学版), 2007.
李楠,「海派文学, 现代文学的通俗走向」,『文学评论』 第3期, 2008.
李欧梵,「香港, 作为上海的“她者”」,『读书』, 1998.12.
李祥伟,「通俗小说中的自我意识与读者意识 - 以张爱玲小说「多少恨」为例」,『广州大学学报(社会科学版)』, 2008.
梁颂宇,「相似的故事, 不同的命运 - 「多少很」与「简・爱」之比较」,『广西大学学报』 第31卷, 2009.
梁云,「论鲁迅与张爱玲的文化关系」,『中国现代, 当代文学研究』, 1998.2.
林幸谦,「张爱玲少作论」,『当代』, 民国84年 5月.
______,「张爱玲的临界点:闺阁话语与女性主体的边缘化」,『中外文学』 第24卷 第5期, 民国 84年 10月.
______,「张爱玲:压抑处境与斯底里话语的文体」,『中国现代文学研究丛刊』, 1996年 1期.
______,「双重意义的女性文本: 张爱玲的女性主体论述」,『中国现代文学研究丛刊』, 1998年 2期.
______,「反父权体制的祭典 - 张爱玲小说论」,『中国现代当代文学研究』, 1998年 9期.
刘锋杰,「物理・人情・原型 - 张爱玲小说的“镜象”描写」,『中国现代文学研究丛刊』, 1999年 4期.
毛建勇,「论张爱玲小说的悲剧意识与月亮意象」,『中国文化研究』, 1998.
彭秀贞, 杨泽 编,「殖民都会与现代叙述 - 张爱玲的细节描写艺术」,『阅读张爱玲』, 广西师范大学出版社, 2003.
乔向东, 杨泽 编,「反驳与偏离 - 张爱玲小说对于新文学的反抗」,『中国现代文学研究』, 1996年 1期.
宋淇,「在香港」, 季季・关鸿,『永远的张爱玲』, 学林出版社, 1996.
宋以郎,「前言」,『小团员』, 北京十月文艺出版社, 2012.
谭桂林,「写出人性深处的原始悲怆 - 谈张爱玲的家庭题材小说「金锁记」和「创世纪」」,『中国现代文学研究』, 1997年 4期.
谭正壁,「论苏青与张爱玲」, 苏青,『歧途佳人』, 中国三峡出版社, 2010.
王剑业,「雅俗结合的宁馨儿」,『社会科学战线』, 1991年 1期.
汪维维,「艰难的女性启蒙 - 重读张爱玲「倾城之恋」」,『华文文学』, 2009年 4期.
肖进,「「郁金香」和「小艾」的写作成因及佚失原因初探」,『南方文坛』, 2011.
肖媛,「出走的恨 - 从张爱玲小说「多少很」想到的」,『中山大学学报论丛』 第26卷 第10期, 2006.
许子东,「物化苍凉 - 张爱玲意象技巧初探」,『华东师范大学学报』 第33卷 第5期, 2001.9.
杨甜,「反讽式的消解: 解读张爱玲「五四遗事 - 罗文涛二美团圆」」,『神州文学』, 2013.
姚昌美,「张爱玲小说中的几种女性形象剖析」,『湖南科技学院学报』 第26卷 第1期, 2005.
域外人,「不吃辣的怎么胡得出辣子? - 评「色, 戒」」,『中國時報』, 1978.10.1.
张晓平,「焦虑中的女性关怀 - 张爱玲小说创作侧论」,『华文文学』, 2007年 2期.
张迅,「『半生缘』,『多少恨』中的情感诠释」,『忻州师范学院学报』 第24卷 第6期, 2008.
庄超颖,「真幼虚实交融叠化 - 解读张爱玲小说的镜子意象」,『泉州师范学院 学报(社会科学)』 第23卷 第1期, 2005.1.
______,「穿行于女性生存困境之中 - 论张爱玲小说的鞋意象」,『福建论坛・人文社会科学版』, 2009年 第7期.
______,「论张爱玲小说的雨意象」,『福建师范大学学报(哲学社会科学版)』, 2010年 第6期.
______,「论张爱玲小说的植物意象」,『江西科技师范学院学报』, 2010.12.

3. 단행본

김복순, 『나는 여자다: 방법으로서의 젠더』, 소명출판, 2012.

김우종, 『한국현대소설사』, 성문각, 1982.

백철, 『신문학사조사』, 백양당, 1947.

이재선, 『한국현대소설사』, 홍성사, 1979.

조연현, 『현대한국작가론』, 문예사, 1953.

______, 『한국현대작가연구』, 새문사, 1981.

크리스티나 폰 브라운, 엄양선 · 윤명숙 옮김, 『히스테리』, 여이연, 2003.

홍준기, 『오이디푸스 콤플렉스, 남자의 성, 여자의 성』, 아난케, 2008.

『中国妇女报』, 1998.8.27.

蔡登山, 『传奇未完:张爱玲』, 云南出版社, 2004.

林幸谦, 『张爱玲论述 - 女性主体与去势模拟书写』, 洪业文化事业有限公司, 2000年 1月.

______, 『历史 · 女性与性别政治 - 重读张爱玲』, 麦田出版社, 2000年 7月.

孟悦 · 戴锦华, 『浮出历史地表 - 现代妇女文学研究』, 中国人民大学出版社, 2004.

水晶, 『张爱玲的小说艺术』, 中国大地出版社, 1984.

唐文标, 『张爱玲杂碎』, 联经出版社, 民国 65年 5月.

______, 『张爱玲研究』, 联经出版社, 民国 65年 5月.

______, 『张爱玲卷』, 远景出版社, 1982.

______, 『张爱玲资料大全集』, 时报文化出版事业有限公司, 1984.

王羽, 『张爱玲传』, 上海文化出版社, 2010.

西岭雪, 『西望张爱玲』, 东方出版社, 2007.

夏志清 著, 刘绍铭等 译, 『中国现代小说史』, 复旦大学出版社, 2005.

万燕, 『海上花开又花落 - 读解张爱玲』, 百花洲文艺出版社, 1996.

严家炎, 『中国现代小说流派史』, 人民文学出版社, 1989.

余斌, 『张爱玲传』, 海南国际新闻出版中心, 1994.

张健 主编, 『张爱玲的小说世界』, 台湾 学生书局, 1984.

周芬伶, 『艳异: 张爱玲与中国文学』, 中国华侨出版社, 2003.

______, 『哀与伤: 张爱玲评传』, 上海远东出版社, 2007.

Edward M. Gunn, Jr, *Unwelcome Muse: Chinese Literature in Shanghai and*

Peking 1937-1945, New York: Columbia University Press, 1980.
Jeannie Bohlmeyer, Eileen Chang's Bridges to China, *Tamkang Review* 5:1, April, 1974.
Stephen, Cheng, Themes and Techniques in Eileen Chang's Stories, *Tamkang Review* 8:2, Oct, 1977.

최정희와 장아이링의 여성의식 비교 연구

초판 1쇄 인쇄 2017년 3월 23일
초판 1쇄 발행 2017년 3월 30일

지은이 김홍월
펴낸이 박성복
펴낸곳 도서출판 월인
주소 01047 서울특별시 강북구 노해로25길 61
등록 1998년 5월 4일 제6-0364호
전화 (02) 912-5000
팩스 (02) 900-5036
홈페이지 www.worin.net
전자우편 worinnet@hanmail.net

ISBN 978-89-8477-631-9 93810

값은 뒤표지에 있습니다.